Pierre Gratton

La protection des ressources informatiques

ISBN: 2-7081-0691-0
ISBN: 2-920-653-12-1

Collection gestion informatisée
dirigée par Gilles-Emmanuel Saint-Amant

MICRO-INFORMATIQUE

Gilles-Emmanuel Saint-Amant Daniel Gauthier	Manuel d'apprentissage, de référence et d'exemples Lotus 1.2.3 Tome 1, La feuille électronique
Gilles-Emmanuel Saint-Amant Daniel Gauthier	Manuel d'apprentissage, de référence et d'exemples Lotus 1.2.3 Tome 2, Les graphiques la gestion des données les macrocommandes

GESTION
DE L'INFORMATIQUE

Pierre Gratton	La protection des ressources informatiques

Dépôt légal : 4e trimestre 1985

Les Éditions d'Organisation, Paris 1985

Conception graphique : Image et forme inc.

PRÉFACE

L'informatique a pris une place de première importance dans notre société. Présente au travail, dans les écoles, dans les loisirs et même dans les domiciles, il est indéniable qu'elle fait maintenant partie des habitudes courantes, au même titre que le téléviseur ou l'automobile.

L'informatique s'est développée rapidement, trop rapidement sans doute pour la police qui se prépare fébrilement à faire face à une forme de criminalité nouvelle; une criminalité abstraite car elle est constituée d'éléments inconnus des policiers soit les ordinateurs, les logiciels, le stockage et l'accès à des renseignements. Pour ces raisons, les activités frauduleuses reliées à l'informatique sont difficiles à prévenir et à détecter.

La meilleure façon de combattre cette nouvelle forme de criminalité demeure cependant traditionnellement, la PRÉVENTION. C'est à mon avis la qualité première du volume de Monsieur Pierre Gratton.

Il me fait plaisir de constater la publication de ce document qui sera très utile à une discussion sur ce sujet fort important soit la prévention et qui prend toute sa signification dans le domaine de l'informatique.

Ma satisfaction est d'autant plus grande que Monsieur Pierre Gratton est à l'emploi du Service de police de la Communauté urbaine de Montréal.

Roland Bourget,
Directeur du Service de Police de la Communauté Urbaine de Montréal,
1985

La sécurité de l'informatique pose un problème d'un ordre nouveau et que le simple ajout d'une serrure ne saurait résoudre.

Un système informatique est un ensemble complexe de composantes physiques utilisant une technologie avancée et exigeant des ressources humaines hautement spécialisées.

La complexité des systèmes informatiques multiplie les points de vulnérabilité des systèmes et surtout oblige autant les gestionnaires de l'informatique que les filous à opérer sur des modes non-traditionnels. La tendance en sécurité de l'informatique a été jusqu'à maintenant de croire suffisant un contrôle adéquat du personnel et des ressources physiques (accès aux locaux, protection du centre de traitement contre toutes avaries, etc). L'expérience nous a amené à considérer que les faiblesses en matière de protection d'un système informatique se situent également sur le plan des communications et de la programmation.

L'objectif d'un programme de sécurité informatique est, à court terme, de préserver les opérations de la firme — par exemple dans le domaine bancaire, la protection de système de gestion des comptes; et à long terme, de s'assurer de la confidentialité, de l'authenticité et de l'accessibilité des données essentielles à la planification contre toutes menaces, qu'elles soient intentionnelles ou non.

Pierre Gratton dans «La gestion de la protection des ressources informatiques» analyse les spécificités des systèmes informatiques et identifie les dangers qui les menacent. Il ne se contente pas de retracer des méthodes de contrôles qui ont déjà fait leurs preuves dans d'autres domaines de la sécurité, mais propose une vision nouvelle et intégrée de la gestion de la sécurité informatique.

Ronald Coderre,
Président de l'Association de la Sécurité informatique du Montréal métropolitain,
1985

Table des matières

MODULE 1: DÉFINITION DU PROBLÈME

Chapitre 1. **La révolution informatique... Une réalité** 5

1. **Un outil privilégié: l'ordinateur** 5
1.1 Les secteurs d'application de l'ordinateur 6
1.2 La réalité économique de l'informatique 6
1.3 La personnalité de l'année 1982: l'«ordinateur personnel» 6
1.4 Perspectives 7

2. **L'information et le traitement de l'information** 8
2.1 L'importance de l'information en gestion 8
2.2 L'amélioration de la qualité de l'information de gestion par l'utilisation de l'ordinateur 9
2.2.1 L'augmentaion du volume des documents de travail 9
2.2.2 La demande de précision 10
2.2.3 La demande d'accélératon dans le traitement de l'information 10
2.2.4 L'augmentation des coûts 10
2.3 Le rôle de l'ordinateur au niveau de la gestion 10

Chapitre 2. **Les menaces informatiques et leurs conséquences**
Introduction 12
1. **L'apparition d'une nouvelle forme de criminalité** 12
1.1 L'importance de ce nouveau type de criminalité 13
1.2 Profil type du fraudeur 15
1.3 Description des menaces informatiques 15
1.3.1 L'agression, la destruction et la défaillance 15
1.3.2 Les erreurs du système 16
1.3.3 Le vol 17
1.3.4 La fraude 18
1.3.5 La copie 18

Chapitre 3. **Un programme de sécurité informatique... Une nécessité** 19

1. **Description des motifs évoquant la nécessité d'un programme de protection des ressources informatiques** 19
1.1 L'évolution des systèmes informatisés dans la dernière décennie 19
1.2 La concentration des informations 19
1.3 Disponibilité des informations pour la survie de l'entreprise 20
1.4 L'exactitude des informations contenues dans ces systèmes 21
1.5 La croissance des crimes informatiques 21
1.6 La protection des informations contenues dans les systèmes informatisés 21
1.7 L'importance des investissements dans le développement, l'entretien et l'exploitation des systèmes informatisés 21
1.8 La complexité de la technologie informatique 22
1.9 L'exclusivité de la gestion des systèmes informatisés aux informaticiens 22

2. **Définition d'un programme de protection des ressources informatiques** 22

MODULE 2: DESCRIPTION DE LA STRATÉGIE À ADOPTER POUR PROTÉGER L'ENVIRONNEMENT INFORMATIQUE

Chapitre 4. **L'approche systémique pour protéger cet environnement informatique** 25

1. **La conception d'un programme de protection des ressources informatiques utilisant l'approche systémique** 25

1.1 La méthodologie utilisée 27

1.1.1 Phase I: L'identification des objectifs 27

1.1.2 Phase II: Développement d'une stratégie 29

1.1.3 Phase III: Développement des composantes du programme 29

1.1.4 Phase IV: Implantation et mise en opération du programme 30

1.1.5 Phase V: Vérification et évaluation périodique du programme 30

Chapitre 5. **Objectifs d'un programme de protection des ressources informatiques** 31

1. **Les éléments à considérer** 31

1.1 L'aspect social 31

1.2 L'aspect économique 31

1.3 L'aspect technique 32

1.4 L'aspect politique 32

2. **Les objectifs généraux d'un programme de protection des ressources informatiques** 33

Chapitre 6. **La planification de la conception et de l'exploitation d'un programme de protection des ressources informatiques** 34

Introduction 34

1. **Identification des besoins** 35

1.1 Méthode utilisée 36

1.1.1 L'attribution, par les usagers, d'une valeur aux données traitées et au service fourni pour chacune de leurs applications informatisées 36

1.1.2 L'analyse générale de la valeur des ressources informatiques de l'organisme 38

1.1.3. Analyse des dangers pouvant affecter les ressources informatiques 39

1.1.4 Rédaction du rapport final 49

1.2 L'organisation de l'analyse des risques 52

2. **Les considérations économiques** 52

2.1 Les estimés de coûts 53

2.1.1 Le développement de la main-d'œuvre 53

2.1.2 La formation 54

2.1.3 Le développement de programmes de contrôle et de vérification 54

2.1.4 Coûts de développement de programmes de contrôle 55

2.2 Les coûts d'opération du programme 55

2.2.1 Les salaires 55

2.2.2 L'utilisation des équipements 55

3. **Rôle et responsabilités des membres de l'organisation impliqués dans le développement et l'exploitation d'un programme de protection des ressources informatiques** 55

3.1 L'approche utilisée 57

3.2 Identification des catégories de responsabilités 57

3.2.1 Une responsabilité globale 58

3.2.2 Les responsabilités conférées 59

3.2.3 Les responsabilités liées à la vérification et au contrôle 60

3.3 Répartition des responsabilités à l'intérieur de l'organisation 62
3.3.1 L'administration du secteur informatique 62
3.3.2 Le coordonnateur de la sécurité informatique.................... 63
3.3.3 Le vérificateur interne 63
3.3.4 Les vérificateurs externes.. 63
3.3.5 Le gestionnaire des données...................................... 64
3.3.6 L'administration des ressources humaines 64
3.3.7 Les utilisateurs responsables des applications informatisées 64
3.3.8 Délégation des responsabilités à d'autres fonctions 68

MODULE 3: DESCRIPTION DES MOYENS PRÉCONISÉS POUR PROTÉGER LES RESSOURCES INFORMATIQUES

Chapitre 7. **La protection du milieu physique** 69
Introduction 69
1. **La protection contre les fléaux naturels** 70
1.1 Protection contre le feu 70
1.1.1 Les mesures préventives 70
1.1.2 Les mesures de détection.. 72
1.1.3 Les mesures curatives.. 72
1.2 Protection contre l'eau.. 73
1.2.1 Les mesures préventives 74
1.2.2 Les mesures de détection.. 74
1.2.3 Les mesures curatives.. 74
2. **Protection contre les malveillances** 75
2.1 La zone extérieure de l'édifice... 75
2.1.1 La périphérie 75
2.1.2 La zone de pénétration directe 76
2.2 La zone intérieure de l'édifice 77
2.2.1 Les classes d'accès 77
2.2.2 Les mécanismes de surveillance.................................... 78
2.2.3 Les systèmes d'alarme 79
3. **Protection contre les défaillances**.................................... 80
3.1 Les mesures préventives 80
3.1.1 Dans le cours normal des opérations............................... 81
3.2 Les mesures de détection.. 81
3.3 Les mesures curatives.. 82
4. **La gestion de la protection physique** 82

Chapitre 8. **La protection du développement, de l'entretien et de l'exploitation des systèmes informatisés** 84
1. **Les buts visés**... 84
1.2 Les normes à rencontrer... 85
1.2.1 Assurer le développement de systèmes et de programmes efficaces et efficients... 85
1.2.2 S'assurer que les systèmes et les programmes soient continuellement mis à jour de façon adéquate 86
1.2.3 Assurer l'existence d'une bonne documentation de tous les systèmes, des programmes, des instructions préparées à l'intention du personnel du service informatique et des usagers et l'exercice d'un contrôle efficace sur cette documentation 87
1.2.4 Prévenir ou déceler les erreurs accidentelles qui surviennent durant le traitement effectué par le service d'informatique 88
1.2.5 Prévenir ou déceler les manipulations frauduleuses de données au cours du traitement par la source informatique, et empêcher le mauvais emploi d'informations confidentielles 89

2. **Les techniques de contrôle utilisées** ... 90
2.1 La séparation et la rotation des tâches ... 90
2.2 Les techniques de contrôle de la documentation ... 91
2.2.1 Fixer, publier et mettre en vigueur les normes de documentation pour chaque secteur du domaine informatique ... 91
2.2.2 Énoncer avec clarté et précision les problèmes que l'on doit résoudre ... 93
2.2.3 Présenter avec clarté et précision tout système conçu pour résoudre un problème donné ... 94
2.2.4 Pour tout système, définir clairement les responsabilités et les fonctions de contrôle et documenter de façon précise et complète les procédés appropriés de contrôle ... 95
2.2.5 S'assurer que l'on prépare tous les documents et enregistrements que requiert la parfaite compréhension de chaque programme ... 96
2.2.6 S'assurer que l'opérateur dispose de toute l'information que requiert l'exécution de son travail ... 97
2.2.7 S'assurer que l'on dispose de toute l'information requise pour comprendre parfaitement les opérations de mise à jour et les mesures de protection des fichiers ... 98
2.2.8 S'assurer que le personnel responsable de la conversion des données dispose de toute l'information dont il a besoin ... 100
2.2.9 S'assurer que le personnel responsable du contrôle des entrées et des sorties de l'ordinateur dispose de toute l'information dont il a besoin ... 101
2.2.10 S'assurer que les services qui transmettent des données à l'ordinateur, ou qui en reçoivent, disposent de toute l'information dont ils ont besoin ... 101
2.3 Les techniques de contrôle ayant trait au développement et à l'entretien des systèmes informatisés ... 102
2.3.1 Les contrôles de la conception et de la préparation des spécifications des systèmes ... 103
2.3.2 Les contrôles de programmation ... 104
2.3.3 Les contrôles des modifications apportées aux systèmes et à la programmation ... 105
2.3.4 Le test des programmes et des systèmes ... 111
2.3.5 Le «Catalogue» des programmes-systèmes ... 114
2.3.6 Les contrôles de conversion des fichiers ... 116
2.3.7 Le contrôle des programmes et des systèmes de production ... 117
2.3.8 Les contrôles du logiciel d'exploitation ... 120
2.3.9 Les contrôles liés aux opérations de l'ordinateur ... 121
2.3.10 Les contrôles des fournitures ... 128

Chapitre 9. **La protection des données et des logiciels** ... 130
Introduction ... 130

1. **Les moyens utilisés pour accéder et manipuler frauduleusement les données et les programmes** ... 130
1.1 Le vol des supports physiques ... 131
1.2 La pénétration et la manipulation des données ... 131
1.3 Les systèmes en temps réel, une occasion formidable ... 133

2. **Guide de classification des données** ... 134
2.1 Classification des données selon leur valeur intrinsèque ... 135
2.1.1 Les données ou informations stratégiques personnelles et confidentielles ... 135
2.1.2 Les données ou informations tactiques ... 135
2.1.3 Les données ou informations transactionnelles ... 135
2.1.4 Les données de procédures ou du savoir-faire ... 136
2.2 La classification selon un facteur temporel ... 136
2.3 La classification par supports ... 137
2.4 La classification des données et leur protection ... 138

3. **La protection contre les accès non autorisés** 139
3.1 La protection du contenu des filières de données et des programmes .. 140
3.2 La protection contre l'oblitération des données lors de l'utilisation de fichiers partagés 140

4. **Les contrôles de la bibliothèque de supports d'information** 140

5. **L'approche systémique pour assurer une protection efficace aux données et aux programmes** 150
5.1 La protection du milieu physique 150
5.2 L'authenticité et l'identification 150
5.3 L'approche logiciel 152
5.4 La protection des fichiers par le matériel des équipements 152
5.5 Les politiques administratives et les systèmes internes de contrôle 152
5.6 Les opérations liées à l'exploitation du centre informatique 152

Chapitre 10. **La protection des systèmes de communication** ... 154

Introduction 154
1. Identification des menaces et des techniques courantes de perpétration du crime 155
1.1 L'imposture 155
1.2 L'écoute électronique 156
1.3 La personnification (*piggybacking*) 156
1.4 L'entre-deux-lignes 156
1.5 Le *line grabbing* 156

2. **Les mesures et les contrôles recommandés** 156
2.1 La sécurité physique 157
2.1.1 La protection physique du site 157
2.1.2 La protection physique du terminal 157
2.2 La cryptographie 158
2.3 La vérification de l'authenticité 159
2.4 Le numérotage des transactions et l'estampillage en série 159
2.5 L'interruption automatique du lien avec le terminal 159
2.6 La surveillance et la détection de l'écoute électronique et des anomalies 160
2.7 L'utilisation de procédures de rappel 160
2.8 Identification et certification de l'utilisateur 160
2.8.1 Les techniques de vérification de l'authenticité des usagers 161

Chapitre 11. **La protection au niveau du personnel** 164

Introduction 164
1. **Les traits prédominants du personnel informatique** 165

2. **La structure de ce sous-programme** 166
2.1 Les mesures de prévention et les procédures préconisées pour minimiser les problèmes du secteur «personnel» 167
2.1.1 Le développement d'une méthode de sélection adéquate 167
2.1.2 La vérification du cautionnement 167
2.1.3 La limitation d'accès aux secteurs stratégiques 167
2.1.4 L'implantation de procédures rigides d'autorisation et de surveillance 167
2.1.5 La séparation des tâches 167
2.1.6 La rotation des tâches 168
2.1.7 La diffusion des responsabilités du groupe de contrôle 168
2.1.8 La vérification du cautionnement des employés des firmes externes 168
2.1.9 L'évaluation périodique des employés de l'entreprise 168
2.1.10 La mise en place d'un processus de sécurité pour protéger des travaux exécutés par les employés temporaires 169

2.1.11 L'institution d'une politique claire et précise concernant la cessation d'emploi 169
2.2 Le développement et la présentation de sessions d'information offertes aux employés 170

Chapitre 12. **La planification des mesures d'urgence** 171
Introduction 171
1. **Définition générale** 172
2. **Objectif de la planification des mesures d'urgence** 173
3. **Caractéristiques essentielles des plans d'urgence** 173
4. **Les mesures opérationnelles d'urgence** 173
5. **La relève des travaux critiques** 174
6. **Le rétablissement du traitement intégral** 174
7. **Méthodologie préposée** 175
7.1 Phase I: L'étude préliminaire 175
7.1.1 L'examen de la vulnérabilité des opérations 175
7.1.2 Les hypothèses de planification 175
7.1.3 L'identification des travaux critiques 176
7.1.4 La recherche et l'évaluation des solutions de rechange 176
7.1.5 L'identification des ressources et des fonctions critiques 176
7.1.6 La conception des plans d'urgence 177
7.1.7 Les coûts 177
7.2 Phase II: L'analyse fonctionnelle et organique 177
7.2.1 La définition détaillée des ressources critiques 177
7.2.2 La description détaillée des fonctions, des activités et des tâches reliées à cette planification des mesures d'urgence 177
7.2.3 L'attribution des responsabilités aux intervenants 178
7.2.4 La recherche et l'évaluation des procédures de rechange 178
7.2.5 Les activités des usagers 178
7.2.6 Le manuel des mesures d'urgence 179
7.3 Phase III: L'implantation et la post-implantation 179
8. **Les difficultés et les contraintes** 179

MODULE 4: L'IMPLANTATION ET L'EXPLOITATION DU PROGRAMME

Chapitre 13. **L'implantation du programme** 181
1. **Les origines de la résistance** 182
1.1 L'ignorance des risques 182
1.2 Les coûts 184
1.3 Les politiques 184
2. **Les stratégies préconisées pour vendre le programme aux cadres supérieurs de l'entreprise** 185
2.1 L'analyse des risques 185
2.2 L'exposé de faits vécus 186
2.2.1 L'industrie impliquée 186
2.2.2 Le choix de l'application 187
2.2.3 Le montant de la perte 187
2.2.4 La technologie 187
2.3 La collaboration d'un conseiller expert 188
2.4 L'identification et la présentation des problèmes actuels rencontrés dans l'organisation 189

3. **Les stratégies préconisées pour vendre le programme à l'ensemble du personnel de l'organisation** 190
3.1 L'introduction des changements dans l'entreprise 190
3.1.1 L'approche structurelle 190
3.1.2 L'approche humaine 190
3.1.3 L'approche technologique 191
3.2 La meilleure stratégie: la communication 191
3.2.1 La motivation 191
3.2.2. La communication avec les employés 192
3.2.3 Moyens de communication 193
3.3 Comment planifier l'implantation de ce programme 194
3.3.1 Informer les personnes concernées 195

MODULE 5: SURVEILLANCE DU PROGRAMME

Chapitre 14: **La vérification et l'évaluation périodique du programme** 197
Introduction 197
1. **La nécessité d'exercer vérification et une évaluation constante du programme** 197
2. **Les composantes de la vérification et de l'évaluation du programme** 198
2.1 Formation et planification 198
2.2 Examen des composantes du programme et des contrôles 199
2.2.1 La protection du milieu physique 199
2.2.2 La protection du développement, de l'entretien et de l'exploitation de systèmes informatiques 200
2.2.3 La protection des données 208
2.2.4 La vérification de la protection des télécommunications 212
2.2.5 La vérification des politiques et des pratiques liées à la protection du personnel 213
2.2.6 L'évaluation et la vérification des mesures d'urgence 214
2.3 L'évaluation du programme 214
3. **Recherche des améliorations possibles** 216
4. **Présentation des recommandations** 216

Conclusion 217

Appendice A. **Vulnérabilité de la micro-informatique** 219
1. **Le problème** 219
2. **Identification des dangers et de la vulnérabilité de ces systèmes** 220
2.1 Les problèmes reliés à l'utilisation des micro-ordinateurs 220
2.2 Vulnérabilité des systèmes liés à la bureautique 222
2.2.1 Les systèmes de traitement de textes autonomes 222
2.2.2 Les systèmes multipostes reliés à un micro-ordinateur 222
2.2.3 Les systèmes répartie reliés à travers un réseau 223
2.2.4 Les terminaux intelligents connectés aux éléments principaux des bases de données 223
3. **Les mesures préconisées pour pallier aux vulnérabilités et aux dangers** 224
3.1 Assurer une protection physique aux micro-ordinateurs 224
3.2 Protéger les données contenues sur les supports 224
3.3 Désigner un responsable pour la protection des données 225

3.4 Utiliser efficacement les mécanismes de contrôle d'accès 225
3.5 Assurer une protection adéquate aux communications 225
3.6 Maintenir une surveillance constante concernant l'utilisation de ces systèmes 225
3.7 Assurer la sécurité du système des mots de passe 226
3.8 Produire et maintenir une bonne documentation 226
3.9 Examiner les mesures requises afin d'assurer l'intégrité des données 226
3.10 Sensibiliser constamment les usagers à l'importance d'assurer une protection efficace et efficiente à ces petits systèmes 226

4. **Responsabilités de la direction concernant l'utilisation de la technologie des micro-ordinateurs** 226

Appendice B. **Position de la législation face à la protection des systèmes informatisés** 228

1. **L'impact des ordinateurs sur la vie privée** 228

2. **La position des différents palliers gouvernementaux concernant la protection des informations contenues dans les banques de données** 229
2.1 La législation canadienne 229
2.2 La législation québécoise 230
2.3 La législation française 231

3. **Les aspects légaux liés aux crimes informatiques** 232

LA PROTECTION DES RESSOURCES INFORMATIQUES

Avant-propos

Nombreux sont les ouvrages traitant de la gestion de l'informatique. Plus rares sont ceux traitant de la gestion de la protection des ressources informatiques. Presque inexistants sont ceux traitant de ce sujet en français.

Les objectifs visés par cet ouvrage sont, en premier lieu, de sensibiliser le lecteur à l'importance croissante des menaces, intentionnelles ou non, pouvant porter atteinte au caractère confidentiel, à l'*authenticité* et à la *disponibilité* des données emmagasinées dans les systèmes d'informations automatisés; et, en second lieu, de lui présenter une approche structurée incluant les outils et les méthodes à utiliser pour assurer une protection efficace et efficiente à cet environnement informatique.

Il est utopique de prétendre que toutes les mesures de protection décrites dans ce volume doivent obligatoirement être implantées dans tout environnement informatique. La nécessité de les utiliser doit tenir compte des besoins de l'organisation dans ce domaine, en soupesant les menaces qui la guettent, et les conséquences qui pourraient éventuellement en résulter.

Cet ouvrage s'adresse aux gestionnaires des entreprises, aux responsables des services informatiques, aux éducateurs responsables de la formation de nos futurs informaticiens, aux gouvernements, aux fabricants d'ordinateurs, aux firmes de consultants, aux usagers de ces systèmes informatisés et au public en général dont de plus en plus d'informations personnelles se trouvent conservées dans ces systèmes.

Cet ouvrage se divise en cinq modules.

MODULE 1. **Définition du problème**

Nous démontrerons l'importance grandissante de l'informatique qui a pénétré petit à petit plusieurs de nos activités quotidiennes et dont l'influence se fait sentir sans cesse dans notre vie. Nous discuterons des différents dangers menaçant l'*intégrité*, le *ca-*

ractère confidentiel et la *disponibilité* des données conservées dans les systèmes informatiques. Nous terminerons en décrivant les motifs pouvant être invoqués pour mettre en valeur la nécessité d'un programme de protection des ressources informatiques.

MODULE 2. **Description de la stratégie à adopter**

Nous discuterons de la stratégie à adopter, tenant compte des besoins, des coûts à considérer, des rôles et des responsabilités des membres impliqués dans le développement et l'exploitation d'un tel programme. Nous poursuivrons en identifiant les différents secteurs où il est important d'assurer une protection adéquate.

MODULE 3. **Conception détaillée du programme de protection**

Nous exposerons, pour chacun des secteurs identifiés, les politiques de gestion, les procédures, les dispositifs techniques, les méthodes d'analyse et les mesures de contrôle à exercer et les dispositions préconisées pour assurer la poursuite des activités dans les situations d'urgence.

MODULE 4. **Implantation et exploitation du programme**

Nous identifierons les problèmes qu'il sera possible de rencontrer lors de la phase d'implantation de ce programme. Nous poursuivrons en démontrant l'importance de mettre au point l'organisation, les procédures prévues, de préparer l'environnement en fonction du programme, d'entraîner le personnel et surtout de le sensibiliser à l'importance d'assurer une protection à cet ensemble.

MODULE 5. **Vérification et évaluation du programme de protection**

Nous exposerons pourquoi il demeure important de procéder constamment à des vérifications et à des évaluations de ce programme de protection et nous décrirons les modalités de ces opérations.

APPENDICE A. **Vulnérabilité de la micro-informatique**

Nous discuterons de la vulnérabilité de la micro-informatique, nous identifierons les dangers qui la menacent et nous décrirons les mesures préconisées pour protéger efficacement ce nouvel environnement.

APPENDICE B. **La protection des systèmes informatisés et la législation**

Nous discuterons des lois actuelles régissant l'environnement informatique. Une attention toute particulière sera apportée à l'impact des ordinateurs sur la vie privée.

Cet ouvrage se propose de sensibiliser toutes les personnes impliquées de près ou de loin à l'utilisation des ordinateurs, à agir immédiatement au lieu de réagir face aux dangers qui surviendront en leur soumettant un modèle qui leur permettra de développer et d'exploiter un programme de protection des ressources informatiques, afin de minimiser les probabilités de réalisation des dangers menaçant cet environnement.

PIERRE GRATTON, B. ADM., MSC.

MODULE 1

DÉFINITION DU PROBLÈME

CHAPITRE **1**

La révolution informatique... Une réalité

1. UN OUTIL PRIVILÉGIÉ : L'ORDINATEUR

L'informatisation de la société, au dire des sociologues et des économistes, est aussi importante que la révolution industrielle du siècle dernier. Dans le secteur tertiaire, l'informatique se présente comme tout à fait révolutionnaire. L'ordinateur, outil de traitement de l'information, permet à l'homme de développer son pouvoir mental comme le moteur a multiplié sa force physique.

Il n'est donc pas surprenant que la majorité veuille se familiariser avec l'informatique et avec son outil privilégié l'*ordinateur*, et, ce faisant, prenne conscience des enjeux considérables liés à son utilisation.

Autrefois, les ordinateurs étaient de grosses machines, si complexes que seules les grandes entreprises pouvaient se permettre d'employer du personnel spécialisé pour les manipuler. Compte tenu de la complexité de ces appareils, de leurs dimensions et surtout de leurs coûts exorbitants, les premiers ordinateurs ne desservirent que le monde militaire, les multinationales, le milieu de la finance et l'administration publique.

De nos jours, avec les progrès de la miniaturisation, ses composantes ont passé de la taille d'une «ampoule électrique à celle d'une tête d'épingle». Leurs coûts sont plus accessibles.

L'apprentissage de l'utilisation des ordinateurs devient de plus en plus facile. La nouvelle technologie permet donc l'accès de ces appareils à des non-spécialistes qui n'ont besoin que d'une formation très limitée pour les utiliser efficacement.

1.1 Les secteurs d'application de l'ordinateur

Ces «monstres à puces» s'intègrent rapidement à tous les secteurs de l'activité humaine, et bouleversent tous nos modes de vie. Entre autres, l'ordinateur est prêt à effectuer n'importe quelle opération mathématique; il aide à soigner les gens, les instruit et les informe. Il a conduit les hommes sur la lune et les a ramenés sur terre sans encombre. Il dessine le plan des maisons, des avions et aide les gestionnaires à prendre des décisions qui peuvent avoir des conséquences d'une extrême importance pour l'ensemble de la société. Ne s'arrête pas là sa pénétration! La micro-électronique, la technologie de la pièce de silicium a permis de fabriquer à peu de frais des micro-ordinateurs dont le prix de revient diminue d'une année à l'autre. Il représente, pour un nombre croissant d'individus, un défi intellectuel mais aussi un outil nouveau et malléable, tout aussi capable de contrôler des données que de jongler avec l'information.

Grâce à la jonction de l'informatique, des réseaux de télécommunications et de la télévision, toute une gamme de nouveaux services fait son apparition. On connaît déjà l'édition à distance des journaux dans des imprimeries décentralisées. Les téléconférences, la télétransmission des messages à l'intérieur des organisations, prélude au courrier électronique, se généralisent. Les procédés de télécopie deviennent d'usage courant. Les banques bibliographiques ou documentaires peuvent maintenant être interrogées à distance.

1.2 La réalité économique de l'informatique

En 1980, on estimait que 50% du produit national brut des États-Unis étaient étroitement liés aux ordinateurs et aux communications[1]. On estimait à environ 100 000 le nombre de puissants ordinateurs en opération et à près de 500 000 le nombre de mini-ordinateurs utilisés. Cette prolifération quasi «anormale» de l'ordinateur personnel fait prévoir à l'heure actuelle un taux de croissance annuel d'environ 150% qui ne semble pas devoir baisser, d'autant plus que la situation économique commence à s'améliorer. Il y aurait en 1984 environ 14 millions de micro-ordinateurs (d'affaires et domestiques); en 1985, 35 millions et en 1986 plus de 80 millions de micro-ordinateurs dans le monde, dont plus des deux tiers en Amérique du Nord seulement.

1.3 La personnalité de l'année 1982: l'«ordinateur personnel»

L'apparition constante de nouveaux modèles entraîne leur révolution peu de temps après leur commercialisation. Les dépenses de recherche sont les plus élevées de toute l'industrie. Guerre des prix, production de masse démontrent jusqu'à quel point l'informatique constitue un marché dynamique. En décembre 1982, le magazine américain *Time* a créé un certain émoi en décernant le titre de «Personnalité de l'année» à une machine: l'«*ordinateur personnel*». Compte tenu de l'envahissement grandissant de l'ordinateur personnel, l'hebdomadaire y consacra plus d'une vingtaine de pages.

Cet appareil est graduellement devenu un outil de gestion respectable pour les petites entreprises. À la faveur du virage technologique annoncé par le gouvernement québécois, cette machine du siècle fait actuellement son entrée officielle dans les écoles du Québec. À ce sujet, le gouvernement du Québec s'apprête à intégrer d'ici 5 ans, près de 36 000 micro-ordinateurs et quelque 10 000 appareils spécialisés dans les écoles et collèges.

1.4 Perspectives

Le domaine de l'informatique est loin d'avoir atteint son apogée; bien au contraire, on parle déjà de la venue prochaine des ordinateurs de la 5e génération; ces ordinateurs, qui disposeront d'une mémoire jusqu'à 10 000 fois plus grande que les ordinateurs actuels et seront 1 000 fois plus rapides, pourront lire et écrire dans de nombreuses langues, converser avec leur utilisateur. Dans la maison de demain[2], le micro-ordinateur sera aussi omniprésent que le petit moteur dans les résidences d'aujourd'hui. Les ordinateurs personnels continueront à devenir de plus en plus intelligents, intégrant à leurs possibilités la plupart de celles des gros ordinateurs commerciaux et industriels.

Mais la véritable révolution télématique est représentée par le lancement dans le grand public des services vidéotex, faisant appel aux équipements déjà installés chez les particuliers: téléphone et téléviseur, et permettant l'accès à des banques de données constituées par diverses institutions publiques, commerciales ou professionnelles. Le citoyen pourra, au moyen de son téléphone, interroger des banques de données chez lui, à la maison, et recevoir sur son téléviseur domestique les réponses à ses questions.

Acheter différents biens de consommation, y compris de la nourriture, à partir de son domicile, voilà une réalité à laquelle doit s'attendre le consommateur de demain. Des listes pourront être consultées sur écran et l'on n'aura qu'à passer directement sa commande de la maison. Les transactions bancaires à partir de chez soi en sont un autre prolongement mais, cette fois, du système de paiement électronique et notamment des guichets automatiques actuellement implantés au Canada et en France.

À l'heure actuelle, certaines institutions bancaires prévoient implanter un système qui sera offert aux agriculteurs physiquement éloignés des grands centres urbains. Ce système accessible de leur domicile permettra de connaître les conditions climatiques, de pouvoir éventuellement commander des pièces d'équipements aratoires, d'effectuer diverses opérations bancaires et d'accéder à une foule d'informations utiles. Le jumelage de l'ordinateur aux divers modes intégrés de transmission laissent entrevoir la constitution de réseaux complexes qui auront d'immenses répercussions dans le fonctionnement de la société de demain.

On ne peut le nier, l'ordinateur a pénétré chacune de nos activités quotidiennes et il demeure évident que l'informatisation fait partie de l'avenir et qu'elle ne pourra qu'influencer davantage notre vie.

2. L'INFORMATION ET LE TRAITEMENT DE L'INFORMATION

Au cours de la dernière décennie, l'informatique a décuplé l'habileté de l'homme à utiliser l'information à tel point qu'elle a engendré une révolution du travail intellectuel dont l'impact est considérablement plus grand que celui produit par la révolution industrielle sur le travail manuel. La révolution industrielle a transformé l'économie de survivance en économie de consommation, l'organisation artisanale du travail en production à la chaîne, la culture des élites en culture de masse. La révolution de l'information a non seulement modifié les méthodes de travail, les structures des entreprises mais a également entraîné toute une série de changements structurels dans notre mode de vie et dans nos valeurs.

2.1 L'importance de l'information en gestion[3]

L'information est nécessaire dans tous les domaines de la pensée et de l'action humaine. En comparant les individus dépourvus d'information et de connaissances à ceux qui en ont, ces derniers ont de plus grandes possibilités de carrière et sont mieux armés pour prendre des décisions.

Outre le fait d'être essentielle aux individus qui l'utilisent pour des buts personnels, l'information est aussi nécessaire pour ceux qui prennent les décisions dans les entreprises. Tous les gestionnaires doivent accomplir certaines tâches ou fonctions de base afin d'atteindre les objectifs fixés. Les objectifs poursuivis diffèrent, mais les aptitudes de base sont les mêmes pour tous. En d'autres mots, tous les gestionnaires doivent savoir *planifier, organiser, diriger, recruter* et *contrôler.* Le succès de toute entreprise va dépendre de la capacité des gestionnaires de mener à bien ces diverses fonctions. Ces fonctions seront d'autant mieux réalisées si les dirigeants sont suffisamment informés. Pourquoi? Parce que chaque fonction exige une *prise de décision* et cette prise de décision doit être accompagnée d'une information précise, opportune, complète et pertinente.

Mettre une information de qualité à la disposition de ceux qui savent l'utiliser va faciliter la prise de décision; les bonnes décisions vont permettre à tous la réussite des activités de gestion, et une réussite effective en gestion conduit à la réalisation des buts de l'entreprise. L'information est l'agent de liaison qui maintient l'unité de l'entreprise.

2.2 L'amélioration de la qualité de l'information de gestion par l'utilisation de l'ordinateur

Les systèmes d'information traditionnels ont souvent laissé à désirer parce qu'ils devaient posséder les qualités suivantes: peu coûteux, pertinents, opportuns, vraiment intégrés, concis, disponibles dans une forme valable.

Pour diminuer les difficultés soulevées par les approches traditionnelles, de nouveaux concepts de système d'information en gestion, orientés vers l'utilisation des ordinateurs, ont été développés. Ces efforts d'améliorations sont dus à un certain nombre de pressions[4] qui ont incité les gestionnaires à s'orienter vers l'utilisation de l'ordinateur. Parmi ces pressions, on peut citer:

2.2.1 L'augmentation du volume des documents de travail

La capacité de traitement dans plusieurs entreprises a été augmentée par:

- la croissance en grandeur et en complexité de l'entreprise;
- la demande croissante de données par des sources externes;
- la demande constante des gestionnaires afin d'obtenir davantage d'information. Plus le volume à traiter est grand, plus le traitement par ordinateur se révèle économique en comparaison d'autres traitements;
- les coûts moins importants de l'informatique.

2.2.2 La demande de précision

Si un système de traitement dépasse la capacité pour lequel il a été conçu, des imprécisions apparaissent et le contrôle des activités de l'entreprise va en souffrir. Le traitement par ordinateur sera tout à fait précis si les tâches à réaliser ont été soigneusement préparées.

2.2.3 La demande d'accélération dans le traitement de l'information

Tenant compte de l'augmentation du volume d'information à traiter, on constate souvent un retard dans la préparation des rapports. C'est pourquoi beaucoup de firmes se sont tournées vers l'utilisation de l'ordinateur afin d'accélérer le traitement de l'information.

2.2.4 L'augmentation des coûts

L'augmentation des coûts de la main-d'œuvre et du matériel a poussé les gestionnaires à considérer, dans un dessein économique, l'utilisation de la technologie des ordinateurs.

2.3 Le rôle de l'ordinateur au niveau de la gestion

Nous avons vu antérieurement que, pour répondre adéquatement aux objectifs de l'entreprise, les gestionnaires doivent effectuer les tâches de planification, d'organisation de la gestion du personnel et de contrôle. L'information fournie par un système informatisé aura un impact important sur la gestion d'une organisation:

- en permettant d'identifier rapidement les problèmes et les possibilités;
- en aidant à l'analyse du problème et au choix de solutions possibles;
- en influençant le choix le plus approprié.

Les ordinateurs peuvent aussi être utilisés pour les techniques de prises de décisions telles que les méthodes PERT/CPM, la programmation linéaire et la simulation de problèmes. En plus de leurs implications dans la planification et le contrôle, l'utilisation d'ordinateurs soulève également un bon nombre de questions ayant des conséquences très importantes sur l'organisation.

Dans les prochaines années, on prévoit une transformation significative au niveau de la technologie des ordinateurs. Incontestablement, les systèmes d'information futurs auront un temps de réponse plus rapide, une capacité de stockage de loin supérieure à ce qui existe actuellement.

Cette technologie devrait permettre aux gestionnaires d'accéder très rapidement à des informations précises, qui les aideront dans leurs prises de décisions stratégiques, dont les conséquences seront de plus en plus capitales pour la survie des entreprises.

NOTES

1. Timothy Schabeck, «Computer Crime», *Investigation Manual, Assists Protection*, San Francisco, Computer in Business and Society, 1980.
2. «Des robots domestiques pour nettoyer la table et ranger l'épicerie», *La Presse*, 8 février 1983.
3. Francis Bacon, «Le vrai pouvoir, c'est la connaissance», *L'Informatique un instrument de gestion*, 1980, p. 11.
4. Donald Sanders, «L'information et le traitement de l'information: concept et évolution», *L'Informatique: un instrument de la gestion*, Québec, McGraw-Hill, 1980, pp. 17-18.

CHAPITRE **2**

Les menaces informatiques et leurs conséquences

Introduction

Cette prolifération du nombre d'ordinateurs et de ses applications, compte tenu du volume, de la qualité et de l'importance des informations conservées dans les systèmes informatisés, a engendré une multitude de menaces intentionnelles ou non pouvant porter atteinte au caractère confidentiel, à l'authenticité et à l'accessibilité des données emmagasinées dans ces systèmes informatisés.

Nous verrons dans les sections suivantes l'évolution de la criminalité au niveau des ordinateurs, ainsi que l'importance des gains obtenus comparativement aux méthodes classiques utilisées. Par la suite, nous décrirons et analyseront les principales menaces affectant la protection des ressources informatiques. En dernier lieu, nous étudierons plus précisément les menaces pouvant considérablement affecter la confidentialité de l'information et la sûreté de fonctionnement des systèmes.

1. L'APPARITION D'UNE NOUVELLE FORME DE CRIMINALITÉ

Le criminel entre, lui aussi, de plain-pied dans la civilisation des télécommunications et de l'informatique. Plus besoin de se salir les mains à percer l'acier et le béton des coffres des banques, plus besoin d'attaquer les camions de la Brinks. Fini le stress du vol à main armée. Il faut évoluer avec son temps et, pour le criminel, cela signifie aller chercher l'argent là où il se trouve, c'est-à-dire dans les ordinateurs, et là où il circule, dans les réseaux des télécommunications. Il va sans dire que ces nouveaux supports électroniques sont à l'heure actuelle beaucoup plus vulnérables que les banques et les camions blindés[1].

Depuis quelques années, les crimes informatiques ont pris une telle ampleur que, de plus en plus, on lit dans nos journaux des articles relatant ces faits. Ce type de criminalité est en voie de devenir le nouveau fléau des années 1980.

Dans le cadre de cet ouvrage, j'ai cru bon d'ajouter intégralement certains titres d'articles publiés afin de démontrer l'importance et la montée croissante de ces crimes.

1.1 L'importance de ce nouveau type de criminalité

Tel que nous le démontre le contenu des articles de la section précédente, la venue des ordinateurs a fait naître un nouveau type de criminalité beaucoup plus sophistiqué, et surtout très rentable, dans lequel on peut évoluer presque sans danger de se faire prendre, actuellement.

Aux États-Unis, les statistiques (voir fig. 2.1) démontrent que les crimes reliés à l'ordinateur sont de loin les plus profitables[2]. Comparativement, les vols de banques rapportent en moyenne 10 000 dollars à leurs auteurs, les détournements de fonds 19 000 dollars, les crimes commis avec l'aide de l'ordinateur 450 000 dollars. Selon le F.B.I. américain, seulement 1% de ces crimes est détecté et approximativement 7% de ceux-ci sont rapportés à la police. Le Stanford Research Institute estime à plus de trois milliards annuellement le coût des crimes reliés à l'ordinateur. En fait, il est très difficile d'avoir une idée juste de la situation, car les victimes sont aussi discrètes que les criminels. Il arrive fréquemment que les cas de fraude se règlent à l'amiable, hors cour. La dernière chose que la victime désire, c'est donner à quelqu'un d'autre l'idée de tenter sa chance.

Au Québec, quatre ou cinq cas seulement ont retenu l'attention des spécialistes de la fraude informatique de l'Unité des crimes économiques de la Sûreté du Québec. Les cas de fraude informatique sont donc pour l'instant peu nombreux chez nous. Mais il ne faut pas oublier qu'il s'agit seulement de cas découverts. Combien de fois le cerveau humain a-t-il déjoué celui des ordinateurs à des fins criminelles[3]?

FIGURE 2.1 Moyenne financière des pertes en 1979.

LA PRESSE, MONTRÉAL, JEUDI 17 NOVEMBRE 1983
FAMEUX SYSTÈME AMÉRICAIN DE CODAGE DATA ENCRYPTION STANDARD

Trois professeurs de l'Université de Waterloo en découvrent la clé et suscitent l'inquiétude

LA PRESSE, MONTRÉAL, VENDREDI 12 AOÛT 1983
WAR GAMES DEVIENT UNE RÉALITÉ

Des jeunes gens fouillent les ordinateurs de plusieurs firmes

L'utilisation criminelle d'un ordinateur peut aller jusqu'au... meurtre

LA FRAUDE PAR ORDINATEUR

Il est possible d'y faire échec

MÉTHODE MODERNE DE COMMETTRE UN VOL

Changer la programmation d'un ordinateur

Une nouvelle espèce de criminels

LA PRESSE, MONTRÉAL, SAMEDI 7 JANVIER 1984

Le manque d'étanchéité des systèmes informatisés suscite de l'inquiétude

LA PRESSE, MONTRÉAL, JEUDI 10 NOVEMBRE 1983

Piratage d'ordinateurs: les jeunes s'échangeaient les codes et programmes

FONCTIONNAIRE CITÉ À SON PROCÈS POUR MÉFAITS SUR ORDINATEURS

Les inconnus du crime: la délinquance en col blanc et le crime informatique

L'ordinateur nouvel arme de crime

1.2 Profil type du fraudeur

Présentement, il ne faut pas penser que le crime informatique est le fait de groupes bien organisés et spécialisés dans ce type de délit. Les rares études qui ont cherché à déterminer le profil type des fraudeurs, nous tracent un portrait qui tient davantage du premier de classe que du truand. Il s'agirait en général d'un individu âgé de 18 à 35 ans, passionné d'informatique. On note également que l'aspect jeu a un rôle important dans l'intention de commettre le délit. Il s'agira souvent d'une bravade envers l'employeur, à moins que l'employé, en difficultés financières, ne voie dans cette fraude informatique un moyen rapide de s'en sortir.

Ce n'est pas sans raison qu'il est surtout question d'employés, dans ces affaires. Une étude du Stanford Research Institute a démontré que 87% des violations d'ordinateurs avaient leur origine à l'intérieur de l'entreprise et 46% à l'intérieur même du service informatique. Mais pour ses auteurs, le crime informatique n'est pas un crime comme les autres. Une fois pris, la plupart des fraudeurs seront même fiers de leur performance et plaideront coupables sans hésitation.

Il y a aussi ces jeunes étudiants pour qui forcer les mécanismes de sécurité d'un ordinateur devient un jeu où les plus habiles seulement se distinguent.

1.3 Description des menaces informatiques

Les menaces informatiques proviennent du caractère imprévisible des éléments qui se rattachent à l'environnement et aux personnes. Il demeure essentiel de protéger adéquatement toutes ces ressources informatiques contre tout incident de nature accidentelle ou intentionnelle qui pourrait éventuellement occasionner des pertes ou des dommages considérables à l'entreprise.

Une analyse de ces menaces informatiques fait ressortir la composition générale de la figure 2.2. Cette liste n'est pas exhaustive. Elle recense les principales menaces. Ces divers aspects varient considérablement en fonction des organisations.

1.3.1 L'agression, la destruction et la défaillance

L'agression, la destruction et la défaillance peuvent entraîner une indisponibilité plus ou moins complète, et pour une période plus ou moins longue, des moyens de transformation et de traitement. L'ampleur des conséquences est liée à la centralisation de ces moyens. Sa sensibilité peut amener des conséquences incalculables.

Une entreprise, privée de ses possibilités de production ou de ses systèmes d'information, peut subir des préjudices importants, voire fatals. Elle doit prévoir des mesures appropriées, pour limiter les risques de tels actes, et des méthodes pour pallier aux conséquences. Ces menaces revêtent divers aspects qui peuvent aller de la catastrophe naturelle (incendie, inondation) à la défaillance matérielle ou logicelle, en passant par la destruction accidentelle ou volontaire (bris de machines, destruction de fichiers et de bibliothèques, sabotage du centre...). La destruction des informations peut prendre des formes plus sensibles. Un simple aimant peut détruire les fichiers contenus dans les supports électromagnétiques et le méfait ne sera détecté que lors de l'utilisation.

- MENACES
  - AGRESSION
    - Naturelle (feu, eau, chimique,...) sabotage ou infraction
    - Sociale (destruction de matériel informatique par malveillance)
  - DESTRUCTION
    - Physique
      - Accidentelle
      - Volontaire
    - Informatique
      - Accidentelle
      - Volontaire
  - DÉFAILLANCE
    - Matériel
    - Logiciel
  - ERREUR
    - Humaine
    - Due au matériel
    - Due au logiciel
  - VOL
    - De matériels
    - D'informations
      - Programmes
      - Données
  - FRAUDE
    - D'informations
  - COPIE
    - Matériel
    - Logiciel

FIGURE 2.2 Les principales menaces informatiques.

1.3.2 Les erreurs du système

Les erreurs du système, qu'elles soient humaines ou dues aux moyens utilisés, sont de nature et d'importance diverses. Un certain nombre d'erreurs sont fréquentes (erreur de manipulation, erreur de saisie, erreur d'opération, erreur de transmission). Leurs conséquences sont quand même limitées par des contrôles et des vérifications adéquates. D'autres erreurs peuvent entraîner des conséquences plus graves, si leur détection n'est pas assurée suffisamment tôt. Le taux et l'importance des erreurs peuvent avoir des conséquences pour l'entreprise, soit directes (pertes de production, pertes financières...) soit indirectes (sur le personnel et sur la clientèle). Le manque de qualité dans le service offert peut, en effet, entraîner chez le personnel utilisateur un manque de confiance dans le système et le recours à des procédures et des moyens «en double» (fichiers parallèles, double comptabilité, double enregistrement, vérifications croisées...). Pour les utilisateurs, le manque de qualité peut déclencher des impressions d'insécurité et d'incertitude dans les résultats, propres à les mécontenter et à les faire fuir.

1.3.3 Le vol

Le système informatique, en tant qu'outil primordial demande une attention particulière. Du fait qu'il contient l'information accroît le risque du vol et de la consultation d'information. L'incitation et l'intérêt sont d'autant plus importants que le système possède des fichiers largement intégrés et qu'il est ouvert à beaucoup d'utilisateurs. Rappelons que le vol d'informations ne correspond pas à une disparition physique. Tout acte ou tentative de consultation sera donc plus difficile à déceler.

Le vol de biens dans une entreprise peut aussi entraîner des conséquences incalculables. Le vol de fichiers (supports) ou leur destruction pose le problème de la sauvegarde des informations et de leur restitution. La perte d'information peut priver une entreprise de ses moyens d'action et de décision. Cet aspect peut être minimisé par un archivage méthodique mais le risque de divulgation est suffisamment grand pour que des mesures particulières soient prises. Le vol d'information est maintenant beaucoup plus difficile à déceler, car il ne laisse pas de traces.

Les données sont enregistrées sur des supports non accessibles directement. Cependant, avec des dispositifs appropriés, il est possible de les recopier ou de les modifier sans aucune altération ou surcharge du support.

Le vol de ressources est une utilisation abusive des moyens disponibles de l'entreprise. Pour les moyens de traitement, il s'agit essentiellement de vol de temps-machine (accès pour le compte d'une autre entreprise au moyen de traitement) et de passage de programmes non autorisés (exécution de tâches non prévues).

1.3.4 La fraude

La fraude, telle que l'on démontrée les statistiques du début de cette section, est une menace d'une extrême importance. Il s'agit entre autres de vol par détournement de fonds et de manipulation d'informations. Cette menace peut avoir pour origine le personnel utilisateur des services et plus rarement des personnes extérieures à l'entreprise accédant au système (appel par réseau commuté, personnel chargé du nettoyage...). Cette menace demande une protection des données toute particulière dont les aspects rejoignent le secret et le caractère confidentiel des informations.

1.3.5 La copie

La copie illégale de logiciels constitue une autre industrie dont la croissance est fulgurante. En quelques secondes, il est possible de copier sans aucuns frais un logiciel comprenant plusieurs milliers d'instructions. Tout éditeur de logiciels est confronté à cette difficulté. Il peut inventer des systèmes de protection et des codages sophistiqués; cela ne fait qu'aiguillonner l'amateur fraudeur. La quasi-impossibilité de protéger le logiciel fait peser une lourde menace sur cette industrie, où le fruit de plusieurs mois de travail laborieux peut être copié en moins de 30 secondes.

Il n'y a pas que le logiciel qui peut être copié, il y a aussi le matériel. Depuis les premiers succès de l'ordinateur APPLE, les avocats de la compagnie n'ont cessé d'intenter poursuites sur poursuites à des compagnies de plusieurs pays qui s'étaient spécialisées dans la construction d'appareils similaires. Certains fabricants auraient même eu l'audace de copier l'apparence extérieure de l'appareil et le type de lettrage utilisé.

NOTES

1. Jean-Marc Carpentier, « :es pianistes de la fraude», *Justice*, vol. V, n° 8, décembre 1983, pp. 8-13.
2. Timothy Schabeck, «Computer Crime», *Investigation Manual, Impact of Computer Crime*, 1980, p. 4.
3. Jean-Marc Carpentier, *op. cit.*

CHAPITRE **3**

Un programme en sécurité informatique... Une nécessité

1. DESCRIPTION DES MOTIFS ÉVOQUANT LA NÉCESSITÉ D'UN PROGRAMME DE PROTECTION DES RESSOURCES INFORMATIQUES

La protection des ressources informatiques dans une entreprise est un problème général, et nul n'est besoin de rappeler qu'il doit être pris au sérieux dans toute organisation.

Parmi les nombreux motifs qui peuvent être invoqués pour mettre en valeur la nécessité d'un programme intégral de sécurité informatique dans les entreprises et organismes gouvernementaux, les éléments suivants se détachent nettement (voir figure 3.1).

1.1 L'évolution des systèmes informatisés dans la dernière décennie.

L'expansion de l'informatique dans les organismes qui possèdent déjà des services informatiques, l'introduction impressionnante d'ordinateurs et de micro-ordinateurs dans les entreprises qui n'en possèdent pas, le développement gigantesque de réseaux informatiques importants et la sollicitation de services à l'extérieur caractérisent l'évolution des systèmes d'informations automatisées dans la dernière décennie. Les coûts intégraux annuels alloués à l'informatisation des systèmes ont, malgré la crise économique, considérablement augmenté au cours des dernières années.

1.2 La concentration des informations

L'information demeure pour tout organisme un élément essentiel de son efficacité et de sa survie. Ces informations permettent à l'organisation d'accroître sa capacité d'adaptation et de survie dans un environnement en constant changement. Ces informations représentent l'environnement, l'histoire et le futur de l'organisation.

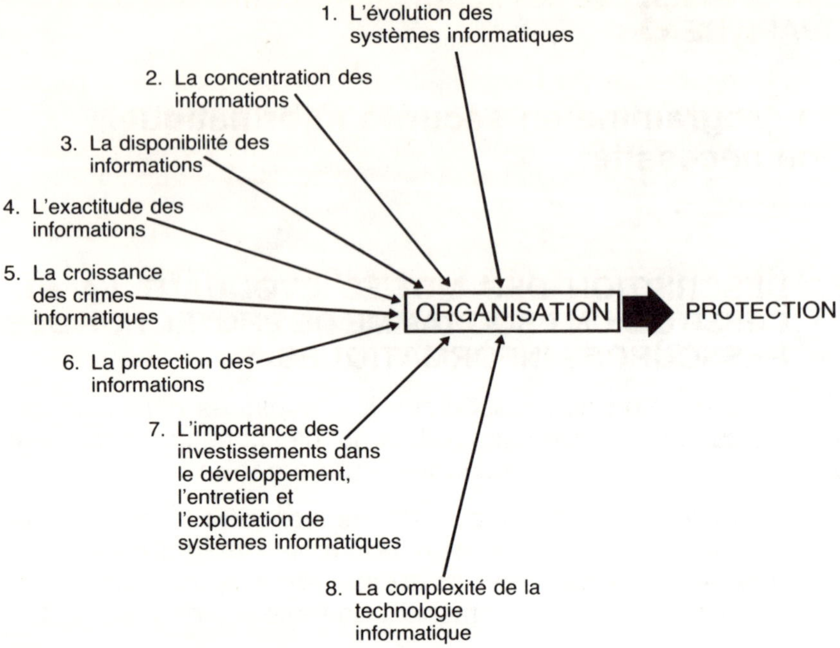

FIGURE 3.1 La nécessité d'un programme de protection des ressources informatiques

Le regroupement des informations dans les fichiers informatiques centralisés et localisés en quelques endroits spécifiques accentue la condition de vulnérabilité de ces informations et accroît leur degré d'exposition aux risques de destruction, d'extraction ou de modification non autorisées.

1.3 Disponibilité des informations pour la survie de l'entreprise

La perte d'un fichier ou d'une banque de données ou la non-disponibilité des équipements informatiques en temps opportun, causée par une erreur de programmation, d'un sabotage ou d'un désastre naturel, peut parfois signifier pour une entreprise la fin permanente des opérations.

Imaginons le cas d'une entreprise dont le fichier des comptes recevables est détruit. Cet organisme serait considérablement affecté par la perte de ces informations et sa survie serait sûrement compromise.

1.4 L'exactitude des informations contenues dans ces systèmes

L'importance de l'exactitude de l'information peut parfois être capitale pour une organisation. Prenons, par exemple, le cas du gestionnaire utilisant l'ordinateur pour manipuler des informations qui l'aideront à orienter une décision stratégique pour l'organisation...

1.5 La croissance des crimes informatiques

Tel que cela a été mentionné antérieurement, la prolifération quasi anormale des ordinateurs et des systèmes informatisés a fait naître une autre forme de crime beaucoup plus sophistiquée, plus rentable et dans laquelle on peut évoluer presque sans danger d'être pris. Les conséquences de ces crimes «lucratifs» peuvent être désastreuses pour les entreprises.

1.6 La protection des informations contenues dans les systèmes informatisés

L'accroissement du nombre des banques de données contenant différentes informations stratégiques pour l'entreprise, a multiplié les risques de violations du caractère confidentiel. Il demeure de la responsabilité de l'entreprise de veiller à protéger adéquatement ses informations emmagasinées dans les ordinateurs.

1.7 L'importance des investissements dans le développement, l'entretien et l'exploitation des systèmes informatisés

Pour l'année financière 1979-1980[1], les coûts de création de nouveaux systèmes dans les organismes gouvernementaux québécois, se sont élevés à plus de 25 millions de dollars et les coûts d'entretien des systèmes en exploitation à plus de 12 millions. Les coûts de reconstitution des systèmes et des programmes présentement en opération et les inconvénients qui en résulteraient en cas de perte n'ont pas de commune mesure avec les coûts des dispositifs à mettre en place pour en assurer la sauvegarde.

Les coûts d'exploitation des systèmes comportent, au plan des activités, la création et surtout la mise à jour des fichiers informatiques, atteignent 57 millions de dollars en 1979-1980. En outre, ces activités impliquent des ressources importantes, connexes à l'informatique, dont les coûts de contribution ne sont pas inclus dans ce montant de 57 millions. En cas de perte, même s'il est possible de réaliser la récupération intégrale des informations, les énergies mobilisées pour reconstruire les fichiers, si on les compare aux efforts requis pour en assurer la protection, sont démesurées.

1.8 La complexité de la technologie informatique

Un système informatisé qui, à première vue, semble très simple, est en réalité beaucoup plus complexe en terme de temps et d'aptitude, afin de comprendre exactement ce que fait chacun des programmes utilisés pour réaliser le système. Malheureusement, après un certain temps et à cause de cette complexité, les personnes responsables des systèmes acceptent très souvent l'intégrité du système sans se poser de questions, sans même être capables de vérifier le contenu des programmes permettant de réaliser le système informatisé. Cette situation se retrouve fréquemment à l'intérieur des systèmes informatisés où l'intervention humaine est à son minimum.

1.9 L'exclusivité de la gestion des systèmes informatisés aux informaticiens

Compte tenu des connaissances et de l'expertise nécessaires pour développer et exploiter les systèmes informatisés mis à la disposition de l'ensemble de l'entreprise, ces fonctions sont habituellement déléguées à un secteur composé de spécialistes dans ce domaine. Règle générale, compte tenu de la complexité de cette technologie, on laisse pleine latitude à ces personnes pour voir au développement et à la gestion de ces systèmes informatisés. Du même coup, on confère à ces individus des privilèges et des pouvoirs très importants sur l'entreprise et la haute direction les laisse généralement sans contrôle ou vérification sérieuse aucune.

2. DÉFINITION D'UN PROGRAMME DE PROTECTION DES RESSOURCES INFORMATIQUES

Un programme de protection des ressources informatiques pourrait être défini comme étant le processus comprenant:

- des politiques administratives;
- des règles de gestion;
- des mesures de contrôle et de vérification;
- des méthodes d'analyse;
- des dispositifs techniques servant à assurer la protection des personnes et de leurs biens.

En ce qui a trait à l'application des activités informatiques, cette protection repose principalement sur les trois postulats suivants, reliés au traitement des informations qui doit être organisé de telle sorte que:

1. Les informations importantes qui sont traitées ne doivent pas être perdues d'une manière irrémédiable (*CONSERVATION*).
2. Le traitement de l'information ne doit pas permettre l'introduction d'erreurs (*INTÉGRITÉ*).
3. Les informations ne doivent pas être lues ou modifiées sans autorisation (*CARACTÈRE CONFIDENTIEL*)[2].

NOTES

1. Gouvernement du Québec, *Rapport annuel informatique gouvernemental*, année 1979-1980.
2. James Martin, *Security, Accuracy and Privacy in Computer*, chap. 3, pp. 7-9.

MODULE 2

DESCRIPTION DE LA STRATÉGIE À ADOPTER POUR PROTÉGER L'ENVIRONNEMENT INFORMATIQUE

CHAPITRE **4**

L'approche systémique pour protéger cet environnement informatique

1. LA CONCEPTION D'UN PROGRAMME DE PROTECTION DES RESSOURCES INFORMATIQUES UTILISANT L'APPROCHE SYSTÈME

Afin d'accomplir la mission qui consiste à assurer une protection efficace et efficiente aux ressources informatiques de l'organisation, peu importe sa taille, ce programme vise l'optimisation et l'intégration de chacun des éléments contenus dans chaque composante de ce programme de protection des ressources informatiques (voir figure 4.1).

Afin d'atteindre cet objectif, il demeure essentiel d'utiliser adéquatement toutes les ressources humaines (les membres de la direction, les employés de l'organisation, les spécialistes de l'extérieur, etc.), les ressources physiques (les équipements informatiques, les équipements de protection, les logiciels d'exploitation et d'application, etc.) et les informations (les politiques, les standards, les normes, la documentation des systèmes, etc.) contenues à l'intérieur de chacune des organisations.

Ces ressources doivent être intégrées et doivent fonctionner de façon interdépendante, en interaction avec l'environnement de chacune des composantes de ce programme de protection des ressources informatiques. Ces composantes sont respectivement:

- la protection du milieu physique (chap. 7);
- la protection du développement, de l'entretien et de l'exploitation des systèmes informatisés (chap. 8);

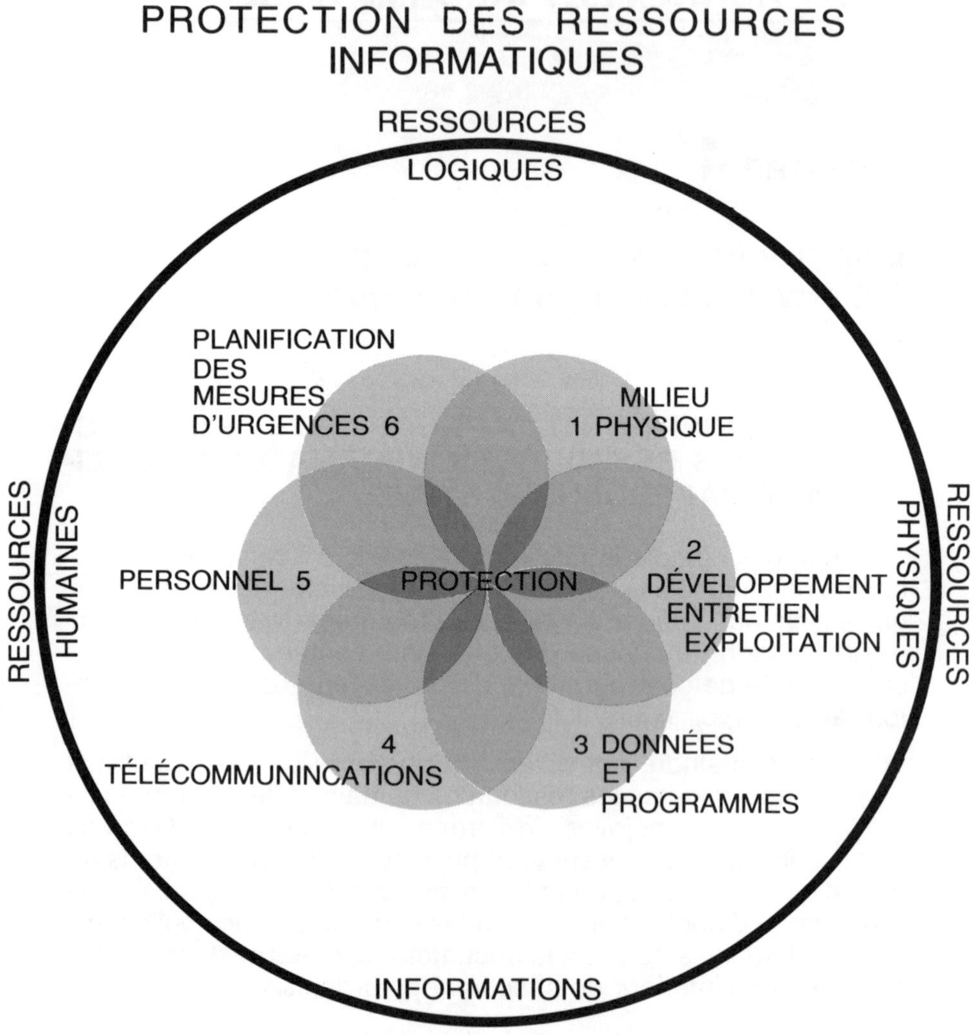

FIGURE 4.1 Intégration et interrelation des composantes du programme de protection des ressources informatiques.

- la protection des données et des logiciels (chap. 9);
- la protection des systèmes de communication (chap. 10);
- la protection au niveau du personnel (chap. 11);
- la planification des mesures d'urgence (chap. 12).

Sommairement, afin d'assurer une protection efficace et efficiente des ressources informatiques, on doit utiliser toutes les ressources de l'organisation et exploiter, en accord avec les autres, chacune des composantes énumérées ci-dessus.

Inversement, éviter d'assurer une protection adéquate à l'une ou l'autre de ces composantes ou ne pas tenir compte de l'interrelation entre chacune de ces composantes, signifierait une diminution sensible de l'efficacité de ce programme.

1.1 La méthodologie utilisée

Dans le cadre de l'élaboration de ce programme, la méthodologie proposée est celle qui est particulièrement utilisée lors du développement des systèmes.

Le principe général de cette approche consiste à regrouper toutes les activités qui contribuent à la réalisation du développement du système: il commence par la perception d'un besoin et prend fin lorsque ce besoin est satisfait. Il comprend des activités orientées directement vers un effort particulier de développement et d'autres qui sont indirectes que l'on poursuit généralement pour soutenir collectivement toutes les activités de développement.

Pour faciliter l'assimilation des concepts, un modèle global de développement d'un programme de protection des ressources informatiques est schématisé à la figure 4.2. Chacune des phases fait l'objet d'une explication sommaire.

1.1.1 Phase I: L'identification des objectifs

Tel que nous le démontre la figure 4.2, la première phase de ce modèle consiste à identifier les objectifs de ce programme, compte tenu du cadre environnemental qui l'englobe. Il s'agit donc d'établir les objectifs généraux du programme en définissant ce qu'il faut faire. L'emphase doit être mise sur ce qui doit être accompli par l'intermédiaire des politiques, des procédures, des règlements, des budgets et des stratégies et tient compte des aspects sociaux, politiques, techniques et économiques de l'organisation.

Après un certain temps, il est bon de s'arrêter et de réviser les objectifs pour s'assurer qu'ils correspondent aux buts visés.

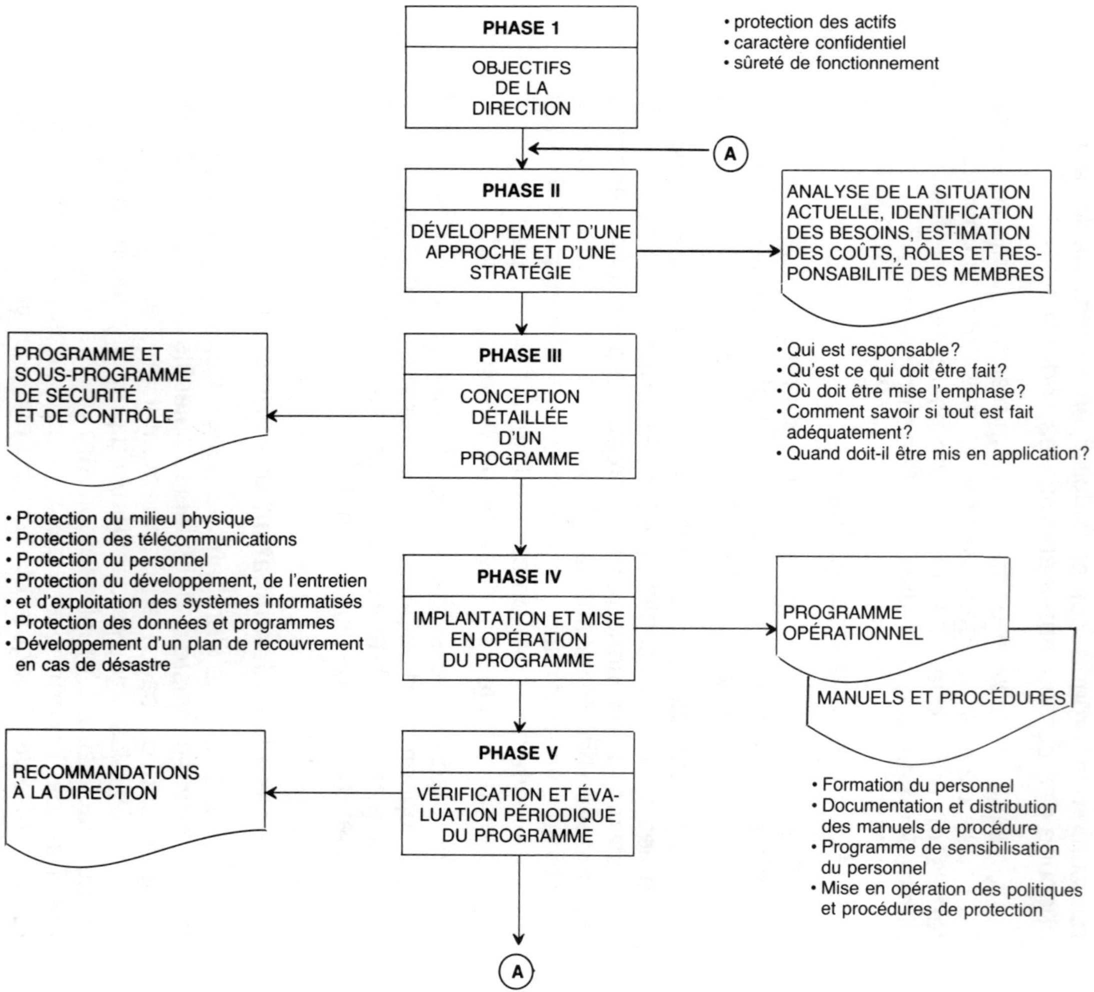

FIGURE 4.2. Schématisation du cadre conceptuel d'un modèle de développement d'un programme de protection des ressources informatiques et d'exploitation

Les objectifs particuliers de chacune des parties du programme doivent être compatibles non seulement entre eux mais aussi avec les objectifs généraux. Également de façon à ce que les gestes posés par tous les participants au programme soient toujours clairs, précis et compréhensibles, il faut constamment réajuster les sous-objectifs. Le chapitre 5 porte précisément sur les éléments à considérer lors de l'identification des objectifs d'un programme de protection des ressources informatiques.

1.1.2 Phase II: Développement d'une stratégie

Après avoir précisé les frontières et établi les objectifs généraux du programme de protection des ressources informatiques, la seconde phase consiste à développer une stratégie qui permettra:

- d'analyser la situation existante concernant la protection des ressources informatiques;
- d'identifier les besoins;
- d'estimer les coûts de développement et d'exploitation de ce programme;
- de déterminer le rôle et les responsabilités des membres de l'organisation impliqués dans le développement de ce projet et l'exploitation du programme;
- d'identifier les différents sous-systèmes de ce système de protection des ressources informatiques.

Chacun des éléments énumérés ci-dessus sera discuté au chapitre 6.

1.1.3 Phase III: Développement des composantes du programme

Cette étape consiste à développer chacune des composantes du programme de protection des ressources informatiques, incluant les procédures et les connaissances spécifiques nécessaires, la sélection des moyens de protection liés aux équipements et aux techniques spécifiques et aux méthodes de contrôles à exercer. Cette phase, explicitement décrite dans les chapitres 7 à 12, devrait permettre de concevoir en profondeur les moyens nécessaires pour assurer une protection efficace aux ressources informatiques et le choix des mesures préconisées pour d'assurer, dans les plus brefs délais, la continuation des activités dans les situations d'urgence.

1.1.4 Phase IV: Implantation et mise en opération du programme

La mise en œuvre du programme est une phase très importante qui requiert temps et énergie. Il faut mettre au point l'organisation, les structures, les procédures prévues, les politiques, préparer l'environnement, sensibiliser la direction et former le personnel, tester les composantes du programme, etc. C'est une phase cruciale qui influencera la vie future du programme. Le chapitre 13 exposera les stratégies préconisées afin d'implanter et de mettre en opération ce programme.

1.1.5 Phase V: Vérification et évaluation périodique du programme

Même lorsqu'un programme est opérationnel, certaines tâches restent à accomplir. Il s'ensuit un besoin toujours plus grand de s'assurer périodiquement que les contrôles, les mesures, les politiques... sont en vigueur et fonctionnent efficacement. Cette dernière phase a pour objet de fournir à la haute direction une vue globale des composantes de ce programme, et de lui permettre de dépister toute lacune qui pourrait perturber le rendement. Cette phase, décrite au chapitre 14, doit permettre non seulement de repérer les défauts que peuvent comporter les composantes du programme, mais aussi de faire les recommandations nécessaires pour corriger ces défauts.

CHAPITRE **5**

Objectifs d'un programme de protection des ressources informatiques

1. LES ÉLÉMENTS À CONSIDÉRER

Établir les objectifs généraux du programme de protection des ressources informatiques consiste à définir ce qu'il faut faire, à identifier où l'emphase doit être mise et à déterminer ce qui doit être accompli par le truchement des politiques de l'entreprise, des procédures, des règles, des budgets et des stratégies, en tenant compte les éléments suivants:

1.1 L'aspect social

L'entreprise qui utilise la technologie de l'ordinateur conserve pour ses opérations un volume impressionnant de données dans les domaines les plus variés. Cependant, il demeure de la responsabilité de l'organisation d'assurer le caractère confidentiel, l'intégrité et le bon usage de ces données, afin qu'aucune utilisation malveillante ne puisse subséquemment porter préjudice à autrui. Nous avons abordé dans les chapitres précédents l'importance grandissante des bases de données et surtout la nature délicate des renseignements emmagasinés dans ces systèmes et ayant trait à la vie privée des individus. Chacun doit être sensibilisé au rôle social que l'informatique va jouer de plus en plus. Nous avons à réagir maintenant, si nous voulons conserver la crédibilité du monde de l'informatique. Les associations de consommateurs et les groupes pour le respect des droits de la personne craignent de plus en plus l'usage des banques de données intégrées et les abus que leurs propriétaires pourraient en faire. Toute organisation responsable de ces bases de données a une obligation légale, sinon morale, de préserver l'aspect confidentiel et l'intégrité de ces données, en assurant une protection efficace et efficiente des ressources informatiques.

1.2 L'aspect économique

La nécessité de protéger adéquatement les ressources informatiques d'une entreprise ne signifie pas essentiellement qu'il soit nécessaire d'effectuer des dépenses substantielles pour assurer une sécurité à cet environnement informatique. C'est pourquoi les dépenses pour assurer la protection doivent être faites de telle sorte que le coût des mesures de protection se trouve équilibré par rapport à la réduction des risques. Il est donc essentiel de déterminer de façon précise où ces mesures de protection sont nécessaires, d'évaluer les coûts auxquels on s'expose, permettant ainsi de déterminer les priorités et d'estimer les ressources nécessaires. Selon les entreprises, le niveau acceptable de protection sera différent et les aspects prioritaires à contrôler ne seront pas les mêmes.

Afin de rentabiliser les dépenses faites pour l'installation des dispositifs de protection, il faudra mettre au point un programme précis d'éducation pour les personnes impliquées, écrire les procédés pour l'utilisation du système, etc. Il faudra régulièrement réévaluer le système et le réajuster selon l'évolution du centre et de ses applications.

1.3 L'aspect technique

Actuellement, les gestionnaires des centres informatiques exigent, pour des raisons d'efficacité, l'optimisation des ressources techniques informatiques. Cette recherche d'optimisation du traitement de l'information ne doit pas se faire au détriment de la protection des ressources informatiques. Il est de loin préférable d'utiliser les dispositifs techniques de sécurité (logiciels ou équipements) disponibles à l'intérieur des équipements informatiques, même si leur mise en application aura comme conséquence d'augmenter légèrement le temps de traitement du système informatique et de diminuer légèrement le volume de données pouvant être traitées. L'informatique étant un milieu évoluant très vite, nous devons souvent faire face à de nouvelles options, mais il ne faut jamais oublier que la protection c'est une affaire de crédibilité auprès des utilisateurs et, dans certains cas, du public.

1.4 L'aspect politique

Les organisations faisant usage des ordinateurs doivent prendre en considération, dans l'exercice de leurs fonctions, les diverses lois fédérales et provinciales régissant l'utilisation des ordinateurs en ce qui a trait à l'aspect confidentiel et à l'utilisation des banques de données et des logiciels.

2. LES OBJECTIFS GÉNÉRAUX D'UN PROGRAMME DE PROTECTION DES RESSOURCES INFORMATIQUES

Ces considérations permettent la détermination des objectifs d'un programme de protection des ressources informatiques consistant à:

- protéger efficacement les ressources informatiques;
- conserver l'authenticité des informations emmagasinées dans le système informatique;
- préserver le caractère confidentiel des informations conservées dans le système informatique;
- assurer la sûreté de fonctionnement du système informatique.

CHAPITRE 6

La planification de la conception et de l'exploitation d'un programme de protection des ressources informatiques

Introduction

De nos jours, les dirigeants dans les organisations sont de plus en plus impliqués dans diverses situations nécessitant leurs interventions. Le domaine de la protection des ressources informatiques n'y déroge pas, car la pression de plus en plus pressante des autorités gouvernementales, des vérificateurs, des contrôleurs et même des utilisateurs de ces services informatiques, forcent les dirigeants à s'impliquer davantage en exigeant d'eux d'examiner en profondeur l'état de la sécurité et des programmes de contrôle inclus à l'intérieur des activités informatiques de leur organisation.

Dans un premier temps, les interrogations que se posent les dirigeants se résument à ceci:

- En quoi la direction est-elle concernée par la protection des ressources informatiques?
- Quel en est l'enjeu et quelles sont les dimensions du problème pour qu'il mérite notre intervention et l'investissement des ressources de l'organisation pour rendre le travail attendu profitable?

En effet, compte tenu des réflexions résultant de ces deux interrogations, il en découle une série de questions fondamentales qu'il demeure essentiel d'élucider et qui serviront de prémices à la planification de ce projet de développement du programme de protection des ressources informatiques.

1. Qu'est-il nécessaire de connaître sur ce sujet complexe?
2. Pourquoi devons-nous protéger nos actifs?
3. Quelle est la situation actuelle concernant la sécurité et le contrôle des opérations informatiques à l'intérieur de l'organisation?
4. Quelles seraient les possibilités, leurs coûts et les conséquences de ne rien faire pour régler cette situation?
5. Comment organiser la protection de nos ressources informatiques?

6. Qui devra avoir la responsabilité du programme et quelles seront ses responsabilités?
7. Qui seront nos collaborateurs?
8. Que pouvons-nous déléguer et à qui pouvons-nous déléguer?
9. Quelles sont les exigences, les ressources disponibles et le savoir-faire requis pour développer un programme de protection des ressources informatiques?
10. Quelles sont les décisions à prendre et quand sera-t-il nécessaire de les prendre?
11. Une fois que le projet sera implanté, comment gérer le programme et s'assurer qu'il rencontre les objectifs de l'organisation?

Il faut l'admettre, cette phase est complexe mais il demeure cependant essentiel de procéder adéquatement. Dans ce chapitre, nous discuterons de la stratégie à adopter, tenant compte des besoins, des coûts, des rôles et des responsabilités des membres impliqués dans le développement et l'exploitation de ce programme.

1. IDENTIFICATION DES BESOINS

Le développement, l'implantation, l'exploitation et le contrôle d'un programme de protection des ressources informatiques peuvent entraîner des dépenses élevées de temps, d'argent et d'autres ressources. Par contre, les pertes qui peuvent résulter d'une sécurité inadéquate sont suffisantes pour justifier des dépenses substantielles en vue d'éviter qu'elles ne se concrétisent.

Il est donc important de pouvoir identifier et étudier les besoins réels dans ce domaine, par une analyse des risques et des moyens de protection appropriés en relation avec les ressources informatiques. En d'autres mots, cette analyse des risques est une méthode de travail permettant de déterminer d'abord où des mesures de protection sont nécessaires et ensuite de pouvoir établir l'importance des risques et des coûts auxquels on s'expose afin que les mesures de protection soient adéquates par rapport aux dangers prévus.

Si cette analyse est bien faite, elle donnera une appréciation des besoins et des coûts auxquels on s'expose, mis en relation les uns avec les autres, et deviendra donc un excellent outil de gestion pour déterminer les priorités et les ressources permettant de réduire les risques. C'est un exercice essentiel à l'élaboration d'un programme de protection des systèmes informatisés, taillé aux besoins spécifiques d'un environnement informatique.

Dans cette section, nous décrirons en détail un modèle d'analyse des risques, utilisé pour identifier et analyser l'étendue des besoins; nous discuterons plus loin de l'organisation nécessaire pour effectuer cette analyse des risques.

1.1 Méthode utilisée

La méthode d'analyse proposée prend sa source dans les modèles développés par la compagnie I.B.M.[1] et la Gendarmerie Royale du Canada[2]. Ce modèle comporte les étapes suivantes:

- L'attribution d'une valeur aux données traitées et au service fourni pour chacune des applications informatisées;
- l'analyse générale de la valeur des ressources informatiques de l'organisme;
- l'analyse des dangers pouvant affecter les ressources informatiques;
- la rédaction du rapport final.

1.1.1 L'attribution, par les usagers, d'une valeur aux données traitées et au service fourni pour chacune de leurs applications informatisées

La première étape de cette analyse des risques consiste à attribuer des valeurs aux données traitées et au service fourni sans tenir compte du matériel, du logiciel et des autres éléments inhérents à l'informatique. Cette analyse s'effectue au niveau de l'utilisateur, responsable de l'application, qui détermine la valeur qu'on devrait attribuer au service fourni et la valeur reliée aux renseignements dont on a besoin pour justifier la fourniture de ce service. Dans une brochure, la Gendarmerie Royale du Canada (G.R.C.) stipule que cette analyse devrait être une condition préalable à tout nouveau service de traitement des données et qu'on ne devrait pas accepter de nouvelles applications, avant que l'usager n'ait fourni une analyse de la valeur de ces applications. Cette analyse de valeur est limitée à la rationalisation des trois propriétés suivantes: l'accessibilité, le caractère confidentiel et l'authenticité.

1.1.1.1 *Préparation d'un questionnaire pour recueillir cette évaluation*

Cette analyse de valeur n'est pas un processus long et compliqué. Il s'agit d'abord de recueillir des renseignements, lesquels doivent être fournis par les personnes autorisées qui connaissent les réponses et qui peuvent donner les explications appropriées. La technique utilisée pour recueillir ces renseignements est la distribution d'un questionnaire aux gestionnaires responsables de chacune des applications informatisées. Les réponses obtenues permettent d'identifier clairement l'importance de chacune des applications informatisées, à partir des trois propriétés suivantes: l'accessibilité, le caractère confidentiel et l'authenticité.

A. *L'accessibilité*

Le terme «accessibilité» se rapporte au besoin suscité par la continuité du service lié à l'utilisation de l'ordinateur. Les responsables de chacune des applications informatisées doivent déterminer et énoncer de façon précise jusqu'à quel point ils dépendent de la disponibilité de l'ordinateur.

B. *Le caractère confidentiel*

Il implique le besoin de garder les secrets. Les responsables doivent en indiquer le degré lié aux informations conservées dans le réseau informatique; ils doivent également présager des conséquences de la diffusion des informations jugées confidentielles, afin d'en démontrer l'importance.

C. *L'authenticité*

L'authenticité des données et des procédés est la propriété qui se rapporte à leur exactitude et leur état de compte. Les responsables doivent indiquer l'importance qu'ils accordent à l'authenticité des données et des traitements; ils doivent également déterminer les conséquences qu'entraînerait la récupération de données inexactes.

1.1.1.2 *Détermination de la valeur scalaire de l'aspect confidentiel, de l'authenticité et de la disponibilité des applications informatisées*

Comme, dans le cadre de cette analyse, il demeure important d'attribuer une valeur en argent à ces trois propriétés, il est donc nécessaire de demander aux gestionnaires d'attribuer, à partir de certains indices, une valeur à toutes les applications informatisées dont ils ont la responsabilité. Dans la pratique, on a observé que les usagers n'appréciaient guère attribuer une valeur en argent à leurs applications informatisées, parce que cette opération est difficile à concrétiser.

Dans les cas où il demeure difficile de mesurer cette valeur, on suggère aux gestionnaires d'utiliser une valeur utilitaire[3], représentant une évaluation subjective convertie en dollars, basée sur l'impact ou l'importance de chacune des propriétés. Par exemple, avec cette méthode, le chiffre 1 utilisé peut représenter une très petite inquiétude correspondant à la valeur minimale déterminée antérieurement par le groupe responsable de l'analyse des besoins; alors que le chiffre 5 indiquera une situation intolérable, correspondant à la valeur maximale.

1.1.2 L'analyse générale de la valeur des ressources informatiques de l'organisme

La seconde étape de cette analyse des risques informatiques consiste à dresser un inventaire de toutes les ressources informatiques. Après avoir complété cet inventaire, il demeure nécessaire d'attribuer une valeur intrinsèque à chacune des ressources. La liste des ressources identifiées, ainsi que le coût respectif de chacune sont, par la suite, transposées dans un tableau (voir figure 6.1) représentant un sommaire de l'analyse générale de la valeur des ressources informatiques.

1.1.2.1 *Identification des ressources matérielles, logiques et internes fournies par l'ordinateur*

Dans le cadre de cette analyse, on a classé les ressources en trois catégories distinctes: les services de soutien, les ressources informatiques matérielles et les ressources informatiques logiques.

A. *Les services de soutien*

Les services de soutien comprennent l'immeuble servant à abriter les équipements de traitement des données. Ils incluent également les nombreuses installations nécessaires au fonctionnement du système de traitement des données, soit les appareils de climatisation et d'alimentation, les dispositifs spéciaux comme le système d'alarme, les coûts d'aménagement de la salle d'ordinateur. Ces ressources sont groupées et peuvent être considérées essentielles au bon fonctionnement de tout le réseau informatique.

B. *Les ressources informatiques matérielles*

Les ressources informatiques matérielles comprennent les équipements de traitement de données et les dispositifs informatiques. Ces équipements comprennent toutes les composantes physiques d'un ordinateur dont les unités centrales de traitement (les unités centrales et les unités à distance et les ordinateurs de gestion de ligne), et tous les dispositifs périphériques tels que les unités de disques et les dérouleurs de bandes magnétiques, les imprimantes et les terminaux...

C. *Les ressources informatiques logiques*

Les ressources informatiques logiques comprennent le logiciel de base permettant l'exploitation des ordinateurs, les programmes, les données d'entrée et de sortie, et la documentation de chacune des applications de notre réseau. Les informations concernant cette ressource doivent être fournies respectivement par les secteurs responsables du développement des systèmes et de l'exploitation.

1.1.2.2 *Attribution d'une valeur à ces ressources*

Les coûts relatifs aux services de soutien et aux ressources informatiques matérielles peuvent être fournis par le service responsable des achats ou par le service responsable des finances. Concernant les coûts relatifs aux ressources informatiques logiques, ils peuvent être fournis par le service informatique ou par le service responsable de la comptabilité.

1.1.2.3 *Présentation des résultats de l'analyse générale des ressources informatiques de l'organisme*

Après avoir identifié les ressources du système, les avoir classées dans les groupes appropriés et avoir déterminé leurs coûts, un sommaire est produit sous la forme d'un tableau (voir figure 6.1) représentant l'analyse générale de la valeur des ressources informatiques. Ce tableau reproduit les groupes de ressources informatiques antérieurement identifiés, leurs valeurs intrinsèques ainsi que la valeur acquise de chacune de ces ressources, en tenant compte de chacune des trois propriétés suivantes: la disponibilité, l'intégrité et le caractère confidentiel.

Tel que cela a été spécifié antérieurement pour chacune des propriétés inscrites dans ce tableau, les valeurs proviennent des renseignements recueillis auprès des gestionnaires, des responsables des applications lors de l'analyse des valeurs informatiques. Ces personnes sont les plus qualifiées pour déterminer la valeur de leurs applications.

1.1.3 Analyse des dangers pouvant affecter les ressources informatiques

La troisième étape de cette analyse des risques informatiquese consiste à identifier d'abord les différentes catégories de dangers pouvant menacer la protection des ressources informatiques, à élaborer ensuite une liste des incidents qui pourraient survenir aux ressources informatiques et à déterminer enfin la fréquence de chacun de ces dangers. Par la suite, on dressera un tableau contenant la liste des ressources informatiques, leur valeur, les dangers qui pourraient affecter ces ressources et leur fréquence.

RESSOURCES	VALEUR INTRINSÈQUE	VALEUR ACQUISE		
		DISPONIBILITÉ	INTÉGRITÉ	ASPECT CONFIDENTIEL
1. *Soutien*				
A. Immeuble				
B. Meubles				
C. Alimentation				
D. Eau				
E. Air climatisé				
F. Lignes téléphoniques et accessoires				
G. Personnel opérationnel				
H. Programmeur				
I. Rebuts d'ordinateur				
J. Entreposage hors siège				
2. *Ressources informatiques physiques*				
A. U.C.T. et canaux				
B. Mémoire				
C. Unités de disque et organes de connexion				
D. Dérouleurs de bande et organes de connexion				

Source: G.R.C., *Évaluation des dangers informatiques. Élaboration de concepts et planification*, vol. 2, janvier 1982, p. 28.

FIGURE 6.1. Analyse générale de la valeur des ressources informatiques.

1.1.3.1 *Identification des dangers menaçant les ressources informatiques*

Il est important d'identifier tous les dangers que peuvent courir les ressources informatiques. Les cinq catégories de dangers qui les menacent généralement sont: la destruction, la divulgation, l'enlèvement, la falsification et l'interruption. Chacune de ces catégories de dangers peut survenir intentionnellement ou accidentellement.

A. *La destruction*

Une ressource est détruite lorsqu'elle a été modifée de telle sorte qu'elle ne peut plus être utilisée par personne. La destruction accidentelle des ressources peut être le résultat d'un incendie, d'une inondation, d'un tremblement de terre ou de tout autre désastre semblable, mais également de négligence lorsque, par exemple, on efface des données importantes, par inadvertance, lors d'une inscription. La destruction intentionnelle peut être causée par du vandalisme, des émeutes, du sabotage ou des actes de guerre.

B. *La divulgation*

La divulgation d'une ressource implique que certains individus ont obtenu des renseignements en ayant eu accès à cette ressource sans y être autorisés. Le danger de la divulgation réside surtout au niveau de la valeur de l'information. La plupart des ordinateurs contiennent des données délicates de nature personnelle ou touchées par des droits de propriété. Une divulgation accidentelle peut se produire lorsqu'il y a un mauvais acheminement des résultats, en raison d'une défaillance mécanique, électronique ou humaine, tandis que la divulgation de nature intentionnelle est attribuable à l'espionnage international ou industriel et au recours des méthodes telles que l'écoute électronique et la corruption des employés.

C. *L'enlèvement*

L'enlèvement implique qu'une ressource n'est plus à la disposition du propriétaire. Cependant, contrairement à une destruction, une ressource qui a été volée ou perdue peut être subséquemment retrouvée. Des pertes accidentelles peuvent survenir lorsqu'il y a un manque de contrôle adéquat à l'endroit des données et de l'équipement important.

D. *La falsification*

La falsification implique qu'une ressource a été altérée sans que personne ne le sache. Il s'ensuit qu'on ne peut plus compter sur son exactitude. Les actes de falsification ou de modification peuvent être perpétrés sur les équipements afin de causer des pannes ou des fuites d'informations, sur les systèmes de surveillance ou de détection afin d'exécuter des actes illicites sans risque d'être repéré, ou sur les registres et les dossiers par la falsification des inscriptions pour dissimuler des actes malhonnêtes.

E. *L'interruption*

L'interruption se rapporte au service. Il représente le résultat de trois des dangers fondamentaux lorsque ces derniers perturbent le service que donne une installation. Les interruptions affectent la disponibilité du service. Le niveau de protection nécessaire contre ce type de menace dépend de l'importance accordée à la disponibilité du service. On peut interrompre le service en provoquant une panne de courant, en exploitant les faiblesses du logiciel de contrôle... Les interruptions de nature accidentelle peuvent être attribuables à des défaillances de l'équipement ou des installations ou à une erreur humaine dans la conception du système. Il est important de noter que la matérialisation d'un danger pourrait causer plus d'un accident fâcheux. Par exemple, un acte de sabotage pourrait avoir comme objectif la falsification de données en plus de l'interruption du service.

La figure 6.2 énumère les dangers les plus courants auxquels une entreprise peut avoir à faire face. Tous les autres types de dangers qui peuvent toucher un système informatique ne représentent qu'un facteur de probabilité de 5%.

1.1.3.2 *Détermination de la fréquence de ces menaces*

Après avoir identifié les ressources du système, les avoir classées dans les groupes appropriés et avoir déterminé laquelle des dix catégories de dangers s'applique à chacune, il faut déterminer la fréquence de chacune de ces menaces. Actuellement, il n'existe pas de statistiques précises sur ces menaces et, par conséquent, les évaluations des dangers doivent donc reposer sur des «calculs au pifomètre». Cependant la revue *Ça Magazine* publia, dans sa livraison d'octobre 1980, le tableau 4, reproduit à la figure 6.3 et qui représente des exemples de facteur de probabilité des différents dangers. Le résultat final doit être une évaluation de la fréquence des dangers pendant une période déterminée, qui est normalement d'un an.

Le processus d'identification des ressources et des dangers et d'associations d'un facteur d'estimation pour chaque corrélation entre une ressource et un danger, nécessite une analyse de l'état actuel du niveau de protection. Cette analyse de l'état actuel de la protection informatique s'effectue à l'aide d'un questionnaire permettant d'identifier les faiblesses en matière de sécurité ayant trait:

- sécurité physique;
- sécurité et fiabilité des équipements;
- contrôle opérationnel;
- sécurité des données;
- plans d'urgence;
- sécurité du personnel.

Principales catégories	*Nature des dangers*	*Conséquences*
Phénomènes naturels	*Tremblement de terre* *Inondation* *Glace et neige* *Ouragan*	*Faillite de l'entreprise* *Interruption prolongée des activités de l'entreprise* *Mort* *Perte financière importante*
Accidents	Effondrement d'un édifice Défaillance du système de gestion de base de données Destruction des cartes Destruction des disques Destruction des bandes magnétiques Destruction des résultats Destruction du document de base Destruction des conduites d'eau principales ou des égouts Défaillance du système d'air climatisé Défaillance de l'avertisseur d'incendie Défaillance des détecteurs de fumée Incendie Accidents insolites Déflagrations Défaillance du matériel Magnétisation Défaillance du système d'exploitation Défaillance du programme Panne de courant Collision de véhicules automobiles	Perte de clientèle Destruction des données Frais de remplacement du matériel Perte financière Données inexactes Perte des données Blessures occasionnées au personnel Dommages matériels Retard dans le traitement des données Frais de nouveau traitement de reconstruction Interruption temporaire des activités de l'entreprise
Erreurs Involontaires	Accident survenant lors de la mise au point du programme Erreurs de l'opérateur de l'ordinateur Incendie Mauvaise surveillance Mauvaise formation Erreur de perforation Perte d'un ruban ou d'un disque Dommage matériel survenant au ruban ou au disque Conservation inadéquate des fichiers Mauvaise exploitation du système Surcharge du système Erreur d'entrée commise par l'opérateur du terminal Mauvaise utilisation du programme de l'ordinateur Mise à jour erronée des fichiers Mauvaise mise à jour des fichiers	Interruption des activités de l'entreprise Frustration Rancœur Rapports erronés Manque de confiance des administrateurs envers le service informatique Perte de temps pour le personnel chargé de l'ordinateur Perte de temps pour les administrateurs Perte de temps pour les usagers Dates !!!!! non respectées Découragement Frais supplémentaires Reprises Permutation

Principales catégories	*Nature des dangers*	*Conséquences*
Méfaits	Incendie volontaire	
	Bombes	
	Perte de temps intentionnelle	Faillite de l'entreprise
	Données du fichier central volées et utilisées à ces fins de corruption ou d'extorsion	Interruption des activités de l'entreprise
	Vol de données	Frais de remplacement du matériel
	Écoute discrète	Perte financière
	Écoute électronique	Frustration
	Fraude	Rancœur
	Espionnage industriel	Données imprécises
	Incursion dans la vie privée	Perte de l'esprit compétitif
	Saccage	Perte des fichiers
	Magnétisation	Mort
	Mauvais usage du terminal	Perte de temps
	Irradiation	Impossibilité de respecter les dates limites
	Émeute	Dommages matériels
	Sabotage	Blessures occasionnées au personnel
	Vente de renseignements secrets	Retards dans le traitement
	Vente de la liste de diffusion	Frais de recontruction
	Destruction de l'ordinateur par un coup de feu	Reprises
	Invasion du centre informatique	
	Vandalisme	

FIGURE 6.2 Les dangers les plus courants qu'une entreprise peut avoir à affronter.

Source: Javier F. Kuong, *Computer Security, Auditing and Controls.*

	Impossibilité d'effectuer le traitement	Perte d'un fichier entier	Perte d'un enregistrement	Modification d'un enregistrement	Lecture ou retranscription non autorisée
Phénomènes naturels					
Incendie	2	2			
Inondation	2	2			
Guerre	2	2			
Autre catastrophe	2	2			
Défaillance du matériel et du programme					
Panne de l'ordinateur	5				
Unité de disque qui endommage une piste			3		
Dérouleur de bande magnétique qui endommage une bande			3		
Disque illisible		3			
Erreur du matériel ou du logiciel qui endommage un fichier		2	4	5	
Erreur non détectée dans la transmission des données			4	6	
Carte (ou autre support d'entrée) abîmée par l'ordinateur			6	5	
Erreur dans l'utilisation du programme qui entraîne une modification de l'enregistrement			4	5	
Négligence					
Erreur de perforation			4	7	
Erreur d'entrée commise par l'opérateur du terminal			5	7	
Erreur commise par l'opérateur de l'ordinateur		3	4	5	
Erreur dans le choix du .... et mis à jour		3		3	
Erreur dans le choix de la version du programme utilisée		3		3	
Accident survenant lors de la mise au point du programme		3	4	4	
Perte d'une bande ou d'un disque		3			2
Dommage matériel causé à un disque ou à une bande		3	3		
Méfaits					
Saccage	2	2			
Sabotage grave	2	2			
Sabotage sans dégât (enregistrement effacé par exemple)	2	2	3	3	
Méfait commis par l'opérateur de l'ordinateur		2	3	3	
Méfait commis par le programmeur		3	3	3	
Méfait commis par le bibliothécaire		2			
Méfait commis par l'opérateur du terminal		2	3	3	

Méfait commis par les usagers (nouvelle perforation des cartes aller-retour, par exemple)			3	3	
Méfait commis par plaisanterie (mauvais usage volontaire du terminal de plaisanterie par exemple)		2	3	3	3
Fraude					
Détournement de fonds			3	4	4
Espionnage industriel			3	4	4
Vente de renseignements secrets par les employés					3
Vente des listes de diffusion par les employés					3
Information provenant de la banque de données utilisée à des fins de corruption ou d'extorsion					3
Incursion dans la vie privée					
Simple curiosité (par exemple pour connaître le salaire des employés)					4
Recherche de données sur une entreprise concurrente					4
Obtention de renseignements personnels pour des fins politiques ou juridiques					3
Révélation accidentelle de renseignements sur la vie privée					4
Incursion volontaire dans la vie privée					4

Évaluation

0 Ne peut absolument pas se produire
1 Peut se produire une fois tous les 400 ans
2 Peut se produire une fois tous les 40 ans
3 Peut se produire une fois tous les 4 ans (1 000 jours ouvrables)
4 Peut se produire une fois tous les 100 jours ouvrables
5 Peut se produire une fois tous les 10 jours ouvrables
6 Peut se produire une fois par jour
7 Peut se produire dix fois par jour

FIGURE 6.3. Exemples de facteurs de probabilité des différents dangers.

Source : James Martin, *Security, Accuracy and Privacy in Computer Systems,* Englewood Cliffs, N.J., Prentice Hall, 1973, pp. 12-13. Les chiffres apparaissant dans ce tableau ne constituent que des exemples et devraient être réévalués pour chaque application spécifique.

1.1.3.3 *Préparation d'une matrice des coûts*

Après avoir établi la liste des ressources informatiques, leur valeur, les dangers qui pourraient affecter ces ressources, leur fréquence, ces renseignements sont transposés dans un tableau (voir figure 6.4) représentant une matrice des coûts.

Dans cette matrice, on retrouve dans la première colonne, les ressources qu'on a groupées et la valeur qui leur est associée.

RESSOURCE	DANGERS										COÛT TOTAL
	DÉLIBÉRÉS					ACCIDENTELS					
	DESTRUCTION	DIVULGATION	ENLÈVEMENT	FALSIFICATION	INTERRUPTION	DESTRUCTION	DIVULGATION	ENLÈVEMENT	FALSIFICATION	INTERRUPTION	

FIGURE 6.4. Matrice des coûts.

Source: G.R.C., *op. cit.*, p. 20.

On inscrit ensuite, sous chaque catégorie de danger identifié, le coût des risques et la fréquence probable de danger, normalement exprimée pour une période d'un an. Le coût des risques est calculé de la façon suivante:

Coût annuel des pertes prévues = (10 EXP [V + F − 3])/ 4 où:

V = Valeur de la ressource

F = Fréquence estimée de la menace

L'utilisation des renseignements contenus dans la grille suivante donne les mêmes résultats.

Grille des pertes annuelles prévues[4]

	JAMAIS	1/400A	1/40A	1/4A	1/100J	1/10J	1J	10/J
1$				0,25	2,50	25	250	2,5K
10$			0,25	2,50	25	250	2,5K	25K
100$		0,25	2,50	25	250	2,5K	25K	250K
1K$	0,25	2,50	25	250	2,5K	25K	250K	2,5M
10K$	2,50	25	250	2,5K	25K	250K	2,5M	25M
100K$	25	250	2,5K	25K	250K	2,5M	25M	250M
1M$	250	2,5K	25K	250K	2,5M	25M	250M	
10M$	2,5K	25K	250K	2,5M	25M	250M		
VALEUR								

Le produit résultant de ces opérations indique la somme maximale qui devrait être allouée pour protéger chacune des ressources contre une menace spécifique. On inscrit ce résultat dans chacune des cases respectives de la matrice.

Après avoir calculé le coût des risques de dangers pour chaque ressource, on effectue des additions horizontales qui fournissent le coût actuel des menaces sur les ressources informatiques. L'addition verticale des risques de dangers fournit le coût par catégories de menaces sur les ressources informatiques.

Les informations contenues dans ce tableau permettent d'identifier les secteurs où il faut instaurer des mesures de sécurité. On doit prendre en considération le fait que la matrice a été construite à partir des meilleures estimations des spécialistes en matière de valeur de remplacement de chaque ressource et de probabilité d'occurrence d'une menace particulière. Les valeurs calculées, utilisant l'approche de la matrice, peuvent être considérées comme les sommes maximales qui pourraient être dépensées.

Il serait intéressant de dépenser moins que ces maxima ou dans des cas spéciaux, de dépenser plus. La matrice nous donne des indications qui servent de guides précieux pour la préparation des budgets, pour le classement des ressources de l'organisation selon l'importance de la protection que l'on devrait assurer à chacune et enfin, pour l'amélioration de la sécurité informatique de l'organisation.

1.1.4 Rédaction du rapport final

La dernière étape de cette analyse des risques informatiques consiste à rédiger un rapport final. Il a pour objectif de fournir à la direction les résultats obtenus lors de cette analyse. Ce rapport indique les coûts, par ordre de priorité, et recommande les mesures à instaurer afin de réduire les risques identifiés à un niveau tolérable et ce, à un coût minimal. Il est fortement suggéré d'accompagner ce rapport d'histogrammes et de tableaux fournissant un excellent aperçu de la situation actuelle concernant la protection des ressources informatiques.

1.1.4.1 *Préparation d'un histogramme sur les coûts actuels des menaces sur les ressources informatiques.*

À partir des renseignements obtenus de la matrice des coûts, on dérive un histogramme (voir figure 6.5) qui permet de mieux percevoir l'importance des coûts actuels des menaces sur chacune des ressources informatiques de l'organisation.

1.1.4.2 *Préparation d'un histogramme sur les coûts par catégories de menaces sur les ressources informatiques*

Utilisant les renseignements obtenus de la matrice des coûts, on dérive un second histogramme (voir figure 6.6) permettant de schématiser l'importance des coûts par catégories de menaces sur les ressources informatiques.

1.1.4.3 *Analyse des résultats*

Dans ce rapport, la direction possède les indications suivantes:

A. Une liste d'actifs indiquant lesquels sont les plus critiques et ceux qui nécessitent les plus grandes dépenses pour les protéger.

B. Le montant maximal à dépenser pour protéger chaque ressource spécifique contre les effets d'une menace en particulier.

C. Le montant maximal à débourser pour minimiser les effets de chaque type de menaces pour l'ensemble des ressources.

D. Le montant maximal à dépenser pour protéger chaque ressource individuelle contre l'ensemble des menaces.

E. Le montant maximal qui pourrait être alloué pour protéger toutes les ressources contre toutes les menaces.

1.1.4.4 *Déterminer les besoins de sécurité et recommander les mesures de protection appropriées*

Cette étape consiste à déterminer les besoins généraux de sécurité pour protéger efficacement chacune des ressources.

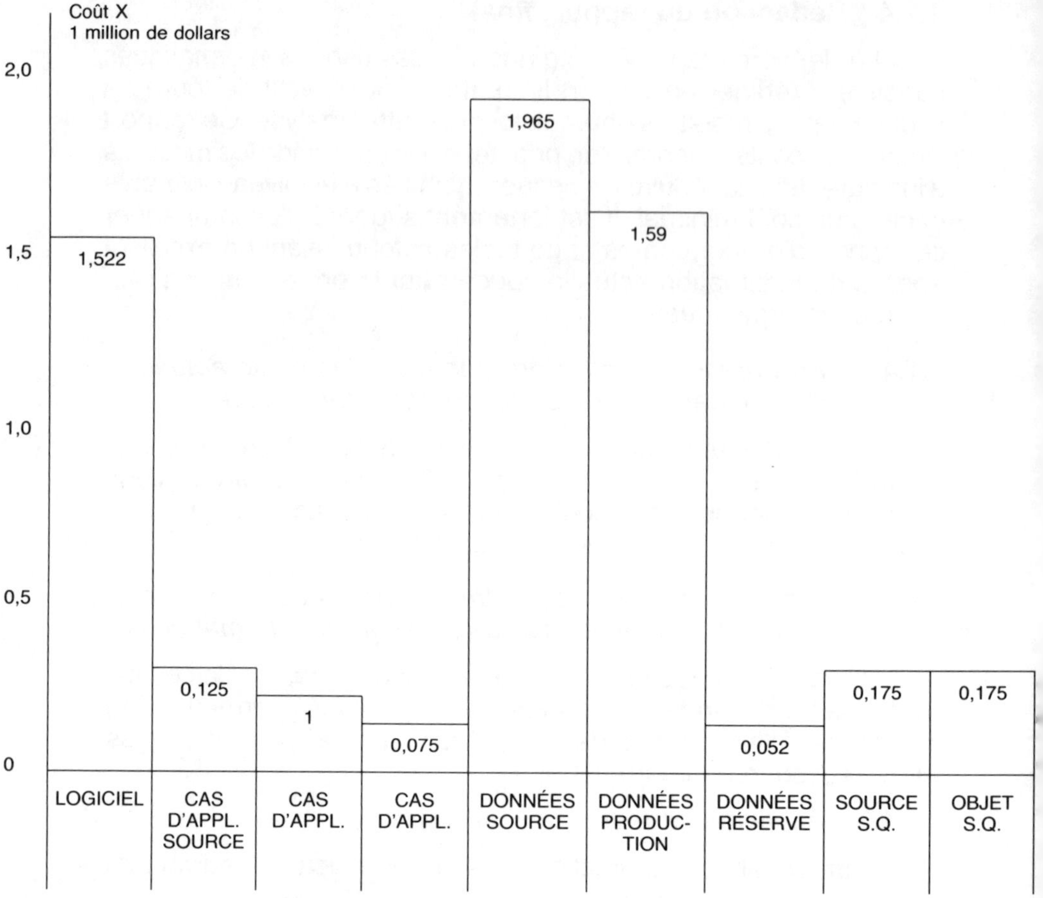

FIGURE 6.5 Coût actuel des ressources.

Source: G.R.C. *op. cit.,* p. 57.

Durant cette étape, il est fait mention des niveaux de protection de base et des contrôles spécifiques de sauvegarde pour assurer une sécurité adéquate aux ressources informatiques. Après la considération des besoins et des concepts de la sécurité en général, une évaluation spécifique sur les contrôles et les mesures de sauvegarde nécessaires pour protéger ces ressources, sont réalisées et des recommandations formelles sont remises à la direction.

Dans ce rapport, on a identifié les contrôles et les moyens de protection qui devraient être mis en application et il contient

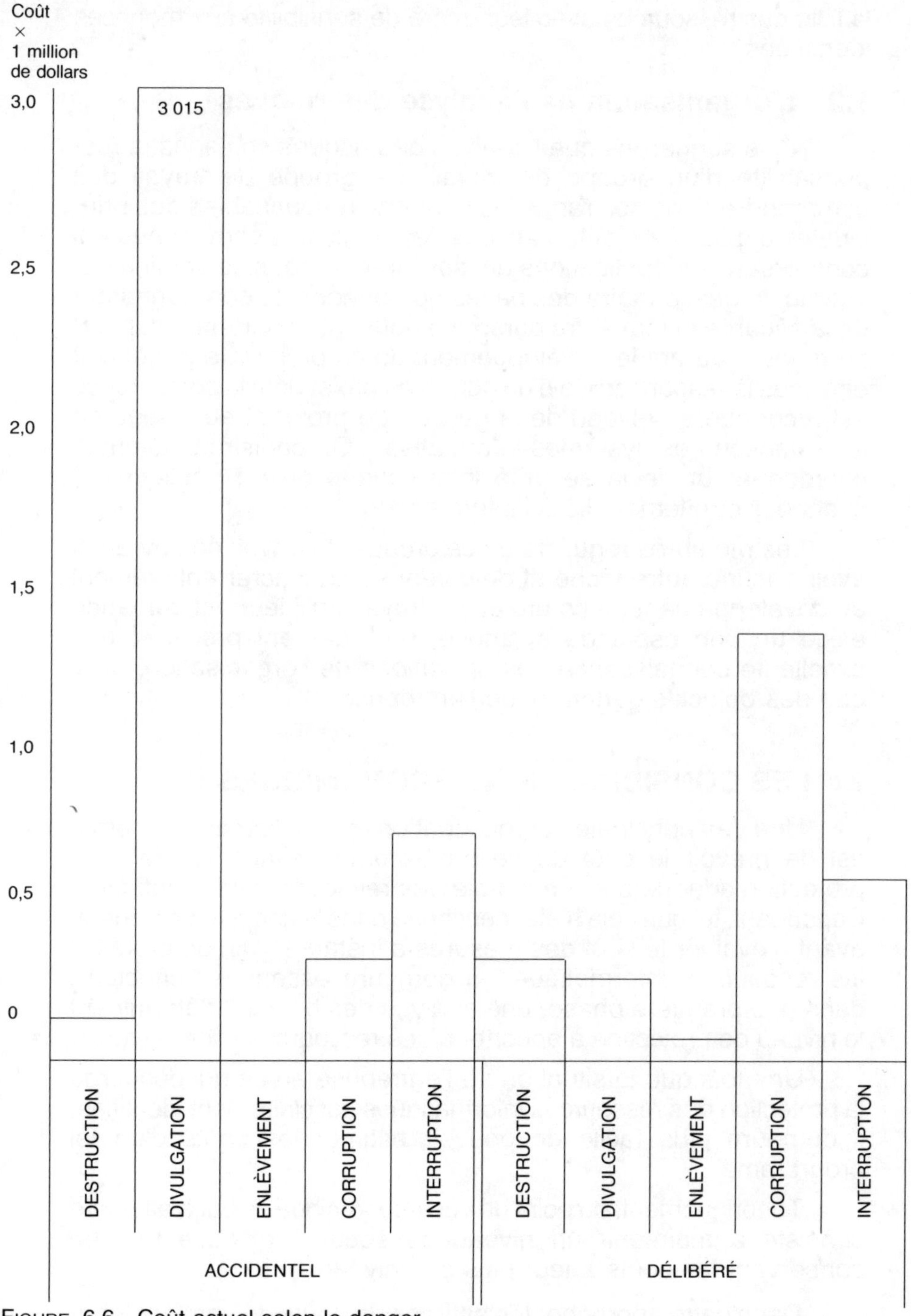

FIGURE 6.6 Coût actuel selon le danger

Sources: G.R.C., «Évolution des dangers informatiques. Élaboration de concepts et planification», vol. 2, janvier 1982, p. 38.

la liste des ressources avec leur degré de sensibilité aux menaces identifiées.

1.2 L'organisation de l'analyse des risques

Nous suggérons que l'analyse des risques soit sous la responsabilité d'un groupe de travail. Ce groupe de travail doit comprendre dans ses rangs les usagers, responsables des principales applications automatisées, les analystes chevronnés qui connaissent les applications qui seront analysées, le vérificateur interne, le gestionnaire des bases de données, le coordonnateur de la sécurité et tout autre personne pouvant apporter un support permanent durant le développement de ce projet. Ce projet doit être sous la responsabilité d'un gérant de projet dont la compétence est reconnue au niveau de la gestion de projet et au niveau de la protection des systèmes informatisés. On choisira souvent le coordonnateur de la sécurité informatique ou un gestionnaire supérieur étroitement lié à l'informatique.

Les membres réguliers de ce groupe de travail ne devraient avoir aucune autre tâche et devraient se consacrer entièrement au développement de ce projet. Le travail qu'il leur est demandé exige un bon esprit de synthèse, un jugement précis et une excellente connaissance des opérations de l'organisation, ainsi que des objectifs généraux de l'entreprise.

2. LES CONSIDÉRATIONS ÉCONOMIQUES

Une des principales préoccupations de la direction générale est de prévoir le coût de ce programme devant assurer une protection adéquate à l'ensemble des ressources informatiques. Cependant, tel que cela a été mentionné dans le chapitre précédent, avant d'évaluer le coût des mesures à instaurer afin de protéger les ressources informatiques, il demeure essentiel d'effectuer, dans une première phase, une analyse des besoins déterminant le niveau de protection à apporter à ces ressources informatiques.

Une fois que la situation de l'entreprise en ce qui concerne la protection des ressources informatiques est clairement identifiée, il demeure plus facile de pouvoir estimer les coûts d'un tel programme.

Théoriquement, du point de vue économique, le but à atteindre consiste à maintenir un niveau de sécurité efficace tout en conservant les coûts à leur plus bas niveau.

Dans cette approche, les estimés de coûts doivent englober les coûts de préparation et les coûts d'opération. Les bénéfices estimés sont dérivés des résultats de l'analyse de risques exécutée lors de l'identification des besoins décrite à la section 1.

2.1 Les estimés de coûts

Les deux principaux facteurs à considérer lorsqu'on doit estimer les coûts de ce programme de protection des ressources informatiques sont les coûts de développement de ce programme et les dépenses d'exploitation faites par la suite[5]. Certaines composantes du programme ont des coûts de développement relativement élevés par rapport à leurs coûts d'exploitation, expressément celles qui exigent un investissement important en capital pour l'achat d'équipements et de logiciels. Pour chacune des composantes, les coûts à considérer sont[6]:

Les coûts de démarrage

- Le développement de la main-d'œuvre;
- la formation;
- le développement de programme;
- l'acquisition d'équipements et de logiciels.

Les coûts d'opération

- Les salaires;
- l'utilisation des équipements;
- les coûts de développement du programme.

2.1.1 Le développement de la main-d'œuvre

Le développement de la main-d'œuvre peut être obtenu soit par l'assignation temporaire de personnel de l'entreprise, soit par l'utilisation de services de consultation. L'origine de cette main-d'œuvre dépend du type de compétence requise et du fait que ce type de compétence ne soit pas disponible à l'intérieur même de l'entreprise. Les activités impliquées dans le développement de ce programme comprennent la conception des mesures de protection pour chacune des composantes, la préparation des procédures administratives pour implanter chacune des composantes du programme et l'assignation des responsabilités pour mettre en pratique les diverses mesures du programme de protection des ressources informatiques.

Compte tenu que ce programme fait appel à une technologie de droite, sa conception nécessitera l'emploi de spécialistes. Par exemple, la cryptographie est une discipline hautement spécialisée pour laquelle nous aurons besoin des conseils d'un expert. De même, les contrôles programmés exigent la connaissance de l'application spécifique, des moyens d'implantation et de la compréhension des contrôles requis. Les mesures administratives ou de nature politique exigent une connaissance de première main de l'environnement et une habileté à les faire introduire dans ce qui existe déjà et qui a obtenu acceptation.

Une fois que le programme a été développé, des moyens de formalisation de l'implantation à travers des procédures sont ordinairement requis. Ces procédures doivent être écrites et clairement précises. Elles doivent également être aussi simples que possible à mettre en application. Autrement, des moyens détournés seront utilisés et auront comme conséquences de faire dévier des objectifs fixés.

Le développement de ce programme n'est complet que lorsque toutes les responsabilités pour la mise en application et la mise en exécution ont été assignées. Cette assignation devrait tenir compte de l'organisation déjà en place du point de vue de la connaissance, de la responsabilité similaire et du besoin de la séparation des tâches. Ces assignations nécessitent aussi bien l'approbation des départements affectés que l'acceptation des individus qui devront combler ces assignations.

2.1.2 La formation

Les coûts de formation comprennent les coûts de développement du programme de formation et le temps utilisé par les formateurs et les étudiants lors de leur apprentissage. Le matériel de formation, tel que les leçons écrites, l'utilisation de l'ordinateur, est également requis. La formation peut également comprendre une période d'implantation en parallèle durant laquelle l'ancienne approche et l'application des composantes du programme sont simultanément en opération. Les coûts d'opération de ce nouveau programme, fonctionnant en parallèle, doivent être considérés comme des coûts liés à la formation.

2.1.3 Le développement de programmes de contrôle et de vérification

Les programmes de contrôle requis pour la vérification, l'édition, la validation,la cryptographie, etc. exigent le développement ou la modification de logiciels. La somme des efforts varie selon le besoin des composantes du programme de protection. Le temps du programmeur et celui de l'utilisation des équipements informatiques doivent être considérés comme étant une partie des coûts de développement des programmes de contrôle.

2.1.4 Coûts de développement de programmes de contrôle

Certaines composantes du programme exigent l'acquisition sans délai d'équipements et/ou de logiciels[7]. Par exemple, pour la protection des télécommunications, l'utilisation de techniques de cryptographie exige, dès la mise en opération du programme, l'acquisition d'équipements spéciaux. Si les programmes de contrôle de vérification ne sont pas développés à l'intérieur de l'entreprise, il sera nécessaire d'acheter, à l'extérieur, les logiciels de vérification avant l'implantation du programme.

2.2 Les coûts d'opération du programme

2.2.1 Les salaires

Pour sa mise en opération et si le programme exige des ressources humaines, les salaires consentis aux personnes impliquées sont des coûts d'opération. Cependant, en calculant les salaires, il faudrait inclure seulement la portion du temps que la personne a consacré au programme. Si une personne effectue plusieurs tâches incluant celles reliées à ce programme, les dépenses de son salaire ne devraient pas être entièrement des coûts d'opération défrayés dans sa totalité par le programme.

2.2.2 L'utilisation des équipements

Les coûts liés à l'utilisation de l'équipement devraient être ajoutés aux coûts d'opération du programme. Les cas où les coûts s'appliqueraient, incluent l'exécution des logiciels de vérifications et les programmes de contrôle intégrés dans les applications.

3. RÔLE ET RESPONSABILITÉS DES MEMBRES DE L'ORGANISATION IMPLIQUÉS DANS LE DÉVELOPPEMENT ET L'EXPLOITATION D'UN PROGRAMME DE PROTECTION DES RESSOURCES INFORMATIQUES

Dans la première partie de cet ouvrage, on a vu qu'il est urgent que les entreprises dotent leurs systèmes informatiques d'une sécurité apte, d'une part à protéger les ressources qu'elles y ont investies et à assurer, d'autre part, la fiabilité de leurs résultats. Le choix et l'implantation d'un programme de protection des ressources informatiques, indispensable à la réalisation de ces deux objectifs, reposent sur un travail d'équipe au sein duquel chacun des membres possède des responsabilités bien précises.

Après avoir clairement déterminé les objectifs à atteindre, identifié les besoins, établi la structure et les composantes d'un programme efficace de protection des ressources informatiques, la prochaine préoccupation concerne la répartition des responsabilités entre les différentes fonctions de l'organisation.

Lors de cette étape, les questions suivantes devront être soigneusement examinées:

- Pour chacune des phases de ce programme, à qui devront être déléguées les responsabilités? et de quoi ces personnes serontelles responsables?
- Comment avoir la certitude que les spécialistes impliqués dans ce projet contribuent entièrement, au meilleur de leurs connaissances, au succès de ce projet?
- Comment coordonner efficacement un projet d'une telle envergure?

En premier lieu, compte tenu de la dimension du projet, des ressources requises, des compétences exigées et des tâches à accomplir, il est invraisemblable de donner principalement à une seule personne ou à un seul secteur l'entière responsabilité de l'identification des besoins, de développement, de l'implantation, de l'exploitation de ce programme de protection des ressources informatiques et de la vérification des résultats obtenus dans le cadre de ce projet.

En deuxième lieu, la responsabilité de la conception et de la mise en place des mesures de protection ne peut relever du groupe responsable de la vérification, puisque ce dernier devra ultérieurement en faire une évaluation quantitative et qualitative requérant objectivité et indépendance.

Il est primordial que les dirigeants d'entreprise comprennent la nature des responsabilités qu'ils délégueront. De ce fait, ils pourront plus facilement intégrer ce critère dans le choix et l'évaluation des titulaires de ces fonctions. Subséquemment, la direction doit reconnaître sa double obligation de porter intérêt aux préoccupations de son personnel et de lui fournir les moyens financiers nécessaires à l'exercice de ses responsabilités. Si cette condition[8] paraît, de prime abord évidente, la réflexion d'un conférencier, lors d'un colloque sur la sécurité des données, nous en fournit une preuve contraire. Ce conférencier, vice-président d'une banque, exprimait ainsi l'attitude de son organisation.

Nous devrions être extrêmement conscients de la sécurité des systèmes de traitement électronique des données mais nous ne le sommes pas. Dans les bureaux de l'Administration, ce sujet est balayé sous le tapis et continuellement coupé des budgets[9].

Nous verrons qu'en effet, la protection des systèmes informatisés ne peut relever de la seule juridiction des informaticiens. Bien au contraire, son efficacité nécessite la participation des différentes fonctions ou de différents groupes de l'organisation et de l'intérieur. Chacun de ces intervenants doit donc, malgré l'apparente complexité de ce projet, assumer pleinement les responsabilités que lui imposent ses compétences distinctives et sa fonction.

3.1 L'approche utilisée

L'approche à utiliser, pour le développement et l'exploitation d'un programme de protection des ressources informatiques, ne diffère en rien des autres projets de même importance exigeant une diversification des compétences et des tâches devant être accomplies. Le processus consiste essentiellement à identifier et à définir les divers niveaux de responsabilités que nous devons retrouver à l'intérieur des différentes composantes de ce projet.

L'étape suivante est très importante et consiste à rechercher et à s'adjoindre du personnel spécialisé dans le domaine pour s'assurer d'une expertise adéquate lors du développement du projet et de l'exploitation du programme.

L'étape finale consiste à fournir à la haute direction et à ses membres des mécanismes de coordination créant un environnement favorable au projet.

3.2 Identification des catégories de responsabilité

Voyons maintenant quelles sont les responsabilités liées à chacune des activités ou fonctions à exécuter lors du développement et de l'exploitation de ce programme par les différents groupes fonctionnels devant éventuellement intervenir dans les situations majeures interdisciplinaires[10]. Le tableau suivant décrit brièvement les responsabilités correspondants à chacune de ces activités:

SECTEUR D'ACTIVITÉ OU FONCTION	RESPONSABILITÉS
1. *Planification et coordination*	• Détermination des objectifs, identification des besoins, développement d'une approche et de stratégies, gestion des efforts et résolution des conflits.
2. *Conception*	• Développement des mesures de protection pour chacune des composantes du programme; préparation de mesures d'urgence.
3. *Consultation et Conseil*	• Expertise technique dans les secteurs spécialisés.
4. *Procédures et documentation*	• Conception et documentation de toutes les politiques et les procédures.
5. *Implantation et exploitation du programme*	• Différents groupes officiellement mandatés par la haute direction ont la responsabilité de l'implantation, de l'étude, de l'examen et de la vérification des procédures de protection.
6. *Fonctions administratives générales de l'organisation*	• Participation des secteurs administratifs de l'organisation concernant les aspects financiers, les implications légales, etc.
7. *Vérification et révision*	• Supervision, évaluation, examen et recherche d'améliorations en conformité avec le programme approuvé.

À partir de ce tableau, identifions cinq catégories de responsabilités qui sont dévolues aux membres de l'organisation:

a) une responsabilité globale;
b) les responsabilités principales associées à chacun des groupes impliqués dans l'accomplissement de ce projet;
c) les responsabilités que l'on assigne;
d) les responsabilités de type opérationnel;
e) les responsabilités liées à la vérification et au contrôle.

3.2.1 Une responsabilité globale

L'entière responsabilité du programme concernant la planification, l'analyse des besoins, la coordination et l'implantation du projet doit être attribuée à un cadre supérieur de l'organisation. Cette personne sera l'agent de liaison avec la direction pour ce qui a trait à la définition des objectifs, la détermination des politiques et l'allocation des ressources et du personnel. Sa fonction consiste également à coordonner l'ensemble des sous-programmes assignés aux différentes unités et à résoudre les différents conflits pouvant survenir en cours de développement et d'exploitation. Il doit également évaluer constamment les progrès accomplis en comparaison des activités planifiées et il doit informer au fur et à mesure la direction du déroulement du projet.

Les responsabilités principales correspondent aux obligations de chacun des groupes impliqués dans chacune des phases et des composantes de ce programme. En premier lieu, comme la nature des services rendus par le centre informatique exige que les programmes, les données et le matériel y soient centralisés, il relève donc de l'autorité de son directeur de prendre les mesures nécessaires pour en éviter la perte, le vol, la destruction ou l'altération. En effet, l'établissement de cette protection fait appel à des compétences techniques et à décisions administratives qui, dans les deux cas, sont les attributs du responsable du centre. Les responsabilités qui lui sont attribuées dans le cadre de ce programme exigent qu'il fasse appel, à l'intérieur de l'organisation, à d'autres groupes qui l'aideront à accomplir plus efficacement les tâches qui lui sont confiées.

Un de ces groupes, représentant le département de vérification, est principalement responsable de l'établissement des structures nécessaires à la vérification et à l'évaluation de la gestion informatique, une des phases de ce programme de protection des ressources informatiques. Le groupe de vérification de gestion a pour objet de fournir à la direction une vue globale des opérations de traitement de l'information, et de leur permettre de dépister toute lacune qui pourrait perturber le rendement (opérations qui n'assurent pas un degré satisfaisant de fiabilité ou d'efficacité ou un rapport satisfaisant coût-avantages, etc.). L'un des apports les plus importants de ce groupe est sa capacité de présenter ses recommandations à la haute direction. Il complète la communication entre les responsables de l'informatique et la haute direction.

3.2.2 Les responsabilités conférées

Le concept de responsabilités conférées s'applique lorsque l'on partage un projet spécifique ou une composante exigeant une compétence spécialisée. Par exemple, nous retrouvons ce type de responsabilité lorsqu'on demande à un spécialiste de développer et d'implanter des mesures de sécurité à l'intérieur d'une des composantes.

3.2.3 Les responsabilités liées à la vérification et au contrôle

Les responsabilités liées à la vérification et au contrôle consistent à grouper tous les renseignements colligés au cours de la vérification, de façon à obtenir une vue globale de la fonction informatique. L'étude des renseignements recueillis devrait permettre de repérer les cas où les techniques de contrôles n'atteignent pas l'efficacité requise, soit parce qu'elles ne sont pas appliquées ou, tout simplement, parce qu'elles le sont de façon inadéquate. Une fois que le vérificateur s'est formé une opinion sur la gestion informatique, il est en mesure de présenter ses recommandations à la haute direction. Il doit alors énumérer toutes les lacunes de contrôle qu'il a constatées, décrire les conséquences possibles de ces lacunes et formuler les mesures à prendre pour les corriger.

La figure 6.7 représente les différents intervenants dans ce projet et leurs responsabilités respectives, compte tenu des différentes phases du projet. Afin d'aider à l'interprétation de ce tableau, les fonctions de participation ou de responsabilité sont codifiées et listées dans la légende inscrite au bas du tableau. Les premières lettres présentées de «/» indiquent respectivement un rôle de consultant, de participation ou d'opération, compte tenu des responsabilités assujetties à chacun des rôles. Les fonctions de vérification et du contrôle sont placées à l'extrême droite du tableau. Ces fonctions sont habituellement assignées au groupe de vérification de l'organisation ou à un groupe de consultants de l'extérieur.

Ce tableau fait de plus ressortir le besoin d'une approche multidisciplinaire et peut servir comme référence appréciable pour la distribution des responsabilités entre les différents groupes impliqués dans ce programme. Comme il a été mentionné antérieurement, il est de loin préférable que la gestion de ce programme soit sous la responsabilité d'un cadre supérieur. De plus, compte tenu de ses responsabilités, cette personne communiquera à la haute direction les progrès accomplis et les développements importants. Il joue également le rôle de médiateur afin de régler les différents conflits pouvant survenir, compte tenu de chacun des objectifs, de chacun des sous-programmes représentant les composantes du programme de protection des ressources informatiques.

LES PHASES OU COMPOSANTES DU PROGRAMME	OBJECTIFS	PLANIFICATION STRATÉGIQUE ET COORDINATION	CONCEPTION	IMPLANTATION	ÉVALUATION
• Protection du milieu physique	DG/AI, CSI	AI, CSI	AI/C/CSI/C	C, CSI	VI
• Protection du développement, entretien et exploitation des systèmes informatisés	DG/AI/AS, AE	AI, VI, C, V, UR	AI/AS, AE, C, VI	AS, AE	VI
• Protection des données	DG/AG/AI/VI	AI/VI, C, V	AI/VI, C, V	AI	VI
• Protection des télécommunications	DG/DI	DI, UR, VI, C	AI/AE, UR, C, V, VI	AI/AE, VR, C	VI
• Protection du personnel	DG/P, AI	P, AI	P, AI, CSI	P, AI	VI
• Planification des mesures d'urgence	DG/AI, CSI/C	AI/VI, C	AI/C	AI	VI

FIGURE 6.7. Responsabilités des intervenants dans le développement d'un programme de protection des ressources informatiques.

Signification des abréviations

DG : Directeur général
P : Personnel
AI : Administration informatique
CSI : Coordonnateur sécurité informatique
VI : Vérificateur interne
C : Consultant

UR : Usagers responsables
AE : Analyste exploitation
V : Vendeur (logiciel ou matériel)
AG : Administration générale (finance, légal, etc.)
AS : Analyste systèmes
DI : Directeur de l'informatique

3.3 Répartition des responsabilités à l'intérieur de l'organisation

Bien que la haute direction soit principalement responsable d'assurer une protection adéquate aux ressources informatiques de l'entreprise, le problème est si complexe et si exigeant qu'elle ne peut, pour des raisons évidentes, être partie liée aux activités quotidiennes de l'entreprise. La haute direction n'a d'autres choix que de partager l'exercice de cette responsabilité.

Utilisant une approche multidisciplinaire, le moyen le plus efficace de répartir les responsabilités consiste à les décentraliser sur une base fonctionnelle. Tout d'abord, il demeure essentiel d'identifier les tâches et les responsabilités et, par la suite, de les attribuer aux unités organisationnelles appropriées. Les groupes fonctionnels auxquels ces responsabilités devraient être attribuées sont[11]:

- l'administration du secteur informatique;
- le coordonnateur de la sécurité informatique;
- le gestionnaire des données;
- l'administration des ressources humaines;
- le vérificateur interne;
- le vérificateur externe;
- les utilisateurs responsables des applications.

Dans les sections suivantes, nous décrirons respectivement pour chacun des groupes ou fonctions, les attributions de responsabilités préconisées.

3.3.1 L'administration du secteur informatique

Idéalement, l'administration du secteur informatique devrait implanter la politique de protection des ressources informatiques. De plus, elle doit coordonner les efforts entre l'administration du personnel, le coordonnateur de la sécurité informatique, le vérificateur interne et le gestionnaire des données.

Les responsabilités devant être assumées par l'administration du secteur informatique sont les suivantes:

- Procurer une protection au niveau de l'environnement informatique directement ou par l'implantation d'une politique conçue par le coordonnateur de la sécurité informatique.
- S'assurer que les spécialistes de l'informatique ont des connaissances adéquates des procédures et des exigences de contrôle de systèmes.
- Reconnaître qu'il est de sa responsabilité de prévenir et de détecter les crimes informatiques perpétrés, soit par des individus

sous sa supervision, soit par des moyens sous son contrôle fonctionnel.

3.3.2 Le coordonnateur de la sécurité informatique

Le coordonnateur de la sécurité informatique devrait notamment:

- Évaluer périodiquement les risques d'atteinte à la protection et établir des rapports pertinents.
- Élaborer des procédures de sécurité en informatique, proposer des mesures de protection et des mesures d'urgence.
- Vérifier périodiquement les dispositifs de sécurité et les mesures d'urgence.
- Signaler les problèmes possibles en matière de sécurité à la haute direction.
- Informer et motiver le personnel de l'informatique et les utilisateurs quant au respect des mesures de sécurité.

3.3.3 Le vérificateur interne

Le groupe de vérification interne de l'entreprise est appelé à jouer plusieurs rôles au niveau du programme de protection des ressources informatiques:

- Effectuer l'examen des différentes phases de développement des systèmes pour s'assurer que des contrôles adéquats sont en place.
- Effectuer l'examen des contrôles et des autres mesures instaurés au niveau de l'exploitation des systèmes.
- Voir à l'implantation des mesures de vérification au niveau du centre informatique.
- Détecter les disparités, au niveau des systèmes, causées soit par des erreurs, soit par une tentative de fraude.
- Conseiller et recommander à la direction les mesures à prendre afin de minimiser ou de neutraliser les conséquences des faiblesses découvertes au cours de la vérification.

3.3.4 Les vérificateurs externes

L'objet principal de la vérification financière entreprise annuellement et exécutée par les vérificateurs externes de firmes comptables privées, est de permettre à ces personnes d'exprimer une opinion portant sur la sincérité ou la fidélité des états financiers de l'entreprise. Il incombe à ces vérificateurs externes d'examiner si les énoncés inscrits respectent les procédés comptables établis.

Cependant, compte tenu de leurs qualifications, les vérificateurs externes peuvent également effectuer différentes fonctions liées à la prévention et à la détection des crimes informatiques, telles que:

- Effectuer des contrôles comme dérivé à la vérification.
- Détecter les fraudes moyennes ayant des impacts sur les états financiers.
- Exécuter différentes tâches discrétionnaires reliées à la vérification, telles que la vérification informatique et la consultation, etc.

3.3.5 Le gestionnaire des données

Une des responsabilités principales de ce dernier est de déterminer qui devrait avoir accès aux données et d'identifier les usages pour lesquels l'accès sera accordé. Un complément logique à cette fonction est de fournir les mécanismes nécessaires pour restreindre l'accès aux données et d'examiner les accès actuellement exécutés. Si cette fonction est inexistante à l'intérieur de la structure organisationnelle, ces responsabilités consistant à déterminer les privilèges d'accès et à vérifier la conformité doivent être déléguées au coordonnateur de la sécurité informatique.

3.3.6 L'administration des ressources humaines

Les responsables des ressources humaines ont la responsabilité de s'assurer que les politiques et les pratiques concernant le personnel sont compatibles avec les objectifs du programme de protection des ressourcese informatiques. De plus, ils doivent périodiquement réévaluer ces politiques et exécuter, s'il y a lieu, les ajustements nécessaires. Ce groupe doit également s'assurer que les procédures sont exécutées en conformité avec ces politiques. Quelques procédures sous sa responsabilité directe sont:

- les procédures d'embauche;
- les procédures concernant le renvoi des individus.

3.3.7 Les utilisateurs responsables des applications informatisées

Si les utilisateurs peuvent confier au centre informatique le traitement de leurs données, ils ne peuvent cependant pas se dégager de l'obligation qui les lie à l'exactitude des informations produites pour leur compte. De fait, les obligations des utilisateurs dans le cadre de ce programme sont de:

- Préparer les exigences en ce qui a trait aux contrôles du traitement.

GROUPES OU FONCTIONS	RESPONSABILITÉS	AVENUES POSSIBLES
Administration du secteur informatique	• Implantation des politiques et des procédures de protection	• AUCUNE
	• Conviction de la connaissance adéquate des procédures de protection et de contrôle	• AUCUNE
	• Reconnaissance des responsabilités	• AUCUNE
Coordonnateur de la sécurité informatique	• Évaluer le programme de protection	• Administration du secteur informatique, vérificateur interne, gestionnaire des données (programmes et données seulement)
	• Élaborer et proposer des mesures de protection et des mesures d'urgence	• Administration du secteur informatique, gestionnaire des données (programmes et données seulement)
	• Vérifier les dispositifs de sécurité	• Vérificateur interne, administration du secteur informatique, gestionnaire des données (programmes et données seulement)
	• Signaler les problèmes à la direction générale	• Administration du secteur informatique, vérificateur interne
	• Informer et motiver le personnel informatique et les utilisateurs	• Administration du secteur informatique

FIGURE 6.8. Sommaire des principales responsabilités selon le groupe ou la fonction dans l'organisation.

GROUPES OU FONCTIONS	RESPONSABILITÉS	AVENUES POSSIBLES
Vérificateur interne	• Examen des développement des systèmes	• Vérificateur externe
	• Examen des contrôles de l'exploitation des systèmes	• Vérificateur externe
	• Implantation des mesures de vérification	• Vérificateur externe
	• Détection des disparités	• Vérificateur externe
	• Conseils à la haute direction	• Vérificateur externe, consultant
vérificateur externe	• Détection des fraudes	• Vérificateur interne
	• Examen des contrôles	• Vérificateur interne
	• Exécution de tâches discrétionnaires	• Vérificateur interne, consultant
Gestionnaire des données	• Détermination des privilèges d'accès	• Coordinateur de la sécurité informatique, utilisateurs responsables des applications, directeur du secteur informatique et le vérificateur interne (conjointement)
	• Contrôle d'accès	• Coordonnateur de la sécurité informatique, utilisateurs responsables des applications informatiques, vérificateur interne et direction du secteur informatique.

GROUPES OU FONCTIONS	RESPONSABILITÉS	AVENUES POSSIBLES
Administration des ressources humaines	• Détermination et exécution des procédures d'embauchage	• AUCUNE
	• Détermination et exécution des procédures de renvoi	• AUCUNE
Administration financières	• Examen des allocations perdues et des mauvaises créances	• Vérificateur interne
	• Établissement de limite aux transactions autorisées à approuver	• AUCUNE
	• Conciliation des inscriptions bancaires	• Vérificateur interne, vérificateur externe
	• Examen de la performance financière d'un département lors de modifications	• Vérificateur externe
Utilisateurs, responsables des applications informatiques	• Établissement des exigences concernant le contrôle des traitements	• AUCUNE
	• Autorisation, préparation et conversion des données d'entrées	• AUCUNE
	• Examen des journaux de mouvements et des rapports d'inscription	• AUCUNE

Source: L. Krauss et A. Mac Gahan, «A Multidisciplinary Prevention Program» *Computer Frand and Countermeasures*, Englewood Cliffs, N.J., Prentice Hall, 1979, p. 397.

- Autoriser, préparer et voir à la conversion des données d'entrées.
- Examiner le journal des mouvements et découvrir les erreurs et les disparités.

3.3.8 Délégation des responsabilités à d'autres fonctions

Dans les sections précédentes, nous avons sommairement énuméré les responsabilités des différents groupes ou fonctions ayant un rôle à jouer au niveau de la protection des ressources informatiques. Cependant, il est tout à fait plausible que dans une organisation, une des fonctions ou un des groupes décrits antérieurement n'existe pas. Dans de telles situations, les responsabilités énumérées peuvent être déléguées à d'autres fonctions. Le tableau de la figure 6.8 donne un sommaire de ces fonctions avec les différentes avenues possibles. Dans les cas où il n'y a pas de choix viable, nous l'avons indiqué en inscrivant «AUCUN».

NOTES

1. I.B.M., *Computer Security, Illinois, États-Unis,* vol. 3, deuxième partie.
2. G.R.C., *Évaluation des dangers informatiques. Élaboration de concepts et planification*. Brochure d'information sur la sécurité, janvier 1982.
3. I.B.M., «The Economics of Security», Information Valuation, Illinois, vol. 3, deuxième partie, pp. 114-115.
4. Robert H. Jr. Courtney, *Security Risk Assessment in Electronic Data Processing Systems*, I.B.M., New York, décembre 1975.
5. Jean-Claude Chesneau et Michel Falcotet, «Politique et budget de sécurité. La Sécurité en informatique de gestion», *Informatique et gestion*, n° 110, novembre 1979, pp. 56-57.
6. Leonard Krauss et Aileen MacGahan, «Estimating the Costs and Benefits of Countermeasures», *Computer Fraud and Countermeasures*, Englewood Cliffs, N.J., Prentice Hall, 1979, pp. 398-408.
7. Javier F. Kuong, «Cost Consideration», *Computer Security. Auditing and Controls. Texts and Readings, Wellis Hills, MA., Management Advisory Publications, 1974, pp. 41-44.*
8. *André Pérès, «Sécurité des systèmes informatiques; répartition des responsabilités», Gestion*, avril 1979.
9. Patrick McCloghue, «Data Security», Symposium sur la sécurité des données organisé par I.B.M., New York, avril 1973.
10. Javier F. Kuong, «Organization, Responsibilities and Security Program Control», *Computer Security. Auditing and Controls, op. cit.*.
11. Leonard Krauss et Arleen MacGahan, «A Multidisciplinary Prevention Program», *Computer Fraud and Countermeasures*, Englewood Cliffs, N.J., Prentice Hall, 1979, p. 382.

MODULE 3

DESCRIPTION DES MOYENS PRÉCONISÉS POUR PROTÉGER LES RESSOURCES INFORMATIQUES

CHAPITRE 7

La protection du milieu physique

Introduction

La sécurité du milieu physique constitue la première composante de ce modèle de protection des systèmes informatiques. L'objectif premier de cette composante est la protection physique des biens contre la destruction accidentelle, intentionnelle et non autorisée, la corruption, l'interruption, la soustraction frauduleuse ou la divulgation[1].

Les principales ressources à protéger sont[2]:

1. Le personnel.
2. L'édifice.
3. L'ordinateur, les équipements périphériques, les terminaux.
4. Les équipements de support (communications, alimentation électrique, climatisation).
5. Les données, les programmes, les procédures d'exploitation.
6. Les librairies (bandes magnétiques, disques magnétiques, autres supports).
7. La documentation.
8. Les fournitures.

Les mesures préconisées pour assurer une protection adéquate à cet environnement physique sont tirées du manuel d'informatique publié par la Direction générale de la coordination interministérielle du Bureau central de l'informatique[3].

Dans la première section seront décrite[5] les mesures propres à assurer la protection des biens contre les malveillances. Ces malveillances sont envisagées à deux niveaux: à l'extérieur et à l'intérieur de l'édifice. Les aspects de prévention et de détection y seront également identifiés.

1. LA PROTECTION CONTRE LES FLÉAUX NATURELS

Bien que les probabilités des atteintes attribuables aux fléaux naturels soient relativement faibles, il demeure important de réaliser que les dommages causés par ce genre de sinistre peuvent être très élevés.

1.1 Protection contre le feu[4]

Le feu et ses conséquences: la fumée, la chaleur et les vapeurs corrosives demeurent encore les éléments pouvant causer le plus de dommages aux installations informatiques, allant même jusqu'à mettre en péril la survie de l'entreprise ou de l'organisme.

Selon l'expérience acquise dans ce domaine, les dommages causés aux installations informatiques par le feu émanent, dans la majorité des cas, d'incendies situés à l'extérieur de la salle des ordinateurs.

1.1.1 Les mesures préventives

Un sous-programme valable de prévention est encore la meilleure façon de protéger les installations contre le feu. L'ampleur de ce sous-programme varie en fonction de l'environnement et des besoins spécifiques de chaque organisme.

Suit la liste des principales mesures à considérer lors de l'élaboration d'un programme de prévention contre le feu:

1.1.1.1 *Édifice*

- Situer le centre informatique dans un édifice construit en matériaux à l'épreuve du feu.

1.1.1.2 *Salle des ordinateurs*

- Éloigner la salle des ordinateurs et ses supports des zones potentielles d'incendies et d'explosions telles que chaufferie, centrale du réseau électrique de l'édifice, salles d'entreposage des matériaux explosifs et combustibles.
- Aménager la salle avec des matériaux à l'épreuve du feu: murs, planchers surélevés, sous-planchers, plafonds et cloisons.
- Rendre étanches tous les conduits, orifices, câbles et fils pénétrant dans la salle. Ces éléments doivent être à l'épreuve du feu.
- Prévoir une chambre forte pour la magnétothèque.

1.1.1.3 *Équipement de support*

- Munir la salle d'un circuit électrique indépendant. Dans le même sens, se pourvoir d'un système de climatisation indépendant.

- Équiper la salle d'interrupteurs bien à la vue, permettant aussi de couper l'alimentation électrique rapidement et de façon complète.
- Munir la salle de conduits ignifuges ou de bouches d'évacuation de la fumée et des vapeurs toxiques.

1.1.1.4 *Matériels informatiques*

- S'assurer que l'équipement informatique soit fabriqué de matériaux non combustibles.
- Limiter le matériel à l'intérieur de la salle à l'équipement électronique rattaché à l'ordinateur (dérouleurs de bandes, imprimantes, contrôleurs de communications, mémoire centrale, unités de disques).
- Garder le minimum de fournitures à l'intérieur de la salle (papiers, bandes, etc.). Les fournitures non utilisées devraient être rangées dans des endroits à l'épreuve du feu.

1.1.1.5 *Autres mesures*

- Établir un plan d'évacuation de l'édifice.
- Élaborer des mesures d'urgence d'opérations pour le personnel de la salle des ordinateurs pour les cas d'incendies. Ces mesures pourraient être intégrées dans le sous-programme de la planification des mesures d'urgence, tel que décrites au chapitre 12 de cet ouvrage.
- Vérifier périodiquement ces procédures d'urgence de façon à former le personnel à bien réagir dans ces situations.
- Garder les zones d'équipements informatiques et d'entreposage toujours propres et ordonnées.
- Restreindre et contrôler l'emploi des matières volatiles et explosives à l'intérieur de la salle des ordinateurs (détergent, diluant, autres produits de nettoyage).
- Garder dans des endroits protégés contre le feu la documentation essentielle (systèmes, programmes, opérations, logiciels d'exploitation) à la bonne marche de l'organisme.
- Mettre bien à la vue des extincteurs portatifs.
- Bien identifier le contenu de ces extincteurs et leur mode d'utilisation.
- Évaluer soigneusement le principe de mise en fonctionnement des systèmes automatiques (gicleurs d'eau, Halon 1301), car le dérèglement d'un tel type de système peut engendrer une catastrophe au même titre que le feu lui-même. Les principes sont: départ automatique, départ automatique avec délai, déclenchement manuel.

- S'assurer que ces systèmes couvrent parfaitement la superficie de la salle.
- Effectuer périodiquement la vérification et l'entretien des appareils de détection et d'extinction.
- Interdire au personnel le droit de fumer ou d'apporter de la nourriture à l'intérieur de la salle des ordinateurs.

1.1.2 Les mesures de détection

La qualité première de ces mesures est de signaler et de localiser rapidement un foyer d'incendie. Il existe sur le marché une gamme variée de systèmes de détection automatique.

Ces systèmes sont destinés principalement à détecter:

- les flammes;
- la fumée;
- la chaleur;
- la combustion de certains matériaux ou composantes électroniques.

Lors du choix d'un ou de plusieurs de ces systèmes, certaines caractéristiques telles que les dimensions de la pièce, les types de matériaux, les volumes d'air sont à considérer.

L'installation de ces systèmes, en tenant compte de ces caractéristiques, s'effectue principalement dans les aires suivantes;

- à proximité de l'ordinateur et des périphériques;
- sous le plancher surélevé de la salle des ordinateurs;
- près des conduits de climatisation;
- dans les pièces où est entreposé le papier.

Il serait avantageux de relier ce système à un tableau central d'affichage et, dans certains cas, de le relier directement aux services d'incendie.

L'installation de ce type d'équipement à déclenchement automatique doit être complétée par la présence d'un système d'alarme manuel. Ces alarmes doivent être réparties dans tout l'édifice et d'une façon plus particulière à l'intérieur et aux abords de la salle des ordinateurs.

1.1.3 Les mesures curatives

Les mesures curatives comportent deux aspects. Le premier concerne les mesures touchant la circonscription et l'extinction des incendies. Le deuxième touche les mesures nécessaires au recouvrement, à la remise en opération après l'incendie.

1.1.3.1 *Mesures à prendre durant l'incendie*

Les principaux types d'incendies peuvent être classifiés en trois catégories:

- feu de matériaux combustibles de type courant (bois, papier, vêtements, tissus);
- feu de liquides inflammables, gaz, graisse;
- feu d'équipements électriques ou électroniques.

Plusieurs études ont démontré l'efficacité de tel ou tel agent extincteur par rapport à chacune de ces catégories d'incendies. Suit, pour chacune des catégories d'incendies susmentionnées et en ordre d'efficacité, la liste des agents les plus répandus:

- eau, mousse, produits chimiques;
- gaz (ex.: Halon 1301, Halon 1211, dioxyde de carbone), produits chimiques, mousse;
- gaz (ex.: Halon 1301, Halon 1211, dioxyde de carbone), produits chimiques.

Concernant plus particulièrement la salle des ordinateurs, les principales mesures à mettre en branle lors du déclenchement d'un incendie sont:

1. Débrancher l'ordinateur («power-off» de l'ordinateur).
2. Interrompre l'alimentation électrique de la salle.
3. Couper la climatisation.
4. Utiliser les extincteurs portatifs dans les cas d'incendies restreints, sinon déclencher les systèmes d'extincteurs incorporés automatiquement.
5. Informer le responsable de la sécurité.
6. Avertir le service des incendies.
7. Évacuer la salle des ordinateurs.
8. Fermer les portes et les fenêtres de façon à éviter la propagation.

1.1.3.2 *Mesures à prendre après l'incendie*

Le recouvrement et la remise en opération d'un centre informatique, à la suite d'un sinistre, se résume par la mise en marche des procédures contenues dans la planification des mesures d'urgence qui sera traitée au chapitre 12.

1.2 Protection contre l'eau

Au même titre que le feu, l'eau est une menace sérieuse pour les installations informatiques. Les inondations, les bris de tuyaux, l'usage de l'eau lors de l'extinction d'incendie sont autant d'événements qui peuvent causer des dommages.

Les principales mesures de protection à envisager sont énumérées dans les sections suivantes.

1.2.1 Les mesures préventives

Les principales précautions à prendre sont:

- Situer la salle des ordinateurs au-dessus du niveau du sol. Dans le cas contraire, prévoir des mécanismes tels que pompes pour évacuer l'eau, valves de sûreté à l'intérieur des drains.
- Éviter de situer la salle des ordinateurs près des endroits utilisant un fort volume d'eau (cafétéria, toilettes, salles de repos, chaufferie).
- Éviter de placer des conduites d'eau importantes au-dessus de la salle des ordinateurs.
- Prévoir un bassin de drainage sous le faux plancher.
- Pourvoir le réseau d'alimentation en eau de valves bien situées permettant de couper rapidement le débit.
- Prévoir à l'intérieur de la salle des ordinateurs des couvercles ou couvertures de plastique permettant de protéger les équipements.
- Voir à ce que les câbles ou fils électriques destinés à être installés sous le plancher soient fabriqués de matériaux étanches à l'eau.
- Établir des mesures d'urgence d'opérations pour faire face à un sinistre dû à l'eau.
- Sensibiliser et former le personnel afin de l'amener à réagir rapidement face à ce type d'atteinte.
- Envisager la possibilité de rendre la salle des ordinateurs complètement étanche face à son environnement. Porter une attention particulière aux petits conduits (fils, câbles, orifices).

1.2.2 Les mesures de détection

Ces mesures consistent principalement en l'installation de détecteurs d'eau aux endroits stratégiques du centre informatique, tels que sous le faux plancher de la salle des ordinateurs.

1.2.3 Les mesures curatives

Selon l'ampleur du sinistre, appliquer les procédures nécessaires au recouvrement et à la remise en opération prévues dans la planification des mesures d'urgence du chapitre 12 de cet ouvrage.

2. PROTECTION CONTRE LES MALVEILLANCES

La caractéristique première de la malveillance est qu'elle implique généralement de façon intentionnelle, une pénétration physique dans un lieu et un accès non autorisé.

Le vol, le sabotage, le vandalisme, l'émeute sont autant d'agressions groupées sous le thème de la malveillance.

Avant d'élaborer les mesures de protection pour contrer la malveillance, il est opportun de répondre aux deux questions suivantes:

Qui sont les auteurs des actes de malveillance?

- Les criminels de carrière;
- les vandales;
- les groupes contestataires;
- les employés insatisfaits.

Quels sont les endroits susceptibles d'être la cible d'actes de malveillance?

- La salle des ordinateurs;
- le lobby, le hall d'entrée;
- les salles des terminaux;
- la salle de développement (programmeurs, analystes);
- les salles de documentation;
- la centrale téléphonique de l'édifice;
- les entrepôts (matériaux, fournitures);
- la salle des équipements mécaniques (chaufferie, pompes, etc.);
- la bandothèque;
- la voûte extérieure où sont entreposés les rubans magnétiques de recouvrement;
- la centrale électrique de l'édifice et la salle des ordinateurs;
- les bureaux de la direction.

L'élaboration des mesures de protection contre la malveillance repose de façon générale sur le contrôle d'accès. Ces mesures de protection sont décrites en fonction de deux zones: la zone *extérieure* et la zone *intérieure* de l'édifice.

2.1 La zone extérieure de l'édifice

2.1.1 La périphérie

La périphérie de l'édifice est identifiée comme première ligne préventive de protection. Les points suivants sont à considérer:

- S'assurer qu'aucun élément naturel ou artificiel ne facilite l'intrusion, tel que proximité d'arbres, poteaux électriques, édifices adjacents, etc.
- Éclairer de façon suffisante l'extérieur de l'édifice, plus particulièrement les accès, les aires de stationnement, de manière à faciliter la surveillance et à décourager les actes de malveillance.
- Contrôler l'accès des aires de stationnement par l'installation de guérites automatiques, de postes de contrôle avec gardien.
- Dans le cas très particulier d'un regroupement de centres, ériger des clôtures ou des murs autour du site de l'édifice avec guérite aux différentes entrées.

2.1.2 La zone de pénétration directe

La zone de pénétration directe est la deuxième ligne préventive de protection. Elle regroupe les mesures suivantes:

2.1.2.1 *Fenêtres*

- Éviter des fenêtres qui donnent directement sur des secteurs importants du centre, tels que la salle des ordinateurs, la salle de documentation, etc.
- Munir toutes les fenêtres des dispositifs d'alarme et de verrous.
- Lorsque l'édifice possède des fenêtres qui s'ouvrent, s'assurer que ces fenêtres soient fermées et verrouillées après les heures normales de travail.

2.1.2.2 *Portes ouvrant sur l'extérieur*

- Restreindre l'accès du personnel et du public à une seule porte durant les heures normales de travail. Il peut être bon, afin de régulariser les heures normales de travail, et les allées et venues des personnes, de placer un gardien ou une réceptionniste, selon les besoins.
- Verrouiller et relier toutes les portes à un dispositif d'alarme.
- Mettre en place un poste de garde avec registre des entrées et sorties, en dehors des heures normales de travail.

2.1.1.3 *Conduits extérieurs (aqueduc, tunnel, climatisation, égout)*

- Éviter que les conduits extérieurs soient à proximité de secteurs importants tels que la salle des ordinateurs, les salles de documentation, etc.
- Éliminer les possibilités d'intrusions par l'installation de grillages à l'intérieur des conduits.
- Munir ces conduits de dispositifs d'alarme.

2.2 La zone intérieure de l'édifice

Cette zone, de façon globale, constitue la dernière ligne préventive et le cœur du dispositif de défense.

La présente section touche à 3 aspects:

- la définition des classes;
- les mesures de surveillance s'y rattachant;
- la description des systèmes d'alarme.

2.2.1 Les classes d'accès

Le contrôle des allées et venues des personnes devrait être une des premières préoccupations en ce qui concerne les mesures préventives à instaurer à l'intérieur de l'édifice[4]. La définition des classes d'accès est un préalable à l'établissement de ces mesures.

Chaque organisme, face à ses besoins propres, a la responsabilité de définir ses classes d'accès qui peuvent être envisagées selon deux aspects:

- les aires à protéger
- le statut du personnel et des visiteurs.

2.2.1.1 *Les aires à protéger*

Elles se divisent en trois secteurs:

A. *Le secteur ouvert au public*

De façon générale, durant les heures normales de travail, il n'existe aucune restriction concernant l'accès à ces secteurs: lobby, hall d'entrée, salle d'attente. Par contre, en dehors des heures normales de travail, la mise en place de contrôles devient nécessaire.

B. *Le secteur intermédiaire*

Habituellement, l'accès à ce secteur se limite aux employés de l'organisme en fonction de leurs occupations. En outre, nous retrouvons à l'intérieur de ce secteur:

- les bureaux du personnel en informatique;
- la salle de développement;
- la salle des terminaux;
- les entrepôts de fournitures.

C. *Le secteur à sécurité maximale*

L'accès à ce secteur est très restrictif. À titre d'exemple, peuvent s'y retrouver:

- la salle des ordinateurs et des équipements périphériques;
- la bandothèque;

- la voûte externe;
- les salles où se retrouvent les équipements de supports, tels que centrale électrique, système de climatisation, centrale des communications;
- les salles de documentation.

2.2.1.2 *La classification des employés et des visiteurs*

La classification ou le regroupement des personnes peuvent être effectués de plusieurs façons. L'une d'elles consiste à attribuer des statuts selon les niveaux d'intégration à l'organisme:

SUPERVISEUR

Ce statut permet un accès sans restriction. Il est habituellement attribué au responsable de la sécurité ou à celui qui occupe une fonction équivalente.

PERSONNEL D'OPÉRATION

Ce statut est attribué au personnel affecté à des postes qui se trouvent à l'intérieur des secteurs à sécurité maximale.

AUTRES EMPLOYÉS

Ce statut est attribué à toute autre personne occupant un poste permanent à l'intérieur de l'organisme. Ces personnes, sauf dans des cas d'exceptions, ne peuvent avoir accès au secteur à sécurité maximale.

FOURNISSEURS, FABRICANTS

Ce statut est attribué aux employés d'entreprises extérieures offrant des services à l'organisme. De façon générale, le seul secteur d'accès permis est celui ouvert au public. Cependant, dans certains cas, soit avec escorte soit avec une permission préalable, les autres secteurs leur sont accessibles.

AUTRES PERSONNES

Le secteur ouvert au public est le seul secteur d'accès permis à ces personnes. Encore là, par exception, elles peuvent avoir le droit de circuler dans les autres secteurs lorsqu'elles sont accompagnées du personnel du centre.

2.2.2 Les mécanismes de surveillance

Une fois les classes d'accès déterminées, il est nécessaire d'y rattacher divers mécanismes de surveillance.

2.2.2.1 *Le gardiennage*

Ce mode de surveillance peut être utilisé pour chacun des secteurs. L'instauration complémentaire d'un registre des entrées et des sorties des personnes permet une meilleure gestion. Ce genre de surveillance comporte la vérification de l'identité de la personne et celle de son statut.

Les vérifications peuvent être effectuées à partir:

- d'une liste de personnes autorisées;
- d'une identification visuelle que porte la personne (insigne);
- de la divulgation d'un code de sécurité ou d'un mot de passe.

2.2.2.2 *Les points de contrôles physiques*

L'ouverture des portes ou des voies d'accès est effectuée par les moyens suivants:

- les clés conventionnelles (duplication contrôlée);
- les clés spéciales (ne pouvant être reproduites);
- les cartes magnétiques;
- l'entrée d'un code ou d'un mot de passe à une console;
- la reconnaissance de caractéristiques physiques telles que:
  - — l'analyse des empreintes,
  - — l'identification de la voix,
  - — l'analyse de la signature.

En dehors des heures normales de travail, certains mécanismes sont à envisager pour renforcer la protection.

2.2.2.3 *Les patrouilles*

Elles ont pour but de vérifier l'identité des personnes circulant dans l'édifice et aussi de s'assurer que les portes et les fenêtres des locaux importants, tels que la salle de documentation, la salle des ordinateurs, les salles des terminaux, sont verrouillées et, enfin, de déceler toute situation anormale.

2.2.2.4 *La télévision en circuit fermé*

Les endroits stratégiques pourraient être surveillés à l'aide d'un système de télévision en circuit fermé. Un niveau d'efficacité convenable ne peut être atteint sans la participation du personnel dans la mise en place des différents mécanismes de surveillance. Les actions d'information et de formation du personnel doivent, par conséquent, être intégrées à tout le processus de mise en place de tels mécanismes.

2.2.3 Les systèmes d'alarme

La présente section a pour but de décrire l'aspect détection des mesures de protection contre les malveillances. La technologie offre présentement une multitude de produits électroniques ou autres permettant la détection des intrusions, d'où l'importance d'évaluer ces produits en fonction des besoins spécifiques de l'organisme.

2.2.3.1 *Les principales catégories de systèmes*

- Les dispositifs conventionnels sur les portes et les fenêtres:
  - — contact magnétique (déclenchement lors de l'ouverture);
  - — ruban électrique (déclenchement lors du bris de la fenêtre);
- la détection de sons ou de vibrations;
- les cellules photo-électriques;
- la détection de champs électromagnétiques;
- les systèmes vidéo (détection visuelle);
- un signal sonore à l'endroit où l'action est localisée;
- le verrouillage automatique, la fermeture de portes ou de grilles;
- un signal sonore situé dans un poste de contrôle, ailleurs dans l'édifice;
- une alarme reliée directement au poste de police.

Au même titre que la protection contre les fléaux naturels, l'établissement de mesures d'urgence, dites curatives, est essentiel. Ces mesures seront traitées plus précisément au chapitre 12 de cet ouvrage.

3. PROTECTION CONTRE LES DÉFAILLANCES

Les défaillances sont sans doute la catégorie d'atteintes la plus fréquente dans la réalité quotidienne d'un centre informatique. L'impact des défaillances peut varier d'un arrêt de quelques secondes d'une composante informatique jusqu'à la paralysie totale du centre.

Les défaillances sont variées et touchent

- l'alimentation électrique;
- la climatisation;
- le système de refroidissement;
- le réseau de communication;
- l'ordinateur et les équipements périphériques;
- les terminaux;
- le système d'exploitation et les logiciels, etc.

Les mesures de protection susceptibles de prévenir, de détecter ou de corriger ces anomalies sont énumérées dans les sections suivantes.

3.1 Les mesures préventives

Au tout début, lors de l'aménagement de la salle des ordinateurs, de la salle de terminaux, certaines mesures doivent être envisagées:

- Munir les différentes salles d'un système électrique, d'un système de climatisation, d'un système de refroidissement conformes aux spécifications des constructeurs des composantes informatiques sous les aspects suivants:
  — la tension électrique;
  — la température;
  — l'humidité;
  — l'énergie électrostatistique;
- Évaluer la qualité et les possibilités du matériel informatique par des essais, par la connaissance de l'expérience des autres utilisateurs, par les garanties offertes par les constructeurs.
- Prévoir dans les contrats d'achat ou de location avec les fournisseurs les délais de service pour les réparations du matériel.
- Prévoir des pénalités dans les cas de non-conformité.

3.1.1 Dans le cours normal des opérations

- Effectuer la vérification et l'entretien périodique des composantes informatiques, des systèmes électriques et des systèmes de climatisation.
- Maintenir l'inventaire du matériel et des logiciels utilisés. C'est un élément essentiel préalable à l'établissement de mesures correctives, telles que l'utilisation d'un centre informatique de dépannage.
- Inclure au manuel des opérations les directives à suivre en cas de panne, de bris du matériel ou des équipements de support.
- Établir des procédures d'implantation (et les consigner par écrit) dans les cas:
  — de conduites des épreuves;
  — des mécanismes de retour au système précédent, lors de la génération de nouvelles versions de systèmes, de modifications au système d'exploitation, de modifications aux logiciels.
- Bien choisir la période d'implantation.
- Incorporer dans les systèmes (exploitation, logiciels, applications) des mécanismes tels que la préparation de copies de sécurité, les points de reprise et la journalisation des transactions de façon à permettre le recouvrement des systèmes.
- Maintenir la qualité du personnel par une formation continuelle.

3.2 Les mesures de détection

La majorité des composantes informatiques sur le marché possèdent des mécanismes incorporés de détection des défaillances. Parmi ces mécanismes, on retrouve:

- la notation à la console de toutes les opérations du système informatique;
- la détection lors de la violation de la mémoire;
- les systèmes de mesures de performance;
- les interventions en mode superviseur. Elles permettent l'utilisation de commandes privilégiées facilitant le diagnostic de l'erreur.

En plus des mécanismes incorporés, l'installation d'appareils indiquant la température, le degré d'humidité et d'énergie électrostatique permet de déceler rapidement une situation anormale.

3.3 Les mesures curatives

Dans le cas de la défaillance d'une composante ou d'un sous-ensemble informatique, les mesures à envisager sont:

- poursuivre les opérations en mode dégradé excluant les composantes en difficultés;
- mettre en vigueur les procédures de recouvrement des systèmes lorsque nécessaire;
- rejoindre les responsables de l'entretien des systèmes;
- utiliser et relier les composantes de secours prévues dans les cas où la continuité des services est essentielle. Les composantes peuvent être:
  — des contrôleurs de communications redondants;
  — des lignes de télécommunications;
  — des terminaux supplémentaires.

Dans le domaine de l'alimentation électrique, plusieurs types d'appareils permettent la continuité des opérations:

- le régulateur de tension dans les cas de baisse ou de variation de la tension électrique;
- le générateur d'urgence ou le système électrique sans interruption (UPS) dans les cas d'une interruption de courant.

Dans le cas d'une défaillance prolongée, il est important de considérer l'utilisation d'un centre de dépannage pour les opérations cruciales. Cela implique la définition de priorités, d'ententes préalables. Cet aspect sera explicité dans le chapitre 12 traitant de la planification des mesures d'urgence.

4. LA GESTION DE LA PROTECTION PHYSIQUE

La direction de l'informatique doit assurer la protection de biens dont elle a la responsabilité[5]. Voici les principaux:

- l'ordinateur;
- les périphériques;

- les équipements et les terminaux;
- les équipements de soutien (électricité, climatisation);
- les librairies de fichiers et de programmes;
- la documentation;
- les fournitures;
- l'édifice et ses locaux.

La première obligation de la direction d'un centre informatique est d'intégrer la sécurité matérielle aux politiques, aux normes, aux objectifs, aux plans de l'organisme.

Une autre responsabilité de la direction est de veiller à ce que le centre participe avec les usagers à l'évaluation des risques et des moyens de protection.

NOTES

1. Denis Laverdière et Marcel Garneau, *La Sécurité matérielle informatique*, 1981, Direction générale de la coordination interministérielle du Bureau central de l'informatique, p. 30.
2. Gendarmerie Royale du Canada, «Sécurité du milieu physique», *Bulletin Sécurité de l'informatique*, août 1979, vol. 4, n° 2, pp. 1 à 3.
3. Jean-Claude Chesneau et Michel Falcotet, «La protection contre le feu. La sécurité en informatique de gestion», *Informatique et gestion*, n° 109, octobre 1979, p. 50.
4. Léonard Krauss et Aileen MacGahan, «Physical Access Controls» *Computer Fraud and Countermeasures*, Prentice Hall, 1979, pp. 115-121.
5. G. Delamaire et A. Foucher, «La protection des biens informationnels», *Informatique et gestion*, n° 110, novembre 1979.

CHAPITRE **8**

La protection du développement, de l'entretien et de l'exploitation des systèmes informatisés

Les nombreux problèmes et difficultés rencontrés lors du traitement des données sont souvent dus à la méthode utilisée afin de concevoir le système lors de la phase de développement et de le contrôler lors de la phase d'exploitation. Cette façon de procéder englobe les procédures administratives de contrôle et l'étude technique du savoir-faire. Une conception boiteuse et des systèmes de contrôle inadéquats donnent généralement naissance à une multitude de problèmes, à l'insatisfaction des utilisateurs et à la perte de temps et de revenus pour ces derniers et le personnel de l'informatique.

Lorsqu'un système est déficient, à la phase de développement, il le demeurera à la phase d'exploitation. Il est essentiel qu'un système soit absolument sujet à des normes, des procédures et des contrôles. Bien sûr, il peut être mentionné qu'une erreur ou une déficience peut être réglée plus tard lorsque le système sera en exploitation mais, cependant, cette pratique est formellement à déconseiller, car elle engendre généralement des coûts très élevés et très souvent la correction n'est pas exécutée. Si aucune vérification n'est effectuée lors de la phase de développement, des déficiences pourraient n'être découvertes que quelques années plus tard et pourraient entraîner, pour l'entreprise, des coûts exorbitants et donner libre accès aux fraudes. Une autre raison favorisant l'examen du système, avant sa mise en production, est que cette pratique augmente les chances que les procédures et les standards de développement des systèmes soient suivis. (La documentation et les jeux d'essais, par exemple.)

Certains passages à l'intérieur de ce chapitre sont tirés du volume *Normes de contrôle interne dans un cadre informatique*, publié par l'Institut canadien des comptables agréés.

1. LES BUTS VISÉS

Les buts que devraient atteindre le sous-système de protection de développement, d'entretien et d'exploitation des systèmes informatisés sont:

- D'assurer le développement de systèmes et de programmes efficaces et efficients.
- S'assurer que les systèmes et les programmes soient continuellement mis à jour de façon adéquate.
- S'assurer de l'existence d'une bonne documentation de tous les systèmes, des programmes, des instructions préparées à l'intention du personnel du service informatique et des usagers et l'exercice d'un contrôle efficace sur cette documentation.
- Prévenir ou déceler les erreurs accidentelles ou intentionnelles qui peuvent survenir durant l'exploitation des systèmes par le service informatique.
- Prévenir ou déceler les manipulations frauduleuses de données, au cours du traitement par le service informatique, et empêcher le mauvais emploi d'informations confidentielles.
- Protéger les enregistrements contre la destruction accidentelle (ou intentionnelle) et assurer une exploitation continue.

1.2 Les normes à rencontrer

Pour chacun des buts mentionnés ci-dessus, nous décrirons les normes minimales permettant d'atteindre ces buts, telles que recommandées par l'Institut canadien des comptables agréés[1].

1.2.1 Assurer le développement de systèmes et de programmes efficaces et efficients

- Faire participer activement les représentants des services usagers à la mise au point des systèmes et des programmes...
  - — Le service aux usagers et le concepteur de systèmes doivent travailler ensemble pour définir le système requis. Lorsque le système est conçu dans ses grandes lignes et approuvé par la haute direction, les cadres du service usager et le service informatique, la conception détaillée peut commencer.
- Instaurer une division des tâches et une répartition des responsabilités qui tiennent compte des fonctions non compatibles et des aptitudes requises...
  - — Afin que le système informatique soit fiable, il faut que les fonctions concernant le développement et la mise au point de systèmes soient nettement séparées de celles concernant l'exploitation. Cette division réduit le risque que le personnel possédant des connaissances détaillées du système puisse manipuler le traitement normal et que le personnel d'exploitation puisse apporter au système

des changements non autorisés. Cette séparation des tâches est aussi désirable au point de vue de l'efficacité opérationnelle, car chacune de ces activités requiert une formation, des capacités et des aptitudes différentes.

- Normaliser les procédés et techniques de programmation et de conception des systèmes...
  - — Le développement et la mise au point de systèmes d'ordinateur et de programmes est un travail complexe que l'on doit standardiser si l'on désire produire des résultats fiables et assurer la continuité en cas de rotation du personnel. On devrait bien documenter les standards et bien superviser le travail afin de veiller à ce que les standards soient respectés.
- Éprouver suffisamment les systèmes et les programmes pour s'assurer qu'ils aient la fiabilité requise par les spécifications initiales...
  - — Bien que l'on commence les phases de conception de systèmes et de programmation qu'après avoir fait une évaluation approfondie des systèmes et l'avoir fait approuvée, les programmes, une fois achevés, peuvent encore contenir des erreurs. Ces erreurs sont généralement dues au fait que l'on a omis de considérer certaines possibilités ou exceptions lors de l'évaluation du système et à des erreurs logiques et de codage commises au cours des phases subséquentes du développement. Il est donc essentiel d'employer des procédés d'épreuves adéquats et de demander au service usager d'approuver les derniers essais.

1.2.2 S'assurer que les systèmes et les programmes soient continuellement mis à jour de façon adéquate

- Assujettir les modifications apportées aux systèmes et aux programmes aux mêmes normes que l'on applique aux nouveaux systèmes...
  - — Compte tenu que les modifications apportées peuvent avoir un effet important sur le système dans son ensemble, il faudrait les assujettir aux mêmes contrôles que ceux que l'on applique aux nouveaux systèmes.
- Instaurer un contrôle adéquat dans le secteur «Exploitation», afin d'empêcher que l'on fasse des changements qui ne soient pas autorisés...

— Comme le personnel du secteur «Exploitation» du service d'informatique est en mesure d'apporter des changements aux programmes en vigueur, il faut établir un contrôle efficace afin d'empêcher que l'on fasse des changements qui ne soient pas autorisés.

1.2.3 Assurer l'existence d'une bonne documentation de tous les systèmes, des programmes, des instructions préparées à l'intention du personnel du service informatique et des usagers et l'exercice d'un contrôle efficace sur cette documentation

Pour bien comprendre le traitement par ordinateur et l'impact de ce traitement sur les groupes usagers, on a besoin d'une documentation adéquate en ce qui concerne les systèmes d'ordinateur, les programmes, les procédés d'exécution et autres procédés connexes.

1.2.3.1 *La documentation*

- Permet à l'administration de comprendre clairement les objectifs des systèmes, leurs concepts et leurs rapports de sortie et de s'assurer que ses directives sont suivies.
- Sert de base à l'examen des contrôles et du contrôle interne qu'effectuent les vérificateurs internes et externes.
- Fournit une source de référence utile aux analystes de systèmes et aux programmeurs responsables de la mise à jour des systèmes et des programmes.

En général, tout le monde reconnaît que la documentation est nécessaire mais, en pratique, on l'utilise à des degrés divers. Ils varient depuis les entreprises où tout se trouve dans la mémoire des programmeurs jusqu'aux entreprises où il est interdit de mettre en service un nouveau traitement, tant que la documentation qui le concerne n'est pas achevée et vérifiée.

La préparation d'une documentation, même minime, exige un temps considérable et un travail énorme de la part des analystes de systèmes et des programmeurs. Lorsque le calendrier de mise en œuvre est très serré, c'est la documentation qui en souffre en premier. Cependant, de telles «économies» sont souvent dépassées, et de beaucoup, par le coût des modifications apportées aux programmes dans les cas où l'on n'a pas à sa disposition une documentation adéquate. En pratique, dans le cas où l'on veut modifier un programme sans disposer d'une documentation adéquate et sans pouvoir mettre un temps considérable à reconstituer la logique du programme et à le réviser ou même à procéder à une nouvelle planification et à réécrire entièrement celui-ci.

Pour que la documentation du traitement informatique d'une entreprise atteigne ses objectifs, elle doit être non seulement complète mais aussi uniforme pour tous les systèmes, quelle que soit la personne qui a préparé la documentation; c'est-à-dire qu'elle doit être préparée selon des normes préétablies. En raison de la gamme étendue des problèmes qui peuvent survenir et de la diversité de l'équipement et des langages de programmation, il n'existe aucun ensemble de normes complet et universel de documentation. Bon nombre de moyens ou de techniques utilisés pour fins de documentation ont fait l'objet d'études internationales aux termes desquelles diverses normes ont été publiées (les symboles d'organigrammes, par exemple). Tout organisme qui envisage l'adoption du traitement par ordinateur doit donc fixer des normes de documentation avant de s'engager dans la conception des systèmes et dans la programmation.

Il est impossible de bien comprendre le traitement informatique si l'on ne dispose pas d'une bonne documentation. Il est difficile d'apporter des modifications au traitement sans avoir une compréhension claire des systèmes, programmes et procédés existants. Ce sont les contrôles de documentation qui permettent de s'assurer que la préparation, la révision et la mise à jour de la documentation se font comme il se doit.

1.2.4 Prévenir ou déceler les erreurs accidentelles qui surviennent durant le traitement effectué par le service d'informatique

- Adopter une méthode permettant de veiller à ce que les données reçues pour être traitées soient complètes, exactes et autorisées...
  — On peut vérifier manuellement ou par ordinateur si les données sont complètes, exactes et autorisées et, dans la plupart des cas, on combine ces deux modes de vérification. De plus, le groupe de contrôle effectue un examen préliminaire pour s'assurer que les données sont reçues à temps pour être traitées, semblent raisonnables et contiennent les informations de contrôle requises (totaux, décomptes de données, etc.).
- Suivre des procédés standard dans l'exécution de toutes les opérations et passer en revue les opérations pour s'assurer que ces procédés ont été suivis...
  — Il est important de suivre des procédés standard, si l'on veut éviter les erreurs qui pourraient se produire si l'on

utilisait des méthodes inadéquates ne répondant pas aux normes d'exécution établies.

- Veiller à ce que l'on branche les fichiers appropriés d'entrée et de sortie et que l'on règle correctement les commutateurs.
  — Le mauvais réglage des commutateurs, la mise en place de mauvais fichiers d'entrée ou le branchement de fichiers de sortie inappropriés sont la cause d'erreurs qui risquent de ne pas être détectées au tout début du traitement. On est obligé dans ce cas de corriger manuellement les résultats ou de reprendre le traitement, ce qui cause un surcroît de travail et une utilisation inefficace du temps de l'ordinateur.
- Adopter des méthodes permettant de déceler rapidement les erreurs et les dérèglements des appareils.
  — Les erreurs non détectées peuvent en causer d'autres, à mesure que le traitement progresse, et compliquer ainsi la correction d'erreurs. Dans le cas où une seule erreur en a déjà entraîné une série, il faudra utiliser un programme de correction très complexe si l'on veut être sûr de les corriger toutes. C'est pourquoi une détection rapide facilite la correction.

1.2.5 Prévenir ou déceler les manipulations frauduleuses de données au cours du traitement par la source informatique, et empêcher le mauvais emploi d'informations confidentielles

On peut établir certains contrôles pour réduire les risques de manipulation au cours du traitement. Cependant, avant d'établir des contrôles compliqués, on devrait étudier le risque de manipulation que court une application donnée et les bénéfices qu'un individu pourrait retirer de ce genre de manipulation.

On doit reconnaître que les contrôles serrés à l'intérieur de la salle de l'ordinateur n'élimineront pas complètement la fraude, mais il est sûr qu'ils combatteront la tentation et réduiront, par conséquent, la fréquence des malversations.

- Exercer un contrôle sur les différentes fonctions à l'intérieur du service d'informatique...
  — Le service d'informatique requiert un personnel hautement spécialisé pour accomplir les différentes tâches dont il est chargé. Il est donc nécessaire de mettre en place des contrôles pour s'assurer que, dans chaque secteur, les filières hiérarchiques sont respectées afin que l'on puisse faire confiance au personnel.

2. LES TECHNIQUES DE CONTRÔLE UTILISÉES

Dans cette section, nous décrirons en détail les diverses techniques de contrôle préconisées pour atteindre les normes énumérées à la section 1.2.

2.1 La séparation et la rotation des tâches

En premier lieu, le service informatique doit être une section complètement indépendante des autres sections de l'organisation pour lesquelles il fournit des services. De plus, il devrait être interdit au personnel de ce service d'accomplir d'autres tâches ou avoir des responsabilités dans d'autres secteurs de l'entreprise. Cette séparation des services informatiques des services exerçant des fonctions non compatibles est essentielle si l'on désire appliquer des contrôles efficaces et assurer une protection adéquate aux données et aux logiciels.

Voici à l'intérieur du service informatique, les tâches qui nécessitent d'être accomplies par des personnes différentes:

- le contrôle des entrées;
- la conversion des données;
- la gestion et l'entretien des bibliothèques du système informatique;
- le calendrier des travaux;
- la préparation des travaux;
- les opérations de l'ordinateur;
- le contrôle et la distribution des résultats de sortie;
- la conception des applications;
- l'entretien de la programmation;
- le développement et l'analyse des systèmes;
- la programmation des systèmes;
- le test des programmes.

Les raisons qui nécessitent cette séparation des tâches sont les suivantes:

- afin de prévenir l'utilisation non autorisée et frauduleuse de l'ordinateur, des données et des logiciels;
- afin de prévenir la manipulation et les modifications non autorisées des données et des logiciels;
- afin d'assurer la disponibilité, l'authenticité et le caractère confidentiel des applications et des logiciels d'exploitation durant les phases de conception, de programmation, de test et d'implantation.

Voici les recommandations concernant cette séparation des tâches:

- Toutes les transactions d'entrées, incluant les corrections et les ajustements dans le fichier principal des modifications devraient être autorisées par l'usager principal responsable de l'application.
- Les programmeurs ne devraient en aucun moment être autorisés à opérer l'ordinateur même durant les périodes de test...
  - — Les programmeurs connaissent les fonctions des programmes, les contrôles et le format des données d'entrées. En leur permettant accès à l'ordinateur, on leur laisse la porte ouverte à tous les programmes et données. Ils peuvent frauduleusement modifier les logiciels et les données; également ajouter et détruire des transactions en contournant les contrôles normaux.
- Les opérateurs ne devraient avoir les privilèges d'accès aux bibliothèques de programmes et de données. De plus, ils ne devraient pas avoir la possibilité d'examiner les données d'entrée et les résultats de sortie.
- Séparer les fonctions de développement et d'entretien des programmes...
  - — Cette séparation des tâches réduit considérablement la probabilité que des modifications non autorisées soient effectuées. De plus, il est plus facile d'appliquer des contrôles rigides concernant les modifications apportées.
- Effectuer une rotation des tâches afin de réduire les possibilités de fraude et de complicité...
  - — Il est de loin préférable qu'à des périodes indéterminées, on effectue la rotation des tâches afin que les personnes ne travaillent pas toujours sur les mêmes programmes ou n'effectuent pas les mêmes travaux. Cette mesure diminue considérablement les problèmes de fraudes ou de complicité entre les employés.

2.2 Les techniques de contrôle de la documentation

Les techniques les plus courantes qui peuvent permettre de satisfaire à ces contrôles sont les suivantes:

2.2.1 Fixer, publier et mettre en vigueur les normes de documentation pour chaque secteur du domaine informatique

Toutes les normes qui suivent, ou certaines d'entre elles, conviennent d'habitude à la préparation de la documentation de chacun des secteurs du domaine informatique.

SYSTÈMES

- Une définition appropriée du contenu et de la forme de la documentation;
- les modalités de sa mise à jour lors des modifications;
- les symboles des graphiques;
- les conventions de tables de décision;
- les normes de codification des programmes et...
- la définition d'une terminologie appropriée.

PROGRAMMATION

- Une définition appropriée du contenu et des modes de programmation;
- les modalités de mise à jour lors des modifications;
- les symboles des organigrammes de programmation;
- les conventions de tables de décision;
- les normes de codification et
- la définition d'une terminologie appropriée.

OPÉRATION

- Une définition appropriée du contenu et de la présentation;
- les modalités de mise à jour lors des modifications;
- les conventions relatives aux messages et aux arrêts programmés;
- les procédures de reconstruction des fichiers et des moyens de reprise; et...
- les procédures de fin de traitement.

BIBLIOTHÈQUE DES FICHIERS

- Une définition appropriée du contenu et de la présentation;
- les modalités de mise à jour lors des modifications;
- les méthodes d'identification externe des fichiers magnétiques et autres;
- les normes d'enregistrement de l'utilisation des fichiers;
- les méthodes d'identification numérique des fichiers;
- les méthodes d'inscription des dates sur les fichiers;
- les méthodes d'emmagasinage ou ententes de numérotation des contenus.

PERFORATION (conversion sous format lisible par l'ordinateur)

- Une définition appropriée du contenu et de la présentation;
- les modalités de mise à jour lors des modifications;
- la codification uniforme pour des fins d'identification;
- les conventions générales de complètement par des zéros et des espaces des signes algébriques, etc.

USAGERS (y compris le personnel de contrôle des données)

- Une définition appropriée du contenu et de la présentation;
- les modalités de mise à jour lors des modifications;

- les méthodes de correction, de réentrée et de contrôle des erreurs et...
- les ententes relatives aux fins de périodes.

2.2.2 Énoncer avec clarté et précision les problèmes que l'on doit résoudre

On ne peut contrôler efficacement la conception des systèmes de traitement informatique que si les objectifs et les exigences des secteurs usagers sont définis de manière claire et fiable.

- Les techniques les plus courantes qui peuvent permettre de satisfaire à cette norme sont les suivantes...
  - — Pour chaque problème de traitement ou pour chaque zone générale d'application, formuler une définition du problème.

L'obligation de formuler des définitions de problèmes donne à la direction et aux autres groupes intéressés le moyen d'examiner l'énoncé des problèmes et de prendre conscience des directives administratives que requiert l'adoption du traitement par ordinateur. Cette obligation empêche également l'élaboration de systèmes non autorisés.

Afin d'être uniformes et complètes les définitions de problèmes doivent être formulées selon un modèle fixé à l'avance qui renfermera les éléments suivants:

1. Demande de définition.
2. Description du mandat.
3. Approbation du travail à faire.
4. Attribution de la responsabilité du mandat.
5. Correspondance diverse et procès-verbaux des rencontres se rapportant au travail.
6. Description du problème.

La description générale du problème devrait englober une partie ou l'ensemble des éléments suivants:

1. Changements qui pourraient être requis dans l'organisation de l'entreprise.
2. Redistribution des responsabilités.
3. Description des exigences du traitement des données.
4. Définition de tout calcul spécial.
5. Estimation de la taille des fichiers et des volumes de transactions.
6. Personnel actuel, description générale des tâches, salaires.
7. Détails de l'équipement utilisé et estimation des coûts.
8. Estimation de ce que coûtera en tout le traitement par ordinateur.

2.2.3 Présenter avec clarté et précision tout système conçu pour résoudre un problème donné

Les systèmes de traitement de données que l'on trouve dans le commerce sont habituellement conçus par des analystes qui ne connaissent pas en détail les besoins des services usagers et qui, de toute façon, n'assument pas de responsabilités quant à l'exploitation de leurs systèmes. On ne peut donc arriver au contrôle efficace des nouveaux systèmes proposés pour la solution des problèmes de traitement que si l'analyste documente les éléments de ces systèmes d'une façon telle qu'ils puissent être examinés par la direction, les usagers éventuels et les vérificateurs.

- Les techniques les plus courantes qui peuvent permettre de satisfaire à cette norme suivent.

Préparer, pour chaque application, la documentation du système.

La documentation du système, normalement préparée pour un système complet ou pour un sous-système bien défini et non pour un programme particulier, devrait satisfaire aux exigences suivantes:

a) elle devrait respecter les normes de systèmes en vigueur;

b) elle devrait fournir à tous les groupes intéressés, une compréhension claire et précise du système, notamment des objectifs, méthodes, solutions aux problèmes, fichiers de données, cheminement de l'information à travers le système, étapes de traitement et programmes, et rapports produits par le système.

La documentation de systèmes devrait normalement inclure les éléments suivants:

1. Page de garde.
2. Page de mise à jour.
3. Index.
4. Définition du problème et description générale.
5. Description générale des systèmes.
6. Organigramme général des systèmes indiquant le cheminement de l'information à travers le système et l'interrelation entre les étapes de traitement et les passes de l'ordinateur.
7. Traitement spécial pour les exceptions.
8. Liste des programmes requis par le système.
9. Spécification des programmes.
10. Description des documents d'origine, du mode de conversion et du contrôle de la conversion des données d'origine en une forme lisible par la machine.
11. Constantes, codes et tables.

12. Description et disposition des données d'entrée.
13. Description et disposition des données de sortie.
14. Contrôles de traitement et considérations sur la validation des données.
15. Procédés de contrôle des fichiers.
16. Pistes de vérification et pistes administratives.
17. Spécifications des données d'essai.
18. Procédés et calendrier de la conversion.
19. Instructions à l'intention des services usagers, des services d'origine et du groupe de contrôle.

2.2.4 Pour tout système, définir clairement les responsabilités et les fonctions de contrôle et documenter de façon précise et complète les procédés appropriés de contrôle

La production rapide et régulière d'informations précises, complètes et valides ne pourra être assurée que si des procédés de contrôle adéquats sont élaborés et respectés.

- Les techniques les plus courantes qui peuvent permettre de satisfaire à cette norme sont les suivantes...
  - — Inclure dans la documentation de systèmes des énoncés clairs et complets des fonctions, des responsabilités et des procédés de contrôle.

Les contrôles de traitement ne peuvent être exercés adéquatement que si les procédés de contrôle ont bien été documentés et sont compris par les personnes responsables de leur mise en application. Des procédés de contrôle seront requis pour:

a) l'inscription initiale des données;
b) la transmission des données;
c) la conversion des données en une forme lisible par la machine;
d) le traitement des données par l'ordinateur;
e) le contrôle et la correction des erreurs ainsi que la réinscription des données corrigées;
f) la conciliation de la sortie avec l'entrée et...
g) la distribution des rapports de sortie.

Ces procédés devront indiquer:

1. La ou les personnes responsables.
2. La nature des opérations à effectuer.
3. L'échéancier des opérations.
4. La description des conditions d'erreurs.

2.2.5 S'assurer que l'on prépare tous les documents et enregistrements que requiert la parfaite compréhension de chaque programme

Il se peut, qu'une fois terminé, les programmes ne produisent pas les résultats escomptés parce que le programmeur n'a pas compris le traitement à effectuer ou parce qu'un des intervenants a commis une erreur ou n'a pas reçu des informations précises. Ce n'est qu'en préparant une documentation convenable que l'on peut vérifier les informations recueillies, exercer un contrôle efficace sur les corrections et les mises à jour de programmes et que l'on procure aux autres groupes intéressés le moyen de procéder à l'examen des programmes.

- Les techniquese les plus courantes qui peuvent permettre de satisfaire à cette norme sont les suivantes:
  - Préparer une bonne documentation pour chaque programme. Toute installation informatique doit permettre d'examiner facilement les programmes et de les modifier lorsque cela est nécessaire. Le programmeur qui est responsable d'un programme donné doit donc rédiger la description du programme et les instructions concernant les enregistrements à l'exploitation d'une manière suffisamment claire, pour permettre à un autre programmeur de comprendre le programme et d'y effectuer des modifications lorsque cela se révèlera nécessaire. Ces exigences peuvent facilement être satisfaites si l'on prépare une bonne documentation pour chaque programme.
  - La documentation de programme devrait normalement inclure les éléments suivants:
    1. Page de garde.
    2. Page de mise à jour.
    3. Index.
    4. Spécification du programme.
    5. Description du programme.
    6. Diagramme logique et/ou tables de décision.
    7. Constantes, codes et tables.
    8. Disposition des données d'entrée et de sortie.
    9. Disposition et description des fichiers.
    10. Liste du programme d'origine.
    11. Impression de mémoire.
    12. Instructions d'exploitation.

2.2.6 S'assurer que l'opérateur dispose de toute l'information que requiert l'exécution de son travail

Les opérateurs d'ordinateurs utilisent habituellement divers programmes préparés par différents programmeurs. L'exécution adéquate de ces programmes ne devrait donc pas dépendre de la mémoire de l'opérateur en ce qui a trait aux exigences d'exploitation propres à chacun de ces programmes. On ne peut exercer un contrôle efficace sur l'exploitation de l'ordinateur qu'en fournissant des instructions d'exploitation adéquates, préparées conformément à des normes préétablies.

• Les techniques les plus courantes qui peuvent permettre de satisfaire à cette norme sont les suivantes:

— Préparer des instructions d'exploitation pour chaque programme. Il faut que tout opérateur puisse effectuer les opérations de traitement de tout programme, même s'il n'a aucune expérience antérieure de ce programme en particulier. Cela n'est possible que si les programmeurs rédigent des instructions d'exploitation adéquates pour tous les programmes qu'ils écrivent.

— La documentation d'exploitation devrait normalement inclure les éléments suivants:

1. Le numéro et le nom du programme.
2. Une brève description de la fonction du programme.
3. Un schéma de l'opération indiquant les données d'entrée et leur mise en séquence, les fichiers sur cartes, bandes et disques, les données de sortie et l'attribution des dispositifs d'entrée et de sortie.
4. Le format des données d'entrée et de sortie.
5. Les instructions spéciales d'exploitation se rapportant au réglage de l'ordinateur.
6. La liste des messages et des arrêts programmés, s'il y a lieu, et les mesures correctives à prendre pour permettre au traitement de se poursuivre.
7. Les procédés de reconstitution des dossiers et de reprise du traitement que l'on doit mettre en branle en cas de dérèglement des appareils.
8. Les instructions de fin de travail données à l'opérateur et concernant l'identification et le rangement des fichiers d'entrées et de sortie, la distribution des rapports, les procédés de conciliation de traitement à traitement et les autres contraintes générales concernant la mise en ordre à la fin du traitement.
9. L'estimation du temps normal de traitement et l'indication du temps maximal permis.

— Pour chaque installation particulière, préparer des instructions d'exploitation permanentes. En plus des instructions particulières relatives à l'exploitation des programmes, les opérateurs devraient disposer d'instructions permanentes se rapportant à leurs attributions en général et aux mesures à prendre dans des situations spéciales. Ces instructions permanentes porteront normalement sur :

1. L'environnement et les bonnes conditions de température, d'humidité et de pureté de l'air que l'on doit maintenir; ainsi que les mesures à prendre si ces conditions ne peuvent être respectées.
2. La protection des données et des programmes. Les instructions devraient préciser quelles sont les personnes qui ont le droit d'avoir accès à la salle de l'ordinateur et aux programmes.
3. Les mesures à prendre en cas d'urgence : incendie, inondation, interruption de courant, guerre, émeute, etc.
4. L'exploitation de secours, en indiquant où le travail doit s'effectuer; les ententes spéciales pour le transfert du système d'exploitation, du catalogue des programmes, des programmes, des fichiers, des données, etc., à l'emplacement de secours; et les conditions d'exploitation de l'installation de secours.
5. L'inscription dans un journal approprié du temps pris par chaque travail.
6. Le rangement des feuilles du bureau de commande.
7. L'entretien du matériel. Les instructions devraient indiquer les mesures générales d'entretien préventif et les procédés à suivre en cas de panne de matériel.
8. Le nettoyage et l'effacement des bandes.
9. Les étiquettes externes des fichiers.
10. Les procédés de manutention des bandes et des disques; l'utilisation d'anneaux de sécurité pour fichiers, d'anneaux autoscellants pour bandes et de contenants de rangement.

2.2.7 S'assurer que l'on dispose de toute l'information requise pour comprendre parfaitement les opérations de mise à jour et les mesures de protection des fichiers

Il peut arriver que des fichiers soient détruits, gardés trop longtemps ou perdus si les personnes qui en ont la charge ne reçoivent pas des instructions claires et complètes en ce qui a trait, par exemple, au contrôle, à la garde, à la sortie, à la reconstitution et à la protection des fichiers.

- Les techniques les plus courantes qui peuvent permettre de satisfaire à cette norme sont les suivantes...

  — Pour chaque système, préparer des instructions concernant le contrôle des fichiers et les mettre à la disposition du personnel chargé de la garde des fichiers. La documentation de systèmes devrait comprendre une section traitant des procédés de contrôle des fichiers dont des exemplaires devraient être gardés à la bibliothèque et mis à la disposition du personnel. Ces instructions devraient indiquer pour chaque fichier:

  a) le nom et le numéro du fichier;
  b) l'autorisation nécessaire pour sortir le fichier (dans le cas des fichiers à accès restreint);
  c) le cycle de mise à jour;
  d) la période de rétention ou la date de destruction;
  e) la capacité du fichier et la longueur de bloc;
  f) dans le cas des fichiers sur disques ou autres dispositifs à accès sélectif, le moment où on doit le transcrire sur un autre support, c'est-à-dire un autre disque, une bande, une carte ou au rapport imprimé;
  g) les modalités de reconstitution du fichier en cas de dommage ou de destruction;
  h) le lieu de rangement du fichier: bibliothèque, coffre spécial, local ne se trouvant pas dans le bâtiment principal de l'entreprise.

  — Pour chaque installation particulière, préparer des instructions permanentes concernant la protection des fichiers. Les personnes responsables de la garde des fichiers et de leur protection doivent disposer d'instructions écrites, claires et complètes portant sur:

  a) les conditions d'environnement qui doivent régner dans la bibliothèque;
  b) les précautions à prendre contre le feu dans la bibliothèque;
  c) l'emplacement et l'utilisation des lieux de rangement qui ne se trouvent pas dans le bâtiment principal de l'entreprise;
  d) les exigences concernant l'identification des fichiers sur bandes, disques et cartes — procédés de numérotation en série;
  e) les règles à suivre pour la sortie des fichiers;
  f) comment et quand transcrire sur cartes les données historiques enregistrées sur fichiers, sur bandes ou sur disques;

g) les règles de rétention concernant les bandes, disques, etc.;

h) les procédés concernant le nettoyage, l'effacement et l'entretien des bandes.

2.2.8 S'assurer que le personnel responsable de la conversion des données dispose de toute l'information dont il a besoin

Les données devant être traitées par ordinateur doivent habituellement être transcrites, à partir de documents d'origine, sur un support lisible par la machine. On exerce un contrôle efficace sur les opérations de conversion des données en suivant scrupuleusement des instructions claires et complètes.

- Les techniques les plus courantes qui peuvent permettre de satisfaire à cette norme sont les suivantes:
  - — Pour chaque système, préparer des instructions concernant la conversion des données et les mettre à la disposition du personnel responsable de cette opération. La documentation de systèmes devrait comprendre une section traitant de la conversion des données qui devrait être mise à la disposition des personnes responsables de cette opération. On entend par conversion des données la conversion en un support lisible par la machine des données figurant sur les documents d'origine, cette opération pouvant s'effectuer soit par lot soit par entrée directe. Les instructions à ce sujet devraient porter sur:
    1. Les documents d'origine, en indiquant les données que l'on doit extraire et la séquence selon laquelle on doit les convertir.
    2. Les supports d'entrée, en indiquant la disposition des données, les codes spéciaux à utiliser, l'utilisation de zéros (0) dans les enregistrements de format fixe, l'utilisation de signaux de fin de fichier et de fin d'enregistrement dans les enregistrements de format variable, les positions à laisser en blanc, le mode d'inscription des montants négatifs, les spécifications concernant les données numériques, les données alphabétiques, les données alphanumériques et les caractères spéciaux.
    3. Les enregistrements de contrôle, en indiquant la méthode d'enregistrement des données de contrôle et leur format.

2.2.9 S'assurer que le personnel responsable du contrôle des entrées et des sorties de l'ordinateur dispose de toute l'information dont il a besoin

Pour chaque système, le groupe de contrôle devrait disposer de la documentation que requiert l'exercice de ses fonctions. Les instructions doivent être claires, complètes et toujours respectées.

- Les techniques les plus courantes qui peuvent permettre de satisfaire à cette norme sont les suivantes...
  - Pour chaque système, préparer des instructions concernant le contrôle des données et les mettre à la disposition du personnel chargé de ce contrôle. Il se peut que les personnes responsables du contrôle d'entrée-sortie fassent partie d'un groupe de contrôle distinct, du groupe d'exploitation de l'ordinateur ou qu'elles soient des employés des services usagers. Peu importe qui sont ces personnes, il faut leur préparer les instructions dont elles ont besoin, comme faisant partie intégrante de toute documentation de systèmes, et les mettre à leur disposition. Ces instructions devraient couvrir les éléments suivants:
    1. L'origine et la description de l'entrée.
    2. Un échantillon de la sortie.
    3. La mise en bilan et/ou la conciliation de la sortie avec les chiffres de contrôle.
    4. Les conditions d'erreurs anticipées et les mesures à prendre.
    5. La distribution des rapports de sortie.

2.2.10 S'assurer que les services qui transmettent des données à l'ordinateur ou qui en reçoivent, disposent de toute l'information dont ils ont besoin

Le traitement par ordinateur ne s'effectue correctement que si les données d'entrée sont exactes, complètes et reçues à temps. Et on ne peut exercer un contrôle efficace sur la transmission des données d'entrée qu'en donnant des instructions claires et complètes aux services en cause et en s'assurant que ces derniers les respectent.

- Les techniques les plus courantes qui peuvent permettre de satisfaire à cette norme sont les suivantes...
  - Pour chaque système, préparer les instructions concernant les services usagers et les mettre à la disposition de ces services. Les services usagers ont besoin de ces instructions pour savoir:

1. Quels sont les documents ou quelles sont les données qui doivent être transmis pour traitement par ordinateur.
2. Quels sont les contrôles à établir sur les documents ou les données en question.
3. Quelles sont les échéances à respecter.
4. Quels sont les codes spéciaux à utiliser.
5. Quels sont les procédés de démarcation à suivre.
6. Quels sont les rapports et les informations à recevoir.
7. Quel est le calendrier de réception des rapports.
8. Quels sont les points à surveiller pour vérifier en gros les rapports ou l'information reçus, c'est-à-dire s'assurer:
   - que la période est exacte;
   - que les totaux reportés sont exacts;
   - que les totaux de la période courante sont égaux aux totaux des données soumises.

2.3 Les techniques de contrôle ayant trait au développement et à l'entretien des systèmes informatisés[2]

Les objectifs de ces contrôles sont les suivants:

- Afin de s'assurer que des contrôles adéquats soient inclus dans la conception des nouveaux ou des systèmes modifiés.
- Afin de s'assurer que, lors des phases de développement et d'entretien des systèmes, les tentatives de fraudes seront détectées avant de les rendre opérationnels.
- Afin de s'assurer que les nouveaux systèmes ou les systèmes modifiés effectuent réellement les fonctions qu'ils sont supposés effectuer, d'une façon complète et sûre.
- Afin de s'assurer que les contrôles intégrés dans les systèmes soient complets et qu'ils ne peuvent être contournés.
- Afin de s'assurer que l'intégrité des contrôles et du système sera préservée une fois que le nouveau système deviendra opérationnel.

Nous avons divisé cette section en dix sous-sections.

- Les contrôles lors de la conception et de la préparation des spécifications des systèmes;
- les contrôles de programmation;
- les contrôles des modifications aux systèmes et des programmes;
- les contrôles de test des systèmes et des programmes;
- le classement des systèmes et des programmes;
- les contrôles de la conversion des fichiers;

- les contrôles des programmes et des systèmes de production;
- les contrôles du logiciel d'exploitation;
- les contrôles liés à l'opération de l'ordinateur;
- les contrôles des fournitures.

2.3.1 Les contrôles de la conception et de la préparation des spécifications des systèmes

Les contrôles de la conception et de la préparation des spécifications des systèmes devraient être conçus afin d'assurer le développement de systèmes informatisés efficaces et adéquatement contrôlés. Les contrôles préconisés sont:

2.3.1.1 *Exiger l'approbation des usagers responsables de l'application, s'il y a lieu, et du service de vérification interne de l'entreprise pour les projets de développement de systèmes*

- Avant que la décision de développement d'un projet soit prise, ce projet devrait être examiné, autorisé et approuvé dans un document écrit par le service responsable de l'application et le service de vérification interne. Ces services doivent être impliqués dans les diverses phases de développement d'un système.

2.3.1.2 *Exiger l'implication des usagers responsables de l'application et du service de vérification interne dans les phases de conception et de spécification d'analyse du projet.*

- Ces services doivent être impliqués dans la conception de cette phase afin d'assurer le suivi des différentes politiques, réglementations et procédures prescrites par l'entreprise ou autres agences extérieures.

2.3.1.3 *Exiger l'approbation des usagers responsables de l'application et du service de vérification interne de l'entreprise pour les spécifications détaillées des usagers*

- L'analyste doit, dans le cadre de la conception d'un système, préparer un manuel détaillé contenant les spécifications de l'usager concernant le nouveau système. Ce manuel doit être soigneusement examiné par les deux services. Lorsque le manuel rencontre les normes et les besoins, ces deux services doivent l'approuver par écrit. Lorsque cette approbation est donnée, le développement du projet peut débuter.

2.3.1.4 *Exiger la préparation de spécifications techniques détaillées et un plan détaillée pour le développement du système*

- Ces documents guideront la programmation, la conversion des fichiers, la formation des usagers et les tests des systèmes en développement. Les spécifications techniques servent de guide, de contrôle et de révision des travaux exécutés par le programmeur.

2.3.2 Les contrôles de programmation

Les contrôles de programmation doivent être conçus de manière à permettre d'avoir la certitude que les programmes des systèmes ont été produits conformément aux spécifications techniques préparées durant la phase de conception du système et de la préparation des spécifications. Ils doivent également être conformes aux standards de programmation. Les contrôles doivent être conçus de manière à prévenir, détecter les erreurs ou les tentatives de fraude à l'intérieur des programmes du système. Voici quels sont les contrôles préconisés.

2.3.2.1 *Établir des standards de programmation et les mettre en application*

Ces standards de programmation doivent définir les techniques et les langages à utiliser pour les systèmes d'application programmés. Ils doivent également définir les contrôles à incorporer dans tout système. Pour les applications qui traitent des informations sensibles ou de nature confidentielle, des standards doivent identifier les contrôles spécifiques à y ajouter. Ces standards doivent indiquer les outils et les techniques à utiliser ou à éviter. S'ils sont proprement définis et continuellement suivis, ils assureront une protection efficace au système informatique incluant les logiciels d'application, les logiciels d'exploitation et les fichiers de données.

2.3.2.2 *Diviser le système en petits modules pour les besoins de la programmation*

Le système en développement doit être divisé en segments ou modules. Ces segments ou modules doient être assignés à différents programmeurs. Ce contrôle, permettant la division des responsabilités de la programmation, a deux buts très important:

- la séparation des responsabilités;
- la possibilité d'examiner et de vérifier plus efficacement le système résultant.

La division du système en plusieurs modules de programmation augmente les possibilités de détecter les fraudes au niveau de la programmation. Ces modules peuvent être analysés et examinés plus profondément par le groupe de contrôle ou par le personnel responsable de la vérification. Chaque module peut être examiné lorsqu'il semble difficile à comprendre, non utilisé ou lorsque des codes inexplicables pourraient être utilisés pour commettre des fraudes.

2.3.2.3 *Faire un examen en profondeur de chacun des modules du système*

Chacun des modules du système doit être examiné en profondeur afin de s'assurer que les standards de programmation sont observés, que la logique de programmation appliquée est bonne, que les contrôles appropriés ont été correctement incorporées, que le module étudié rencontre les exigences de conception technique et qu'il n'y ait pas d'ambiguïtés, difficiles à suivre, non utilisées ou de codes inexpliqués à l'intérieur de l'unité. Ce contrôle peut être très efficace dans la détection de fraudes au niveau de la programmation parce qu'il augmente la possibilité que ce type de fraude soit découvert. En s'assurant de mettre en place les contrôles appropriés, les infractions commises au niveau de la manipulation des transactions d'entrées, des fichiers de données, ou des résultats de sorties peuvent également être détectées ou prévenues.

2.3.2.4 *Assurer l'existence d'une bonne documentation et l'exercice d'un contrôle efficace sur cette documentation*

La sous-section 2.3.3 montre en détail les techniques de contrôle liées à la documentation des programmes.

2.3.3 Les contrôles des modifications apportées aux systèmes et à la programmation

La nécessité d'apporter des modifications aux systèmes ou de changer la programmation d'un système en exploitation ne peut être évitée. Des erreurs ou des problèmes de toutes sortes peuvent être découverts au niveau des systèmes opérationnels; la logique de la programmation ou les tables de décision peuvent demander à être modifiées, compte tenu des nouvelles procédures ou des exigences d'organismes extérieurs; le traitement et les rapports de sortie peuvent être modifiés pour répondre aux besoins d'information de la direction. De plus, afin d'augmenter l'efficacité du matériel ou le développement de logiciels, il est parfois plus utile d'apporter des modifications aux systèmes et à la programmation. Toutes ces raisons font qu'il demeure parfois nécessaire d'apporter ces modifications.

L'objectif des contrôles de modifications apportées aux systèmes et à la programmation est de conserver l'intégrité du système informatique. L'introduction de modifications frauduleuses ou non autorisées ne doit pas être possible. Pour minimiser les possibilités de fraudes et d'erreurs lors de la modification des systèmes ou des programmes, il est essentiel d'introduire des contrôles et surtout de bien les documenter.

2.3.3.1 *Utiliser un formulaire préimprimé concernant les demandes formelles de modifications à exécuter*

Toute demande, concernant les modifications à effectuer, doit être faite sur des formulaires standard de demandes de modifications. Un exemple d'un tel formulaire est présenté à la figure 8.1. Ce formulaire doit contenir assez d'information pour que cette demande de modification soit évaluée et ultérieurement prévue pour sa mise en opération. La description complète des modifications à apporter doit être incluse sur d'autres documents annexés à ce formulaire.

Le formulaire de demande de modification doit contenir un numéro séquentiel préimprimé permettant le contrôle des formulaires. Un lot de formulaires doit être fourni à chacun des usagers responsables des applications ainsi qu'au service informatique. Un registre doit conserver tous les numéros de formulaires assignés à chacune des divisions.

2.3.3.2 *Créer un comité responsable du contrôle des modifications*

Ce comité doit avoir la responsabilité d'examiner, d'évaluer, d'approuver et de mettre sur échancier les modifications des systèmes. Il doit avoir la pleine responsabilité d'approuver les modifications en respect des procédures et des contrôles en opération. L'approbation et l'autorisation de ce comité sont une condition *sine qua non* à la relocalisation d'un système dans la bibliothèque des programmes de production.

2.3.3.3 *Exiger l'autorisation de toutes les demandes de modification*

Sans regard de l'ampleur de la modification, l'implantation de ces modifications expose le système aux mêmes problèmes de contrôles, d'erreurs, de fraudes que la modification majeure d'un système. Par conséquent, toutes les demandes de modification doivent être autorisées, par écrit, par le personnel de la direction responsable de cette tâche.

L'autorisation de l'usager responsable du système est essentielle, peu importe que cette demande de modification vienne

DEMANDE DE MODIFICATION DE PROGRAMME

Non du requérant	Date de la demande
Identification du programme (numéro et nom)	Fonction du programme
Raison de la modification	
Détails concernant les modifications demandées	
Nom du programmeur assigné	Estimé en temps

AUTORISATION (Nom, fonction, division et date)

Usager(s)
Division Informatique
Comité responsable du contrôle des modifications (s'il y a lieu)
Autres (s'il y a lieu)
Numéro de contrôle

FIGURE 8.1 Formulaire type.

de cet usager, du personnel du service informatique ou d'une personne d'un autre service. Cet usager doit être mis au courant de toutes demandes de modification aux programmes du système. Non seulement l'autorisation de cet usager responsable est nécessaire, mais on doit également exiger l'autorisation écrite des membres responsables de la gestion du service informatique. Cette seconde autorisation ne doit être accorder qu'après réception de l'accord de l'usager responsable du système et l'approbation du comité responsable du contrôle des modifications qui a examiné et évalué la requête.

2.3.3.4 *Maintenir un enregistrement de toutes les requêtes de modification aux programmes et aux systèmes*

Un enregistrement de toutes les demandes de modification doit être maintenu, afin de fournir un historique de toutes les demandes.

2.3.3.5 *Établir des procédures formelles par lesquelles les programmes peuvent accéder aux programmes-sources*

Le seul moment où les programmeurs doivent avoir accès aux programmes-sources pour une production particulière ou opérationnelle est lorsqu'ils ont été autorisés à effectuer la modification au programme. Quand cette situation se produit, des procédures de contrôle très rigoureuses doivent être établies pour s'assurer que les programmeurs ne puissent accéder aux programmes-sources seulement et uniquement lorsqu'ils en ont reçu l'autorisation. Il demeure essentiel de prévenir l'accès aux programmes de production, sauf dans des conditions très strictes de contrôle pour minimiser la probabilité de fraudes ou d'erreurs lors de la modification des programmes.

2.3.3.6 *Établir une procédure formelle par laquelle une copie des sources du programme de production peut être catalogué dans la bibliothèque des programmes de test*

Le programmeur ne doit accéder qu'aux sources du programme de production pour lequel il a été assigné à modifier. Une procédure de contrôle, exigeant que la copie des sources soit cataloguée dans la bibliothèque des programmes de test, doit être mise en opération. Un formulaire de contrôle du classement, identifiant le programme et le programmeur exécutant la modification et indiquant la requête de modification demandée, doit être utilisé. Une autorisation du comité responsable du contrôle des modifications doit être exigée. Si l'on désire préserver l'intégrité des programmes et des fichiers de données, les programmeurs ne doivent pas être autorisés à effectuer des demandes de modification de catalogue, de leur propre chef.

2.3.3.7 *Se méfier des rapiècements (corrections sommaires) apportés aux programmes*

Introduire des rapiècements, dans les programmes de production, offre très souvent d'excellentes occasions de fraudes aux programmeurs. Ces rapiècements doivent être interdits lorsqu'on a affaire à des programmes d'une extrême importance.

Les modifications de programmes doivent être exécutées au niveau des sources et on devrait par la suite en effectuer la recompilation. Cependant, si ce rapiècement est toléré, un examen du logiciel effectuant ce rapiècement doit être exécuté. Ce n'est pas tous les logiciels de rapiècement qui fournissent des éléments de vérification ou un enregistrement imprimé identifiant les modifications effectuées. Dans de telles situations, des modifications non autorisées, laissant porte ouverte à des tentatives de fraude, peuvent être exécutées sans être découvertes. Dans cette condition, les programmes-sources n'indiquent pas les modifications apportées. C'est une situation très dangereuse et intolérable.

2.3.3.8 *Assurer une protection adéquate aux programmes à modifier*

Il est essentiel d'assurer une protection adéquate aux programmes à modifier. Le programmeur assigné à effectuer la modification doit être sensibilisé au fait de ne pas laisser «traîner» les copies des programmes pour empêcher que des personnes non autorisées puissent y avoir accès. Les copies de ces programmes doivent être conservées dans un endroit sûr et on doit en disposer d'une manière sécuritaire lorsque les modifications demandées ont été exécutées.

2.3.3.9 *Entreprendre un examen en profondeur des modifications apportées aux programmes et/ou aux systèmes*

Lorsque le programmeur a complété son travail, il devrait présenter une liste du système modifié au comité responsable du contrôle des modifications. Un membre de ce comité doit analyser en profondeur le système modifié. Cette étude est similaire aux études conduites pour les projets de développement des nouveaux systèmes. L'objectif de cet examen en profondeur est: de s'assurer que seules les modifications demandées ont été adéquatement exécutées; que les standards de programmation ont été scrupuleusement suivis; que la logique de programmation est adéquate; que les contrôles exigés ont été correctement appliqués; qu'il n'y ait pas d'ambiguïtés, difficiles à percevoir, de codes inexpliqués dans le système; que les autres modules de programmes ou de systèmes n'ont pas été affectés par des modifications particulières, conséquences de manipulations non autorisées. Il est essentiel que le programme modifié ou le système, et non seulement le module modifié, soit examiné lorsque le programmeur a eu accès au programme entier ou au système lors de la programmation de la modification.

2.3.3.10 *Effectuer la mise à jour de la documentation*

Tel que cela a été spécifié en détail à la sous-section 2.2, tous les systèmes, les programmes, les manuels d'opération, les manuels des usagers, etc., doivent être continuellement mis à jour afin de refléter les modifications apportées. Le comité responsable du contrôle des modifications doit constamment voir à la mise à jour de tous ces manuels de documentation.

2.3.3.11 *Conserver l'enregistrement de toutes les modifications apportées aux programmes et aux systèmes*

À l'intérieur de chacun des systèmes, un enregistrement de toutes les modifications exécutées est à conserver pour chacun des programmes. Cet enregistrement indiquera le numéro de formulaire de la requête de modification, le nouveau numéro de version du programme/système où les modifications ont été exécutées, les raisons de ces modifications, la date à laquelle la nouvelle version est devenue opérationnelle et le nom du programmeur qui a complété ces modifications. Dans l'éventualité qu'un problème se produise, ces enregistrements fournissent un historique du programme ou du système et, ultérieurement, permettront de retracer les modifications apportées et indiqueront le responsable de la modification.

2.3.3.12 *Conserver les formulaires de requêtes de modification*

Lorsque que le système modifié a été entièrement testé et qu'il représente la nouvelle version opérationnelle du nouveau système, le formulaire de requête de modification doit être mis à jour afin d'indiquer que les modifications demandées ont été effectuées. Ce formulaire dûment complété doit être soigneusement conservé en filière. Une copie doit être classée séquentiellement, par numéro de formulaire avec les autres formulaires. Une autre copie doit être classée avec la documentation des programmes et des systèmes.

2.3.3.13 *Documenter la procédure de modification des programmes et/ou des systèmes*

Afin de s'assurer que les procédures exigeant l'autorisation, la programmation et l'approbation des demandes de modification des programmes et/ou des systèmes soient scrupuleusement suivies, elles doivent être clairement et précisément documentées. Cette documentation des procédures sera par la suite distribuée à tout le personnel du service informatique et à tout le personnel des services usagers responsables des différentes applications.

2.3.4 Le test des programmes et des systèmes

Avant que tout système ou programme ne devienne opérationnel ou en production, il doit être testé absolument. Ces tests doivent être exécutés pour tous les nouveaux systèmes et les programmes et pour tous les systèmes et les programmes modifiés. Ils ont pour objectif de:

- s'assurer que le système fonctionnera en accord avec les exigences de l'usager;
- s'assurer que le système rencontre les standards d'opération du service informatique;
- s'assurer de l'intégrité et l'exactitude des contrôles;
- s'assurer que le système fait exactement ce qu'il devrait faire et qu'il n'en fait pas ni moins, ni plus qu'exigé.

Bien que les tests des systèmes ne soient pas capables de garantir que ce système soit bien conçu, parfait et sans erreurs, les procédures de tests peuvent cependant permettre de déterminer si les traitements et les contrôles sont adéquats et si le système fonctionnera tel qu'il a été déterminé. Ces tests fournissent, également, l'opportunité au personnel du service usager, aux vérificateurs internes et au personnel du centre de traitement, d'examiner et d'étudier le système terminé avant qu'il soit implanté et mis en production.

Du point de vue de la détection et de la prévention des fraudes, ces tests fournissent aux usagers et aux vérificateurs l'occasion d'étudier le système d'une façon exhaustive et de pouvoir vérifier comment le système se comportera face à des transactions invalides, inappropriées ou frauduleuses.

2.3.4.1 *Impliquer le service usager, responsable des applications*

Le service responsable de l'application doit être fortement impliqué dans cette phase des tests des programmes et/ou des systèmes. Il doit préciser les données de test, en vérifier les résultats comparativement aux résultats attendus; il faut que le système puisse assumer de façon adéquate et entière toutes les situations pouvant se produire. Le service devra approuver la mise en production du système. Il doit également examiner en détail les résultats de sortie des systèmes, s'assurant qu'il comprend parfaitement bien chacun des champs générés dans les formats de sortie, la signification de chacun des messages d'erreurs et la façon de corriger chacune d'entre elles.

2.3.4.2 *Concevoir des données de test claires*

Les données d'essais et le test des différentes situations doivent inclure toutes les combinaisons de données et de cas valides, conçues pour violer les contrôles et les validations de toutes les manières concevables. Ces tests doivent être conçus de manière à pouvoir examiner si le système fait exactement toutes les fonctions qu'il est supposé exécuter et non pas davantage. Ils doivent également être conçus pour tester les processus d'arrondissement des données arithmétiques et les conditions arithmétiques lors des situations de dépassement de capacité.

Naturellement, concevoir des données de test claires ne représente pas une tâche facile. Les responsables de la conception de ces données de test peuvent utiliser, pour accomplir leurs tâches, des logiciels connus comme générateurs de données de test. Ces générateurs de données de test sont typiquement conçus pour générer un volume important de données d'essai.

2.3.4.3 *Interdire l'utilisation des fichiers de données et des banques de données réelles durant les tests du système*

Bien qu'il peut sembler préférable d'utiliser les données réelles pour tester le système, les fichiers de données réelles et les banques de données ne doivent jamais être utilisées ou mises à jour durant ces périodes de test, soit par les programmeurs, ou soit par le groupe responsable de ces tests. Si le système n'a pas été complètement testé et approuvé, toutes les modifications apportées aux données sont non autorisées, inappropriées et probablement incorrectes. Si les programmeurs ont accès aux données réelles, on leur offre une excellente occasion de modifier et de manipuler ces données. C'est comme leur offrir la chance de manipuler et frauder le système.

2.3.4.5 *Effectuer des essais parallèles*

Lorsque c'est possible, le nouveau programme ou le programme modifié doit être mis en opération parallèlement au programme et au système qu'il devra remplacer. Cette opération a pour objectif de fournir au groupe responsable des tests et au service usager impliqué, l'occasion de comparer les résultats produits par le nouveau programme ou le programme modifié, avec les résultats produits par l'ancien programme pour repérer les différences.

2.3.4.6 *Examiner les résultats de sortie non imprimés*

Durant la routine de fonctionnement du système, ce ne sont pas nécessairement tous les résultats de sortie qui sont imprimés. Cependant durant l'étape de test du système cette catégorie de sortie doit être incluse dans le processus imprimé de vérification, ainsi que tous les autres imprimés de sortie. Ce type de sorties «invisibles» est particulièrement vulnérable et il demeure très difficile d'y détecter les erreurs, les manipulations et les fraudes... particulièrement parce qu'il n'existe aucune routine d'impression contrôlée.

2.3.4.7 *Vérifier au moins à une occasion tous les énoncés exécutés*

Le test des nouveaux programmes et/ou des systèmes doit contenir une procédure de vérification. Cela afin d'examiner si tous les énoncés sont exécutés. Tout énoncé non exécuté doit être soigneusement analysé afin de vérifier pourquoi il n'a jamais être exécuté; pourquoi a-t-il été inclus dans le programme et exécutés; pourquoi a-t-il été inclus dans le programme et pourquoi il était nécessaire. Le groupe responsable des tests doit soigneusement étudié ces types d'énoncés parce qu'ils peuvent malencontreusement avoir été ajoutés pour faciliter la perpétration de fraude à partir de conditions habituellement connues que du programmeur.

2.3.4.8 *Tester deux cycles (ou plus) du système*

Afin de s'assurer que les dispositions de corrections d'erreurs et de mises à jour soient efficaces, on suggère de tester deux phases (ou plus) du système. Ces essais serviront, par la suite, à vérifier la pertinence et la précision des contrôles introduits dans le système et permettront de s'assurer que les fraudes ou les manipulations du système seront détectées avant la mise en production du système.

2.3.4.9 *Tester le système entier avant sa mise en production*

Même si la modification demandée n'exige dans le système qu'un changement mineur, le système entier doit être testé pour s'assurer que ce changement est compatible avec le système. Encore ici, il demeure important de vérifier les résultats de sortie non imprimés et de tester plus d'un cycle pour s'assurer que rien d'anormal ne se produise et que l'intégrité du système entier est préservée. Tel que cela a été mentionné plus haut, même si la modification demandée est mineure, elle expose néanmoins le programme entier, et le système, à une manipulation possible et à une tentative de fraude.

2.3.4.10 *Exiger l'autorisation du service usager, responsable de l'application du test du système*

Lorsque le service usager a examiné tous les résultats des tests, incluant les imprimés et les sorties non imprimées; qu'il semble satisfait de l'exactitude et de la protection du système; qu'il est confiant de son fonctionnement et de sa compréhension du système, il doit faire part de son autorisation par écrit. Toutes les modifications subséquentes au système devront être entreprises en tenant compte des procédures de contrôle.

2.3.4.11 *Conserver les résultats de ces tests et les données de test avec la documentation du programme*

Les données de test et les résultats de ces test doivent être conservées avec la documentation du programme. Dans l'éventualité qu'il se produise ultérieurement un incident dans le programme, les données et les résultats seront, lors de l'investigation du problème, d'une utilité certaine. De plus, ces données de test seront examinées en profondeur, pour découvrir pourquoi ce problème n'a pas été détecté lors des tests. Cette éventualité permet d'identifier d'autres types de test qui devront dorénavant être inclus lors de tests futurs.

2.3.4.12 *Documenter adéquatement les procédures et les standards concernant les tests des programmes et/ou des systèmes*

Afin de s'assurer que le processus utilisé pour effectuer les tests est adéquat et uniforme pour tout nouveau système ou système modifié, les standards d'essai à respecter et les procédures à suivre doivent être documentés en détail. Tel que spécifié antérieurement, une documentation inexistante, incomplète ou inadéquate conduirait à un processus d'essai inefficace et à des contrôles inadéquats fournissant une excellente occasion à qui voudrait frauder.

2.3.5 *Le «Catalogue» des programmes-systèmes*

On doit cataloguer, dans la bibliothèque des programmes et/ou des systèmes, uniquement les nouveaux programmes ou ceux modifiés, ainsi que les nouveaux systèmes modifiés qui ont été adéquatement documentés, examinés et testés et qui ont été officiellement autorisés par le comité responsable du contrôle des modifications, par le groupe responsable des tests, par le service usager, par le service de vérification interne ainsi que par le service informatique. Cette bibliothèque de production ne doit contenir que les programmes et/ou les systèmes approuvés pour l'exploitation. Les programmes et/ou les systèmes ne faisant pas partie intégrante de cette bibliothèque de production ne doivent à aucun moment être autorisés à utiliser les données réelles de l'entreprise. Des contrôles extrêmement rigoureux sont nécessaires pour s'assurer que seuls les programmes et/ou les systèmes officiellement autorisés sont catalogués pour l'exploitation des applications. Les contrôles liés aux systèmes et/ou les programmes de production seront vus, plus en détail, dans la section suivante. Auparavant, nous serons préoccupés par les contrôles associés à ce processus de classement.

2.3.5.1 *Utiliser un formulaire de contrôle du classement contenant un numéro de formulaire séquentiel préimprimé*

Un nouveau programme et/ou un système ou un programme et/ou un système modifié est placé et catalogué dans la bibliothèque de production par un des membres responsables du contrôle de l'information utilisant pour ce faire des logiciels appropriés. Il ne doit exécuter cette procédure de classement que lorsque les autorisations appropriées pour l'exécuter ont été consenties. Un formulaire de contrôle de classement préimprimé, identifiant le programme et/ou le système dans la bibliothèque de test, spécifiant le nom, le numéro de la version et d'autres informations requises pour le classement du programme et/ou du système dans la bibliothèque de production, et comportant les approbations requises, doit nécessairement être utilisé pour autoriser l'exécution du programme utilitaire et le classement du programme et/ou du système. Les personnes ayant cette responsabilité doivent obligatoirement vérifier les approbations du formulaire pour avoir la certitude qu'elles sont complètes.

2.3.5.2 *Exiger les approbations nécessaires*

Tel que cela a été spécifié antérieurement, le comité responsable du contrôle des modifications, le groupe responsable des tests, le service usager, le service de vérification interne ainsi que le service informatique doivent tous approuver, par écrit, le classement des nouveaux ou des programmes-systèmes modifiés dans la bibliothèque de production du système informatique.

2.3.5.3 *Informer les personnes intéressées lors de l'exécution du processus de classement*

Toutes les personnes qui approuvent ce processus de classement, aussi bien que les personnes qui utiliseront ultérieurement le système, incluant le bibliothécaire (s'il y a lieu), doivent être informées lorsque le programme et/ou le système sera catalogué. Elles doivent également obtenir une copie de la nouvelle documentation ou, selon le cas, de la mise à jour de cette documentation.

2.3.5.4 *Maintenir des enregistrements de toutes les modifications apportées à la bibliothèque des programmes et/ou des systèmes*

Un enregistrement de toutes les modifications apportées aux programmes et/ou aux systèmes doit nécessairement être maintenu. Il doit indiquer la date d'exécution de la modification de classement, le nom de la personne qui a exécuté la modification, l'identification du programme et/ou du système dans la bibliothèque de test et dans la bibliothèque de production. Cet enregistrement devra être conforme au formulaire de requête de modification et au formulaire de contrôle de classement. Dans l'éventualité d'un incident, ces enregistrements fournissent un historique complet de toutes les modifications apportées au programme et/ou au système en facilitant le cheminement des modifications du catalogue.

2.3.5.5 *Conserver les formulaires de contrôle de classement*

Une copie de ce formulaire doit être conservée séquentiellement, par numéro de formulaire, avec tous les autres formulaires de contrôles de classement. Une autre copie doit être également conservée avec la documentation des programmes et/ou des systèmes.

2.3.5.6 *Documenter les procédures formelles de modification de classement*

Afin de s'assurer que les procédures sont bien comprises, et sont suivies en tout temps, elles doivent être claires et adéquatement documentées. Cette documentation doit être distribuée à toutes les personnes impliquées dans le processus de classement des programmes et/ou des systèmes.

2.3.6 Les contrôles de conversion des fichiers

À chaque fois qu'un nouveau système est développé ou qu'un système existant est modifié, le fichier de données traité par ce nouveau système ou par le système modifié peut, soit avoir à subir une conversion soit à être créé. Plusieurs des contrôles de modifications, de contrôles de tests et des contrôles de classement des programmes et/ou des systèmes discutés antérieurement s'appliquent également pour la conversion des fichiers de données.

Des précautions doivent être prises afin de prévenir les compromis et les modifications non autorisées des fichiers de données confidentielles et importantes. Durant le processus de conversion, les risques de fraudes sont très grands et toutes les mesures de protection doivent être prises pour les éviter.

2.3.7 Le contrôle des programmes et des systèmes de production

Les bibliothèques de production[3] contiennent les programmes et les systèmes d'application utilisés pour le traitement des données d'entrée et des fichiers de données. Ces programmes et ces systèmes génèrent les résultats de sortie sur lesquels la direction et les services usagers doivent se fier. On doit conserver, dans les bibliothèques de production, uniquement les programmes qui ont été adéquatement révisés, examinés, testés, approuvés et autorisés. Des contrôles adéquats de développement et d'entretien des systèmes permettront de s'assurer qu'aucun programme inapproprié ne soit placé en production. Nous devons être sensibilisés à l'importance de conserver l'intégrité des programmes de production ainsi que des bibliothèques de production. Les modifications non autorisées aux programmes de production et aux bibliothèques peuvent avoir des conséquences très néfastes, incluant la manipulation des programmes jusqu'à la perpétration de fraudes. Des contrôles de production inadéquats fournissent à des programmeurs malhonnêtes, la possibilité de commettre la manipulation frauduleuse des données.

Voyons à présent les contrôles liés à la conservation de l'intégrité des bibliothèques de production.

2.3.7.1 *Interdire le traitement des données réelles aux programmes et/ou aux systèmes qui ne font pas partie des bibliothèques de production*

Uniquement les programmes et les systèmes contenus dans les bibliothèques de production doivent être utilisés pour traiter les données réelles. Les programmes et les systèmes, contenus dans les bibliothèques de production, ont été examinés en profondeur, documentés, testés et approuvés pour effectuer les productions. Les autres programmes ou les systèmes qui ne sont pas entreposés dans les fichiers de production n'ont pas reçu d'approbation pour effectuer les productions. Permettre à de tels programmes de traiter les données réelles correspond à s'exposer à toutes sortes de problèmes, incluant des traitements erronés, non autorisés, frauduleux et à des modifications illicites des fichiers de données... et à la perte de données réelles. L'intégrité du système informatique entier peut en être gravement compromise.

2.3.7.2 *Maintenir une liste complète à jour, contenant l'inventaire des programmes-systèmes de production*

Une liste contenant l'inventaire de tous les programmes et/ou les systèmes de production doit être en tout temps maintenue à jour. De plus, afin d'identifier clairement les programmes et/ou les systèmes, on doit également y inclure la date de classement du programme en tant que programme de production; les dates auxquelles ils furent recatalogués et les dates d'expiration du programme ou du système. De plus, si possible, cette liste d'inventaire doit également inclure la longueur requise pour l'entreposage du programme et/ou du système.

2.3.7.3 *Comparer, sur une base régulière et à l'improviste, les répertoires de bibliothèques de production avec la liste d'inventaire*

Sur une base régulière et à l'improviste, comparer le contenu actuel des bibliothèques avec celui contenu sur la liste d'inventaire. Si on note des différences significatives entre ces contenus, une enquête doit immédiatement être engagée afin d'établir le pourquoi d'une telle différence. Par conséquent, les différences peuvent démontrer que les procédures exigées pour maintenir les inventaires des programmes de production classés n'ont pas été suivies, ou que les bibliothèques ou les programmes ont été frauduleusement manipulés.

2.3.7.4 *Comparer, sur une base régulière et à l'improviste, les répertoires des bibliothèques de production actuels avec les répertoires des bibliothèques de production précédents*

Les répertoires des bibliothèques de production actuels doivent être périodiquement comparés avec les répertoires des bibliothèques de production précédents. Si des rapiècements de programmes sont permis ou s'il existe un niveau d'activités élevé des bibliothèques, on suggère fortement d'effectuer cette comparaison de façon quotidienne.

2.3.7.5 *Maintenir l'enregistrement de toutes les modifications exécutées dans les bibliothèques de production*

En tout temps, lorsqu'une modification est exécutée au contenu des bibliothèques de production, elle doit être enregistrée dans un manuel de contrôle des catalogues de production. Tel que cela a été déjà mentionné, les éléments suivants doivent y être enregistrés:

- la date d'exécution des modifications;
- le nom de la personne qui a exécuté ces modifications;
- le nom de la bibliothèque et l'identification du programme avant les modifications;
- le numéro d'identification du formulaire de contrôle du classement;
- d'autres renseignements utiles.

2.3.7.6 *Modifier votre logiciel d'exploitation afin de produire des rapports quotidiens concernant toutes les modifications apportées aux bibliothèques de production*

Toutes les modifications apportées aux bibliothèques de production doivent être enregistrées par le logiciel d'exploitation du système et, quotidiennement, on produira un rapport concernant les modifications apportées. Ce rapport doit être comparé avec les enregistrements de contrôle des catalogues de production. S'il y a disparité, ceci peut indiquer que l'un d'eux peut avoir été manipulé; dans de telles conditions, il est fortement recommandé de mener enquête immédiatement.

2.3.7.7 *Utiliser un système de numérotation des versions de programmes et/ou des systèmes*

Tous les programmes conservés dans la bibliothèque de production doivent posséder un numéro de version. À chaque fois que le programme est modifié, le numéro de version doit être changé pour refléter la modification. Lorsque le programme est exécuté, il est préférable qu'un numéro de version s'imprime sur les enregistrements de la console en même temps que le nom du programme. De plus, le nom du programme et le numéro de la version doivent être contenus sur les imprimés produits par le programme. Cette procédure permet de conserver la trace des modifications exécutées sur les programmes ainsi que celle de l'utilisation d'une mauvaise version de programme.

2.3.7.8 *Établir des standards en ce qui concerne l'appellation des programmes et des systèmes*

Les noms des programmes de production et des systèmes doivent fournir une identification de la relation entre les programmes ou le groupement logique des programmes. Les programmes ayant des appellations qui ne respectent pas les standards établis doivent être examinés.

2.3.7.9 *Exécuter périodiquement des comparaisons entre les programmes contenus dans les bibliothèques de production et ceux actuellement approuvés*

Ce contrôle est probablement le plus difficile à exécuter. Il demeure cependant le meilleur moyen de déterminer si les programmes de production ont été manipulés. Ce contrôle est relativement simple, bien qu'il exige énormément de temps pour comparer les sources d'un programme de production particulier avec l'imprimé d'un programme approuvé et autorisé. Cependant, la version d'un programme-source n'est pas la version exécutée. Ainsi, en déterminant que les sources sont les mêmes que l'imprimé du programme approuvé, cela ne nous assure pas nécessairement que le programme de production n'ait pas été manipulé ou rapiécé. Le seul moyen de vérifier qu'un programme de production n'ait pas été fraîchement manipulé, consiste à compiler le programme-source approuvé et de comparer, «bit» par «bit», le programme-objet résultant avec le programme de production. Cette comparaison sera très laborieuse et exigera énormément de temps si on n'utilise pas un logiciel conçu spécialement pour effectuer cette tâche.

2.3.8 Les contrôles du logiciel d'exploitation

Les diverses procédures, concernant la conception et l'entretien des systèmes discutés antérieurement dans ce chapitre, s'appliquent aussi bien à la conception et à l'entretien des logiciels d'exploitation qu'à la conception et à l'entretien des systèmes d'application. Pour cette raison, je ne crois pas qu'il soit nécessaire de les rappeler toutes. Plusieurs des contrôles de programmes et de productions décrits antérieurement s'appliquent également dans cette situation. Il demeure important de comparer, sur une base régulière, la version actuelle du logiciel d'exploitation avec la dernière version approuvée afin d'être assuré que des modifications non autorisées n'ont pas été effectuées.

Pour procurer une protection supplémentaire à ce logiciel d'exploitation, il est parfois préférable d'isoler et de conserver ce logiciel dans son propre matériel, dans un mini-ordinateur ou dans un micro-processeur séparé. De cette manière, si un malfaiteur désire prendre contrôle de l'ordinateur de traitement, le logiciel d'exploitation ne sera pas compromis, modifié ou détruit. L'implantation du logiciel d'exploitation ou des composantes du logiciel qui établit et maintient les contrôles, doit être en microcode parce qu'il fournit une meilleure protection. L'emploi du microcode ne peut être modifié aussi facilement que le code-objet et, dans plusieurs cas, il ne peut pas être modifié du tout.

2.3.8.1 *Contrôler les programmeurs de système*

Les programmeurs de système peuvent représenter la plus grande menace lorsqu'ils connaissent assez bien les fonctions du logiciel d'exploitation, les faiblesses et les «trous» dans ce logiciel et savent comment s'y prendre pour manipuler ou modifier le logiciel d'exploitation. Leurs actions doivent nécessairement être soigneusement contrôlées et dirigées. Le logiciel d'exploitation est généralement modifié par rapiècement, lequel, comme nous l'avons vu antérieurement, peut causer de sérieux problèmes de protection.

Pour contourner cet épineux problème, il est essentiel d'implanter des contrôles au niveau des modifications et des tests. Les modifications apportées au logiciel d'exploitation ne seront permises que par l'utilisation de mots de passe contrôlés. Deux mots de passe doivent être nécessaires pour modifier le logiciel d'exploitation. Le premier mot de passe peut représenter celui du programmeur du logiciel et le second celui du superviseur du logiciel ou un membre de la direction du service informatique autorisant ces modifications. Chacune de ces personnes devrait être obligée d'entrer indépendamment et secrètement leur mot de passe et, tous deux devraient être présents lorsque la modification est faite sur logiciel d'exploitation.

Les programmeurs du système doivent être sensibilisés à dénoncer toutes les faiblesses et les trous qu'ils peuvent découvrir dans le système d'exploitation et collaborer à identifier les conséquences de ces faiblesses. Il est préférable de les encourager à dénoncer ces faiblesses que de les voir en prendre personnellement avantage.

2.3.9 Les contrôles liés aux opérations de l'ordinateur

Les contrôles d'opérations se rapportent aux différentes activités effectuées par les opérateurs de l'ordinateur et à la conduite ou à l'opération de l'équipement informatique. Le but de ces contrôles est de réduire la probabilité qu'une fraude se produise dans la salle des ordinateurs tout en augmentant les possibilités que cette fraude soit détectée.

2.3.9.1 *Maintenir des contrôles serrés des enregistrements de la console*

Les enregistrements de la console fournissent un enregistrement de tous les travaux traités, des activités de l'opérateur et de tout ce qui est effectué sur le système informatique. Ces enregistrements sont essentiels pour pouvoir déterminer ce qui a été effectué au système informatique ou avec le système. Il sont également des sources essentielles d'information pour la détection des fraudes. Chacune des réexécutions, prévues sur calendrier ou non, et les exécutions actuelles de chaque programme y est enregistrée. Chacun des fichiers traités, autorisés ou non autorisés, y est également identifié. Chacune des interventions de l'opérateur, incluant les arrêts, y est enregistrée. Les enregistrements de la console fournissent une multitude de renseignements et doivent avant tout être adéquatement protégés contre les modifications et les manipulations.

Il existe différentes façons de protéger l'intégrité des enregistrements de la console. Ces enregistrements seront imprimés sur des pages dont les numéros séquentiels sont préimprimés. À la fin de chacun des quarts de travail, des opérateurs devraient être obligés de justifier chacune des pages de la console. Les pages prénumérotées de la console préviendront l'avancement du papier par un opérateur qui, sans ce contrôle, pourrait être tenté de commettre une fraude en enlevant la page contenant les enregistrements de cette fraude et, subséquemment, la détruire, sans que personne ne puisse découvrir ce stratagème.

Chacune des entrées de la console doit être séquentiellement numérotée. Cette mesure permet de réduire la possibilité qu'un opérateur insère frauduleusement, avant l'enregistrement, une feuille de papier pirate dans la console pour qu'il s'y imprime. Subséquemment, cette feuille de papier contenant l'enregistrement des traitements illégaux pourrait être détruite, tout en laissant les autres renseignements de la console en apparence intacts.

La numérotation des pages de la console et des entrées peut être efficace pour contrôler les activités des opérateurs, en autant que les enregistrements inscrits soient vérifiés à la fin de chacun des quarts de travail, ou tout au moins une fois par jour, pour être assuré que toutes les pages et toutes les entrées soient justifiées. Si des pages ou des entrées sont manquantes, une enquête doit être immédiatement instituée.

Si des données importantes sont fréquemment traitées, ou si des pages numérotées ou des entrées numérotées ne peuvent être obtenues, il serait alors préférable d'installer une console additionnelle dans un local verrouillé, inaccessible aux opérateurs. De cette manière, les altérations ou les manipulations des enregistrements de la console seraient pratiquement impossibles.

2.3.9.2 *Examiner les enregistrements de la console*

Les enregistrements de la console doivent être examinés à la fin de chacun des quarts de travail ou du moins une fois par jour, soit par le superviseur des opérations, soit par un membre de la direction. Le but de cet examen est de s'assurer qu'aucune page d'enregistrement n'est manquante, qu'aucune entrée n'est manquante et qu'il n'y ait aucun temps mort inexpliqué. Cet examen doit également inclure une vérification des procédures d'opérations ambiguës, des réexécutions douteuses, des exécutions et des interventions non autorisées des opérateurs. Toutes les actions ou entrées qui semblent douteuses doivent être examinées dès qu'elles indiquent qu'il pourrait y avoir une situation de fraude ou de sérieux problèmes.

2.3.9.3 *Faire enquête sur toutes les réexécutions et les interventions effectuées par l'opérateur*

Toutes les réexécutions, les interventions accomplies par l'opérateur, les arrêts, les interruptions et les départs doivent être examinés de façon sérieuse. Dans chacun des cas, des explications détaillées sont à exiger. Pour toutes les réexécutions, il peut parfois être souhaitable d'exiger l'autorisation du superviseur des opérations.

Un fraudeur pourrait être tenté de réexécuter un programme pour produire un second ensemble de sorties ou pour introduire des données additionnelles ou frauduleuses. Il pourrait arrêter l'exécution d'un programme pour l'empêcher de traiter toutes les données, ou arrêter un programme exécutable, avec l'intention de le répartir au début, après en avoir altéré les données. Malheureusement, les occasions de frauder sont illimitées; par conséquent, toutes les interventions des opérateurs ou toutes les réexécutions doivent être soigneusement examinées si l'on désire découvrir et détecter efficacement les fraudes.

2.3.9.4 *Exiger que tous les programmes soient exécutés sous le contrôle d'un système d'opération qui enregistrera automatiquement, sans exception, leur utilisation sur la console*

Il est absolument nécessaire d'identifier chacun des programmes à exécuter pour vérifier s'ils sont autorisés. S'il est possible d'exécuter un travail et d'empêcher l'enregistrement de cette exécution sur la console, il sera ultérieurement difficile de déterminer si un traitement non autorisé a été effectué et d'identifier les fichiers, les données et les programmes impliqués. Dans ces conditions, un traitement frauduleux sera difficile sinon impossible à découvrir.

2.3.9.5 *Exiger la préparation des enregistrements de l'opérateur*

Les opérateurs doivent préparer des enregistrements écrits identifiant chacun des travaux exécutés et spécifiant la date, l'heure prévue, le début du traitement et les temps d'arrêt, les conditions de traitement et tous les commentaires utiles à chacun de ces travaux.

Les enregistrements de l'opérateur doivent également indiquer les problèmes rencontrés avec les équipements, les temps morts et les arrêts du système. Des explications claires et précises sont à inclure pour chacune des situations. Les superviseurs des opérateurs doivent examiner chacune de ces entrées et les initialer pour indiquer qu'elles ont été examinées.

2.3.9.6 *Comparer les enregistrements de l'opérateur avec la liste des exécutions autorisées ou le calendrier de production*

Les enregistrements de l'opérateur doivent être comparés avec la liste des exécutions autorisées ou le calendrier de production. Cette comparaison permettra d'identifier les traitements non autorisés des programmes et des données. Toutes les exécutions non autorisées doivent subir enquête. Chacun des incidents doit être enregistré sur un graphique, par date et par heure. Ultérieurement, ce graphique aidera à constituer le patron des traitements non autorisés et permettra éventuellement de faire la lumière quand les problèmes se reproduiront et pourra éventuellement aider à identifier les responsables de ces problèmes.

2.3.9.7 *Établir des standards pour l'exécution de chacun des programmes de production et comparer l'exécution actuelle avec ces standards*

Pour chacun des programmes de production, des standards d'exécution doivent être établis. Ils doivent être développés en exécutant chaque programme de production avec un nombre moyen de transactions et un mélange de transactions types. Lorsque les exécutions actuelles sont enregistrées sur la console, elles devraient, sur une base fréquente et régulière, être comparées avec les standards. L'identification d'une déviation significative, entre l'exécution actuelle et les standards, devrait subir immédiatement enquête. Elles pourraient indiquer qu'un traitement non autorisé était en cours d'opération.

2.3.9.8 *Interdire aux opérateurs d'effectuer des modifications aux programmes*

Pour assurer l'intégrité des programmes et des systèmes, les contrôles concernant les modifications de programmes et de systèmes, doivent s'appliquer en tout temps pour assurer l'intégrité des programmes et des systèmes. Les opérateurs ne doivent, en aucun moment, être autorisés à effectuer des modifications aux programmes. Interdiction sera faite aux opérateurs d'effectuer des rapiècements aux programmes, à partir de la console. Tel que fortement recommandé, permettre aux opérateurs d'effectuer des modifications ou des rapiècements aux programmes constitue une brèche très importante dans la structure de séparation des tâches. Leur permettre ces opérations, c'est leur offrir une excellente chance de perpétrer un nombre illimité de fraudes sans trop de risques.

2.3.9.9 *Exiger que les opérateurs travaillent en groupe*

Lorsque c'est possible, deux opérateurs ou plus devraient travaillés ensemble durant un quart de travail. Si deux opérateurs ne sont pas présents, le superviseur des opérations devrait être là, dans la salle des ordinateurs. Si un opérateur désire effectuer une fraude, il aura à chercher la collaboration d'un autre programmeur. Plus il y a de gens impliqués dans une fraude, plus il est probable que la fraude soit détectée. Si ce contrôle est combiné avec un autre consistant à effectuer une rotation fréquente des opérateurs, ils auront pour effet de dissuader les personnes désireuses d'effectuer des crimes informatiques au niveau de l'opération.

2.3.9.10 *Justifier tout le temps machine de l'ordinateur*

Le temps total de l'organe central de traitement alloué au traitement des programmes de production, au développement et aux essais des nouveaux programmes doit être comparé au temps total de l'organe central de traitement utilisé. Une différence significative entre ce qui était alloué et le temps total utilisé, doit être immédiatement examiné afin de s'assurer qu'aucun traitement non autorisé ou frauduleux n'a été exécuté.

2.3.9.11 *Maintenir des enregistrements des rapports de sortie*

Tous les rapports de sortie produits doivent être notés dans les enregistrements de sortie. L'opérateur ou la personne responsable de la préparation et de la distribution de ces rapports de sortie a absolument à enregistrer les renseignements suivants:

- la date;
- l'heure;
- le nombre de pages;
- le nombre de copies;
- la méthode de livraison et le nom de la personne et du service à qui est destiné le rapport.

Ces enregistrements permettent un contrôle efficace de tous les rapports de sortie.

Un répertoire ou toutes autres listes générées par l'ordinateur, indiquant le nombre de copies à produire et la distribution de chacune des copies doit être maintenu par le service informatique. Ce contrôle permet de vérifier qu'un nombre approprié de copies est produit et qu'elles sont adéquatement distribuées.

2.3.9.12 *Détruire le papier carbone des rapports contenant des informations importantes ou confidentielles*

Les papiers carbones peuvent être lus. Par conséquent, afin de protéger le caractère confidentiel des informations, il serait important de les détruire immédiatement après que les rapports de sortie ont été déliassés. Ils ne peuvent absolument pas être jetés sans être détruits.

2.3.9.13 *Préparer des instructions d'opération pour tous les programmes de production*

Les instructions d'opération pour les programmes de productions doivent contenir toutes les informations nécessaires pour exécuter le programme et rien de plus. Ils doivent indiquer tous les messages de la console, les messages d'erreurs, les arrêts ou les fins anormales et doivent expliquer, en détail, chacun des messages d'erreurs et l'action à prendre. Ils doivent également identifier les équipements utilisés, les transactions d'entrées, les fichiers de données, les formulaires de sorties, la préparation et la distribution des rapports de sortie et toute autre information nécessaire. Ils ne doivent pas contenir les listes de programmes ou l'identification des contrôles.

Ces instructions d'opérations doivent être complètes afin que les opérateurs puissent exécuter les programmes de façon autonome, sans l'assistance des programmeurs ou des analystes. Ils ne doivent pas contenir des informations qui permettraient aux opérateurs de manipuler les transactions d'entrée, les fichiers, les programmes ou le traitement, dans le dessein perpétrer des fraudes.

Toutes nouvelles instructions ou mises à jour des instructions doivent être soigneusement examinées et approuvées par le superviseur des opérations. Cet examen consiste à vérifier si toutes les instructions sont complètes, compréhensibles et ne laissent pas de place à certaine confusion ou à des erreurs.

2.3.9.14 *Préparer périodiquement des rapports à la direction*

Différents rapports doivent être périodiquement envoyés à la direction. Ces rapports doivent identifier les exécutions non prévues au calendrier, les exécutions incomplètes (avec une explication pour chacune), les exécutions complètes, les temps morts (avec une explication pour chacun des cas), l'usage des équipements avec statistiques à l'appui, les interventions des opérateurs et les déviations entre les standards d'exécution et les exécutions réelles.

2.3.9.15 *Lorsque l'ordinateur est en réparation, enlever toutes les informations importantes et confidentielles, retirer les disques et les envoyer à la bibliothèque*

Tant et aussi longtemps qu'on travaille sur ordinateur, sans égard que ce soit pour un entretien préventif ou une réparation, un opérateur doit être constamment présent. Toutes les données importantes et confidentielles doivent être retirées des supports et envoyées immédiatement à la bibliothèque. Les disques du système, contenant l'ensemble ou une portion du système d'opération, doivent être également retirés du lecteur de disques et envoyés à la bibliothèque afin de prévenir toute oblitération du système d'opération et des contrôles introduits dans le système informatique. Lorsqu'on travaille sur ces équipements, si on est dans l'impossibilité de retirer ces disques du système, des mesures doivent être prises afin de masquer leur contenu et de voir à les remettre dans leur état initial lorsque les travaux sont complétés.

2.3.9.16 *Instituer des contrôles et des procédures rigides concernant les opérations de signature des chèques, des fac-similés et de la manipulation des chèques contrefaits et nuls*

Des contrôles rigoureux doivent être institués afin de procurer une protection supplémentaire aux opérations ayant trait à la signature des chèques du type «fac-similés». Des procédures strictes doivent être également établies concernant la manipulation des chèques qui ont été contrefaits.

2.3.9.17 *Assurer l'utilisation de logiciels permettant de mesurer la performance du système informatique*

Plusieurs des contrôles mentionnés antérieurement peuvent être effectués automatiquement par l'emploi de logiciels permettant le mesurage de la performance du système informatique. Lorsque ce type de logiciel est utilisé, les résultats doivent être vérifiés avec les données recueillies sur les indicateurs de ces équipements, avec les enregistrements de la console et avec toute autre source d'information.

L'importance de justifier l'utilisation de tous les équipements demeure essentielle, car c'est une procédure primordiale pour détecter les fraudes informatiques.

> *"Every use of the computer whether it is to test a program, run a job or copy a file it is recorded by the system measurement facility. This tool alone would have helped to detect over half the reported computer frauds[4]."*

2.3.10 Les contrôles des fournitures

Les formulaires préimprimés et les supports d'entrée sont également des ressources du service informatique. Comme telles, elles nécessitent également des mesures adéquates de protection. Voici les contrôles nécessaires.

- Justifier l'utilisation de cartes perforées, de rubans de papier de formulaire de sorties, de formulaires préimprimés, de papier pour la console et de tous les autres supports d'entrée et de sortie.
- Comparer l'utilisation actuelle des supports d'entrée et de sortie avec l'utilisation planifiée et examiner avec soin les différences significatives (un certain nombre de copies de rapports de sortie peuvent avoir été produits sans autorisation).
- Maintenir un contrôle très strict des formulaires, tels que les chèques ou autres formulaires très importants.
- Conserver les formulaires préimprimés, tels que les chèques et autres formulaires officiels et importants dans une voûte ou dans des coffres-forts.

NOTES

1. L'Institut canadien des comptables agréés, *Normes de contrôle interne dans un cadre informatique*, Toronto, 1975.
2. Traduit et adapté de Leonard Krauss et Aileen MacGahan «Computer Security», *Computer Fraud and counter-measures,* Englewood Cliffs, N.J., Prentice Hall, 1979, pp. 123-146.
3. Javier Kuong, «*System Internal Controls*», *Computer Security, Auditing and Controls*. Texts and Readings. Wellis Hills, MA., pp. 96-108.
4. Romney Marshall, «Fraud and EDP», *The CPA Journal*, novembre 1976, p. 26.

CHAPITRE 9

La protection des données et des logiciels

Introduction

La protection des données et des logiciels représente une des composantes les plus importantes de ce programme de protection des ressources informatiques. Dans ce chapitre, nous examinerons, dans un premier temps, les moyens utilisés par les intrus afin d'accéder et de manipuler frauduleusement les données conservées par les entreprises. Par la suite, nous analyserons en détail les différentes techniques et méthodes préconisées afin d'assurer une sécurité adéquate aux données et aux logiciels emmagasinés dans les systèmes informatiques des entreprises.

L'objectif principal de ce sous-programme de protection des données et des programmes est de fournir des mesures adéquates afin de préserver la *disponibilité*, le *caractère confidentiel* et l'*intégrité* des informations et des programmes conservés dans le système informatique. Cette protection est essentielle pour les opérations et la survie de l'entreprise ainsi que des autres organismes qui en dépendent.

Compte tenu de leur importance, nous reprendrons sommairement certains sujets qui ont été abordés dans les chapitres précédents.

1. LES MOYENS UTILISÉS POUR ACCÉDER ET MANIPULER FRAUDULEUSEMENT LES DONNÉES ET LES PROGRAMMES

Avant de considérer les différentes méthodes et techniques utilisées pour protéger les données et les programmes, nous allons auparavant examiner les différentes avenues s'offrant aux fraudeurs en puissance pour accéder ou intercepter les données. Sommairement, les informations conservées dans les systèmes informatiques peuvent être *volées, détruites* ou *manipulées* de la façon suivante:

- en volant le support physique (bandes ou disques magnétiques) permettant d'emmagasiner ces informations;

- en accédant et/ou en manipulant les systèmes informatisés et les programmes d'exploitation;
- en accédant illégalement aux systèmes d'entrée des données et aux mécanismes permettant d'effectuer d'importantes modifications aux données;
- en utilisant frauduleusement un terminal autorisé relié à l'ordinateur ou en interceptant la communication à l'aide d'un terminal non autorisé.

1.1 Le vol des supports physiques

Si un criminel désire s'approprier des données importantes d'une entreprise, une solution s'offre à lui: subtiliser les rubans ou les disques magnétiques contenant, par exemple, des informations recherchées (des listes de clients, des données du domaine du marketing, des coûts de production ou tout autre information importante pour l'entreprise). Pour obtenir ces données, le transgresseur devra pénétrer à l'intérieur du centre informatique ou obtenir la collaboration d'un employé de l'entreprise, autorisé à pénétrer à l'intérieur du centre informatique.

Dans la première possibilité, si on considère que le criminel désire pénétrer à l'intérieur du centre, on doit présumer qu'il tentera d'atteindre les secteurs où sont conservés les différents supports contenant les informations. La figure 9.1 illustre les endroits stratégiques susceptibles d'être convoités par ce type de criminel. L'examen de cette figure nous démontre que cet individu tentera de pénétrer les secteurs numérotés de 1 à 7 et tout particulièrement la bibliothèque des fichiers et la pièce où est conservée la documentation complète de l'ensemble des systèmes informatiques. À défaut de ne pouvoir pénétrer à l'intérieur du centre informatique, il tentera de pénétrer dans le secteur où sont conservés les fichiers de recouvrement normalement situés dans un autre édifice.

Si on désire se protéger adéquatement contre ce type de menace, il demeure essentiel de mettre en pratique les diverses mesures de protection du milieu physique décrites au chapitre 11.

1.2 La pénétration et la manipulation des données

Si un criminel désire manipuler les transactions dans le dessein de commettre une fraude, il doit accéder directement aux données ou modifier les programmes assurant le traitement de ces données. Citons les cas où des individus tentent d'introduire

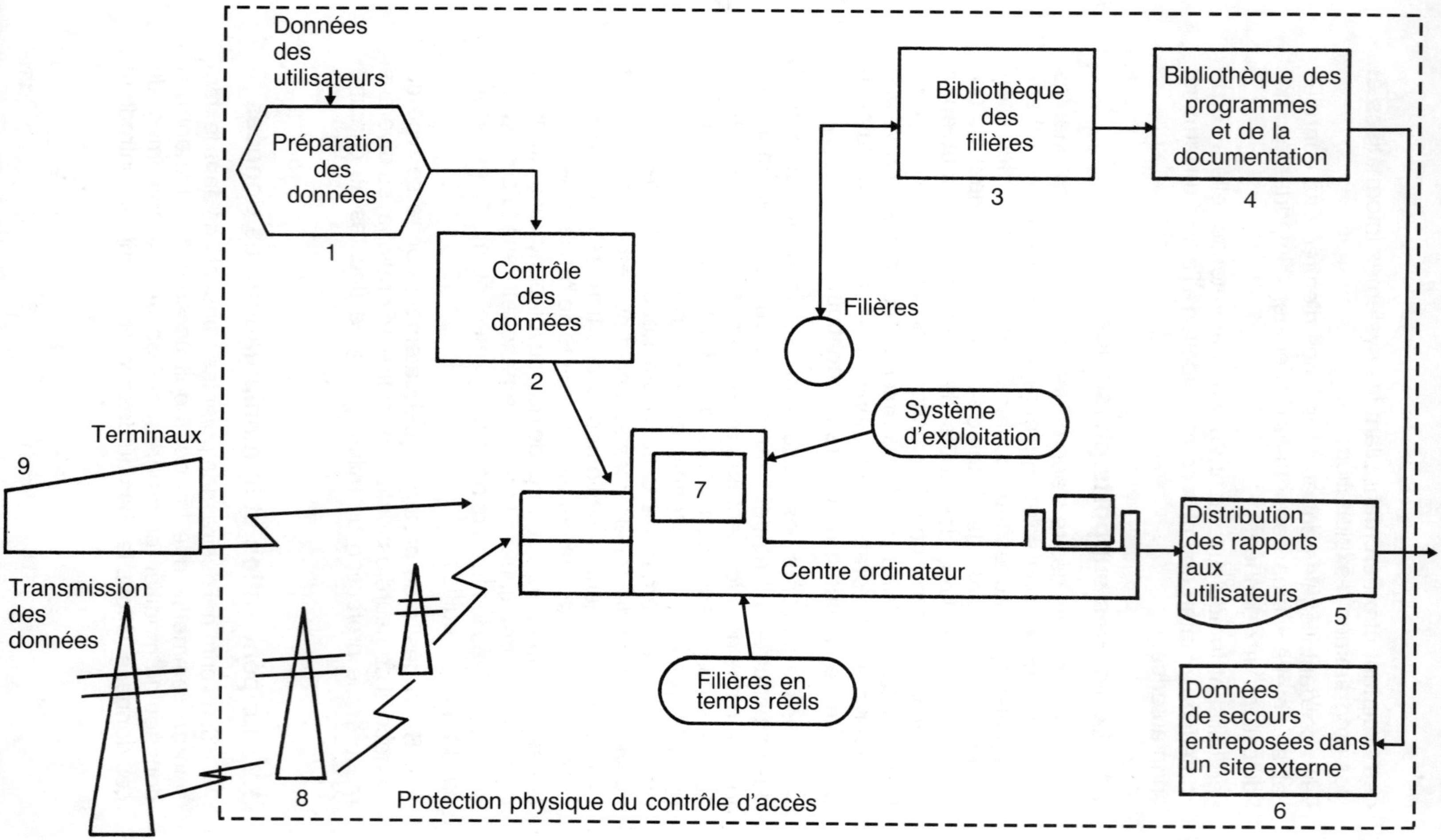

FIGURE 9.1. Protection des données et identification des points d'accès.

des comptes fictifs à l'intérieur du fichier-maître des fournisseurs, ou l'ajout d'employés fictifs à l'intérieur des banques de données de la paye, pour obtenir illicitement des versements d'argent. Dans d'autres situations, des programmes seront modifiés pour en arriver au même but, c'est-à-dire de faire exécuter par ces programmes des traitements non autorisés.

Dans chacun de ces cas, le filou doit avoir une bonne connaissance du système et des procédures le régissant. De plus, la modification des programmes exige de son auteur une bonne connaissance de la programmation.

Somme toute, quiconque le désire peut escroquer les systèmes informatisés en réussissant à accéder aux données et en déjouant les procédures de contrôle ou en manipulant les procédures de mise à jour des fichiers-maîtres, ou en effectuant des modifications aux programmes ou enfin en opérant l'ordinateur lui-même afin d'obtenir les résultats désirés. Par exemple, si les contrôles au niveau des données et de l'utilisation des terminaux sont déficients, il sera relativement facile d'introduire des comptes fictifs, de manipuler les données et de modifier les programmes, sans devoir pénétrer à l'intérieur du centre informatique.

Tel que mentionné antérieurement, l'accès et la manipulation des données et des programmes exigent de ces auteurs une bonne connaissance du système, la possibilité d'accès au système d'entrée des données, au traitement par ordinateur ainsi qu'aux programmes. Compte tenu de ces constatations, il en résulte que ce type de méfait est d'habitude accompli par le personnel interne de l'entreprise plutôt que par des personnes de l'extérieur de l'entreprise.

Si on désire protéger les informations contre ce type de menace, il demeure essentiel d'instaurer sans délai des mesures spécifiques de prévention, d'implanter des procédures de vérification et des techniques de contrôle afin de réduire les possibilités d'accès et de manipulations des données et des programmes.

1.3 Les systèmes en temps réel, une occasion formidable.

Un aspect très important, qu'il demeure essentiel de considérer, concerne les chances offertes par les systèmes informatisés de type à «traitement direct» tels que les systèmes en temps réel ou en temps partagé. Ce qui est intéressant pour le fraudeur, concernant ce type de système, c'est qu'il n'a pas à s'introduire *physiquement* dans l'endroit où est situé l'ordinateur. Le fraudeur peut accomplir son méfait à partir d'un terminal situé à l'extérieur ou en interceptant le lien entre un terminal autorisé et l'ordinateur principal. Les secteurs 8 et 9 de la figure 9.1 identifient ce type d'intrusion. Encore là, on présume que l'intrus connaît le système et que, conséquemment, il pourra déjouer toutes les procédures de contrôle en opération dans le système à traitement direct, afin d'accéder aux banques de données et aux programmes.

Avec l'augmentation croissante de ce type de système, il demeure important de développer et d'implanter sans délai des méthodes et des techniques permettant de restreindre ce type d'accès aux individus non autorisés. Compte tenu de la vulnérabilité de cette catégorie d'accès, il demeure également important de mettre en vigueur les diverses mesures décrites au chapitre 14 de cet ouvrage ayant trait à la protection des télécommunications.

2. GUIDE DE CLASSIFICATION DES DONNÉES

La signification des mots «données» et «informations» peut être interprétée de différentes façons mais, cependant, il y a une distinction très significative entre ces deux mots. Les données sont des faits connus ou des statistiques à l'état brut. Plusieurs de ces faits, de ces nombres, de ces cas indépendants doivent être transformés pour produire de l'information utile. Pour produire de l'information, il faut inscrire les données, les mettre en ordre, les grouper, les trier, effectuer des calculs, les résumer, les enregistrer, les retirer, les reproduire et les communiquer. Dans le chapitre 1, on a vu que cette information demeure *l'élément principal du processus de décision*.

Du point de vue traitement informatique, la différenciation énoncée pour les termes «données» et «informations» est très significative mais si on analyse cependant cette différenciation du point de vue de la gestion et de la protection de données, on doit utiliser une approche beaucoup plus spécifique, permettant une classification selon différents facteurs.

Lors de la conception des systèmes d'information et de la protection des données, cette information et les données peuvent être classifiées de différentes façons en tenant compte de la valeur intrinsèque, de la valeur considérant le temps, la forme ou la manière où sont recueillies les données et du rôle passif ou actif que les données sont appelées à jouer.

2.1 Classification des données selon leur valeur intrinsèque

Les données ou les informations ayant une valeur intrinsèque peuvent être classées de la façon suivante:

- stratégique, personnel ou confidentiel;
- tactique, pour la prise de décision et la gestion de contrôle;
- opérationnel pour les opérations de contrôle;
- de procédures et du savoir-faire en général.

2.1.1 Les données ou informations stratégiques personnelles et confidentielles

Ce premier type de données représente les données clés de l'entreprise directement liées aux objectifs et aux buts de l'entreprise, aux plans d'action préconisés pour atteindre ces objectifs et aux autres données confidentielles utilisées par la firme pour gérer ses opérations. Cette catégorie de données stratégiques est habituellement réservée à la haute direction pour la gestion de l'entreprise. On retrouve, dans ce type d'information, des données sur la situation de l'entreprise, des coûts de production, des informations du domaine du marketing, des prévisions, des listes de clients, des listes de prix, des informations financières de toutes sortes, des données personnelles confidentielles, etc.

2.1.2 Les données ou informations tactiques

Ce deuxième type de données s'applique aux données utilisées pour gérer et contrôler les diverses opérations de la firme. Normalement, elles sont utilisées par les superviseurs et on y retrouve des données ayant trait à la logistique, aux inventaires, aux commandes des clients et aux livraisons, aux informations sur la performance ou sur l'utilisation des informations concernant les ressources nécessitant d'être contrôlées (main-d'œuvre, les équipements, les calendriers, le matériel, etc.).

2.1.3 Les données ou informations transactionnelles

Ce troisième type de données réfère aux diverses transactions opérationnelles traitées quotidiennement pour la bonne marche des opérations de l'entreprise. Ces données sont de loin les plus volumineuses, les plus dynamiques, du fait qu'elles sont modifiées continuellement dès qu'une nouvelle transaction est effectuée. Cette catégorie de données est maintes fois manipulée par un nombre important de personnes dans différents niveaux de l'organisation, dans le cadre des opérations quotidiennes de la firme.

Les différentes données que l'on retrouve dans cette catégorie sont les données sur les commandes, les annulations, les entrées d'argent, les entrées comptables, les statistiques de vente et de production, les activités liées à la paye, la distribution des dépenses, la présence des employés, etc. Ces données sont normalement reçues et enregistrées par le personnel de bureau. Compte tenu de l'aspect routinier des opérations effectuées, elles sont normalement les premières à être informatisées.

2.1.4 Les données de procédure ou du savoir-faire

Les données de procédure ou du savoir faire nous renvoient aux données organisées et aux informations concernant les normes, les règles, les procédures, les techniques et les méthodes de gestion des activités quotidiennes de l'organisation. Nous pouvons inclure dans cette catégorie: les manuels d'opération, les tables de standard, le spécifications, les opérations concernant le fonctionnement des ordinateurs ou toute autre forme de procédures, lesquelles permettent une délégation efficiente des tâches et assurent que les tâches spécifiques sont adéquatement accomplies. Une autre fonction de ce type de donnée est qu'elles représentent une provision importante d'informations pour la continuité des opérations de l'entreprise. De plus, ces informations peuvent être utilisées par plus d'un individu ou peuvent être utilisées pour la formation du personnel, en vue d'effectuer des tâches spécifiques, lors de l'absence de la personne normalement assignée à ces tâches. Nous devons inclure ce dernier type de classification, car du point de vue de la protection des données, il représente un facteur clé pour l'efficacité des opérations de l'entreprise. Cette catégorie d'information n'est habituellement pas informatisée mais espérons-le, bien documentée et même quelquefois microfilmée.

2.2 La classification selon un facteur temporel

Le facteur temporel, lié aux données, dépend du secteur fonctionnel de l'entreprise qui l'utilise, du système particulier d'application, du type d'équipement et de traitement utilisé et, souvent, des exigences réglementaires voulues par cette catégorie de données. Ce facteur temporel dépend également de son utilisation et de son récepteur, c'est-à-dire, par exemple, que cette donnée est utilisée soit pour l'enregistrement historique d'une transaction, soit pour servir à la prise de décision. De plus, si on regarde plus haut dans la hiérarchie de l'entreprise, le facteur temporel est de plus en plus significatif, compte tenu de l'importance des décisions stratégiques qui doivent être prises à ce niveau.

Grosso modo, compte tenu de l'utilisation de ces données, elles peuvent avoir différents niveaux d'agrégation, lesquels doivent être soigneusement examinés pour établir leur valeur temporelle. Par exemple, un rapport quotidien des commandes peut être utilisé à des niveaux de contrôle de gestion et d'opération mais peut être classé, du point de vue contrôle, comme ayant une valeur temporelle très limitée, tout comme les nouvelles d'un quotidien ou de la quotation des actions à la bourse. Par contre, les statistiques mensuelles des ventes peuvent avoir un facteur temporel supérieur.

Les explications décrites précédemment n'ont pas pour objectif de submerger les lecteurs de cet ouvrage des nombreuses ramifications de la gestion et du contrôle des données, mais a tout simplement comme but de sensibiliser au fait que ces considérations existent et qu'il faut en tenir compte pour protéger adéquatement les données et les informations de l'entreprise.

2.3 La classification par supports

Les données peuvent être recueillies de nombreuses façons et conservées dans une multitude de supports. En fait, très souvent, ces données peuvent être offertes dans plusieurs supports, au même moment. Compte tenu que ces différents supports nécessitent un milieu physique et des équipements différents pour les phases de prétraitement, d'exécution des opérations clés et de manipulation après traitement; il demeure important, pour des raisons de sécurité, de considérer les facteurs suivants:

- Les différents moyens permettant d'obtenir et de conserver les données (rapports, cartes, cassettes, rubans et/ou chèques magnétiques, microfilms, etc.).
- L'environnement dans lequel les données doivent être manipulées, traitées ou conservées (conditions normales, air climatisé et également les mesures de sécurité dans des situations d'urgence telles que le feu).
- Les différents types de menaces qui peuvent endommager les données lors de la manipulation ou de la conservation de ces données (les machines, les personnes).

Nous pouvons conclure que les différentes approches qui doivent être considérées pour protéger les données dépendent de la forme, de la configuration et de l'environnement dans lesquels sont exposés ces données. Cela signifie également que nous sommes confrontés en terme de protection et d'économie, avec les décisions concernant les possibilités qui s'offrent à nous pour conserver les données. Par exemple, lorsqu'on prend la décision de conserver des fichiers de recouvrement soutenu pour les données, on doit choisir entre les rapports, les supports magnétiques, les microfilms ou une combinaison des trois. Dans chacun des cas, nous devons non seulement considérer les conditions environnementales requises mais également l'équipement requis pour recueillir ces données et pour les recouvrer, par la suite, dans une forme lisible. Il faut également tenir compte des éléments tels que les coûts, les espaces d'entreposage, les limites de temps avant que ces données deviennent invalides. Conserver les données sur des rapports a l'avantage de les rendre immédiatement accessibles sous une forme lisible mais demeure très coûteux en ce qui concerne l'entreposage et très vulnérable face au feu. Utiliser un support d'entreposage, tel que les rubans magnétiques ou les microfilms, a l'avantage d'être compact mais exige cependant l'utilisation d'équipements de recouvrement de ces données sous une forme lisible.

2.4 La classification des données et leur protection

Comme nous venons de le voir, compte tenu des différentes caractéristiques de ces données, le problème de leur protection présente plusieurs dimensions. Sommairement, nous pouvons considérer les critères de classification des données de la façon suivante[1]:

- selon la valeur intrinsèque ou la nature des données (caractère confidentiel, utilisation);
- selon la forme ou mode d'opération (le support et le moyen de traitement);
- selon la valeur temporelle des données (le cycle de conservation);
- selon la dynamique des données (rôle actif par opposition à rôle passif).

Si on désire assurer une protection adéquate en tenant compte de l'importance des données, on doit prendre en considération les points suivants:

- Clarifier et distinguer les données clés, assigner des valeurs et des priorités tenant compte du niveau de protection nécessaire. (Par exemple, les données identifiées stratégiques par opposition aux données ordinaires, classe 1 ou classe 2, etc.)
- Définir l'interdépendance entre les données dites importantes et assigner une protection similaire à ces données, afin de permettre l'achèvement des traitements.
- Structurer une approche à de multiples niveaux pour la protection. En d'autres mots, utiliser différents degrés de protection dont l'emphase dépend de chacun des ensembles spécifiques de

données ou de fichiers. Nous suggérons l'application de la méthode de Parito pour concevoir le programme de protection des données, tenant compte des articles à protéger, du volume de données impliquées, du niveau de l'organisation utilisant les données ou du nombre de personnes impliquées dans l'utilisation de données, et de la valeur en argent ou de la valeur intrinsèque de ces données pour l'entreprise.

- Identifier les mesures à utiliser en tenant compte:
  - du support utilisé (fichiers magnétiques, systèmes à traitement direct etc.), du niveau de protection désiré au niveau des enregistrements ou au niveau des champs;
  - du niveau de risques et du niveau correspondant de «back-up» requis;
  - de la facilité ou de la difficulté de reconstitution des données;
  - du facteur temporel des données aux exigences des agences gouvernementales;
  - de l'aspect d'autorisation préétabli fondé sur le «besoin de connaître» comparativement au «utile à avoir» concernant les questions de caractère confidentiel.
- Mettre l'accent sur une circulation adéquate des données et sur une distribution sécuritaire des rapports à travers une conception des systèmes appropriée et complétée par des procédures de contrôle des entrées et des sorties lors du traitement des données.
- Utiliser les données colligées pour structurer une liste des enregistrements vitaux et pour développer un programme de mesures d'urgence.
- Considérer le type de système utilisé lors de la manipulation ou la production des données, «*système en lot*», «*système à traitement direct*» durant la phase de prétraitement et après le traitement.

3. LA PROTECTION CONTRE LES ACCÈS NON AUTORISÉS

Cette première catégorie concerne les mesures à instituer et à mettre en opération afin de minimiser les probabilités d'accès aux données et aux programmes du personnel non autorisé. Tel est le cas lorsqu'un individu tente de voler un ruban ou un disque magnétique ou tente d'avoir accès au système informatique.

3.1 La protection du contenu des fichiers de données et des programmes

Cette deuxième catégorie fait référence aux mesures de sécurité à prendre une fois que l'individu a outrepassé les mesures de sécurité physique ou a réussi à avoir accès au système. Par exemple, si l'individu a été admis dans le système, ou s'il a pris les moyens pour obtenir la possession de données ou de fichiers de programmes; dans cette situation, qu'elles seront les mesures à prendre afin de conserver l'aspect confidentiel du contenu?

3.2 La protection contre l'oblitération des données lors de l'utilisation de fichiers partagés

La troisième catégorie de protection concerne les types d'accès que l'individu est actuellement autorisé à avoir. Même s'il est autorisé à avoir accès au système, quelles sont les mesures de contrôle nécessaires pour protéger les fichiers contre la destruction accidentelle des données par un ou plusieurs usagers autorisés à partager les mêmes fichiers?

4. LES CONTRÔLES DE LA BIBLIOTHÈQUE DE SUPPORT D'INFORMATION[2]

La bibliothèque de support d'information du service d'informatique représente le dépôt pour les supports de traitement de données tels que les rubans et les disques. Nous étendrons le concept et le contenu de la bibliothèque en y ajoutant toute la documentation. La bibliothèque de support d'information conserve tous les fichiers de données, tous les fichiers de programmes-sources et objets; les copies maîtresses de tous les programmes et systèmes et celles des logiciels du système informatique; les listes des programmes-sources; toute la documentation des données, des programmes, des systèmes et du logiciel d'exploitation; et tous les manuels ou instructions d'opération pour l'exploitation ou la production, les programmes et les systèmes. Cette bibliothèque ne doit pas seulement représenter un emplacement physique pour entreposer les articles énumérés ci-haut, mais elle doit également leur assurer une sécurité adéquate.

Non seulement, dans cette section, nous identifierons et décrirons les contrôles nécessaires pour fournir une sécurité adéquate aux données, aux programmes et à la documentation mais nous verrons également les conséquences d'un manque de contrôles efficaces.

Les objectifs du contrôle de la bibliothèque de support d'information sont:

- d'assurer la protection et l'intégrité des données, des programmes, des systèmes et de la documentation;
- prévenir l'accès non autorisé, la modification, la manipulation et l'utilisation frauduleuse des données, des programmes, des systèmes et de la documentation.

Les procédures énumérées sont principalement liées à l'accès physique, à la modification, à la manipulation et à l'utilisation frauduleuses des données, des programmes des systèmes et de la documentation et sont destinées aux employés du service informatique ou aux visiteurs.

1. *Séparer physiquement la bibliothèque des supports*

Afin d'assurer une protection adéquate aux rubans, aux disques et à la documentation, la bibliothèque des supports doit être physiquement séparée des autres fonctions exécutées par le service informatique. Elle doit être constituée de murs, de plafonds ou de planchers impénétrables. Les contrôles d'accès expliqués au chapitre 7, ayant trait à la protection du milieu physique, doivent être appliqués afin de procurer une protection efficace contre les accès non autorisés. Sans cette protection physique de la bibliothèque, il n'existe pratiquement aucun moyen de prévenir l'accès non autorisé et l'utilisation frauduleuse des rubans, des disques et de la documentation.

Antérieurement, nous avons discuté des risques courus au sujet de l'accès non autorisé aux rubans et aux disques, mais, compte tenu de leur importance, il serait bon de les revoir. Les fichiers de données, incluant les fichiers conservant des données confidentielles, peuvent être copiés ou imprimés. Ces copies ou ces imprimés peuvent être vendus à des compétiteurs, à des compagnies intéressées à investir dans une nouvelle direction, à des investisseurs, à des bureaux de crédit, à des entreprises de courrier, à des gens intéressés à frauder l'entreprise, etc. La liste des personnes ou des entreprises qui seraient intéressées aux données conservées dans les fichiers de données est presque illimitée. Réfléchissons un moment aux données conservées dans nos systèmes et essayons d'identifier les personnes, les organisations ou les types de personnes ou d'organisations qui aimeraient s'approprier ces informations et les utiliser à leurs propres fins. Cette réflexion doit nous sensibiliser à l'importance que doivent avoir nos données et à la nécessité de les protéger adéquatement.

Si des informations concernant l'accès des utilisateurs, telles que les mots de passe, les numéros d'identification personnelle, les numéros de comptes, les tables ou les codes d'autorisation et les algorithmes de cryptographie sont contenus dans des fichiers de données conservés sur rubans ou sur disques, la sécurité et l'intégrité du système informatique entier peuvent être sérieusement compromis, si ces fichiers sont recopiés ou imprimés.

L'accès non contrôlé aux rubans et aux disques offre une excellente chance à quiconque veut manipuler et modifier les programmes, les systèmes et les fichiers de données, ou créer de nouveaux rubans et disques avec les informations modifiées.

L'accès non contrôlé à la documentation présente les mêmes risques. Les contrôles de systèmes, des fonctions des programmes et du format des fichiers et des enregistrements dans les fichiers, peuvent être identifiés par la documentation. Ainsi donc, la protection physique de la documentation est aussi importante que la protection physique des rubans et des disques.

2. *Assigner le contrôle de la bibliothèque de support d'information à un bibliothécaire*

Un ou plusieurs employés spécialisés devraient avoir la responsabilité de la garde, de l'entretien, de l'enregistrement et du contrôle des rubans, des disques et de la documentation. Ces bibliothécaires doivent être responsables de l'exécution des procédures de contrôle nécessaires. Si aucune personne n'a la responsabilité de la blbliothèque de support d'information, il est peu probable que les contrôles et les différentes procédures de sécurité soient observés.

3. *Restreindre l'accès à la bibliothèque des rubans, des disques et de la documentation*

Si on désire préserver l'intégrité des données, des programmes, des logiciels d'exploitation et de la documentation, l'accès à ce lieu doit être limité aux bibliothécaires responsables. Les opérateurs d'ordinateurs et le personnel d'analyse et de programmation[3] ne doivent en aucun cas avoir accès aux bibliothèques de support d'information.

4. *Exiger que tous les rubans, les disques et la documentation soient conservés uniquement dans les bibliothèques*

Afin de fournir une protection adéquate, tous les rubans, disques et documentation doivent, quand ils ne sont pas utilisés, être entreposés uniquement dans les bibliothèques. Si un de ces articles est autorisé à être conservé ailleurs, il sera très difficile d'assurer sa sécurité. Il sera également très difficile d'en garder trace. De plus, si plusieurs articles sont conservés hors des bibliothèques, il demeure impossible de leurs assurer une protection adéquate. Subséquemment, les contrôles de la bibliothèque deviendront inefficaces.

5. *Maintenir un enregistrement de toutes les entrées et sorties des disques, des rubans et de la documentation de la bibliothèque*

À chaque fois qu'un ruban, un disque ou un manuel de documentation est sorti de la bibliothèque de support d'information, un enregistrement doit être inscrit dans le registre prévu à cette fin. Les informations suivantes doivent y être inscrites:

- l'identification du ruban, du disque ou de la documentation;
- la date et l'heure de sortie;
- le nom de la personne à laquelle furent remis les articles;
- la raison de cette demande de sortie;
- l'heure et la date à laquelle est prévue le retour de l'article en question.

Lorsque cet article est de retour, la date et l'heure du retour doivent être indiquées dans le registre. Le bibliothécaire doit examiner le registre à plusieurs reprises dans la journée. Si on constate des retards, la personne qui a effectué le prêt doit immédiatement être avertie. Ces articles ne doivent jamais sortir, hors des heures régulières de travail ou pour de longues périodes, à moins qu'ils soient sortis pour être entreposés à l'extérieur, pour être utilisés comme rappel. Il est essentiel que les bibliothécaires sachent, en tout temps, où sont les rubans, les disques et la documentation. Ces articles doivent être prêtés uniquement aux personnes autorisées.

Les rubans, les disques et la documentation doivent être prêtés au personnel de l'opération uniquement quand la production et/ou le calendrier de tests indiquent que tel article est nécessaire. La documentation peut être prêtée au personnel de programmation et d'analyse uniquement s'ils ont obtenu, par écrit, une approbation du comité des modifications ou de la direction du service informatique, leur octroyant l'autorisation d'avoir accès aux informations demandées. Il n'y a pratiquement aucun motif valable pour laisser sortir des rubans, des disques par le biais du personnel des systèmes et de la programmation.

6. *Examiner sur une base régulière les enregistrements de la bibliothèque de support d'information*

Les enregistrements de la bibliothèque de support d'information doivent être minutieusement examinés par la direction du service informatique afin de s'assurer que rubans, disques et documentation sont utilisés uniquement par les personnes autorisées et qu'ils sont promptement retournés immédiatement après avoir été utilisés. Le prêt de l'un de ces articles à des personnes non autorisées, au personnel autorisé mais pour une utilisation qui semble suspecte ou une utilisation non autorisée, un prêt, hors des heures normales de travail ou d'une longue période, un retard dans le retour de ces articles et toutes autres conditions qui semblent anormales, telles que les retards continuels des articles, par le même individu, doivent être immédiatement vérifiés à la loupe. Ces incidents peuvent être des indices qu'une tentative de fraude est en train de se concrétiser.

7. *Maintenir un enregistrement de l'entretien des supports*

L'enregistrement de l'entretien des supports doit indiquer quand et comment les rubans et les disques sont maintenus. Ces enregistrements doivent être périodiquement examinés afin de s'assurer que les supports sont entretenus d'une manière adéquate.

8. *Maintenir une liste complète, constamment mise à jour, contenant l'inventaire de tous les rubans, disques et documentation*

Un inventaire complet de tous les rubans, disques et documentation doit être constamment maintenu par le bibliothécaire. Cette liste d'inventaire doit correctement identifier l'endroit où sont conservés chacun des articles. Ceux qui sont entreposés à l'extérieur doivent également y être indiqués. Il est essentiel que cette liste d'inventaire soit continuellement mise à jour, parce qu'elle est très importante pour ce qui concerne le contrôle des rubans, des disques et de la documentation et pour l'identification et l'investigation des articles manquants ou en trop.

9. *Maintenir un inventaire complet de tous les fichiers*

Un inventaire de tous les programmes et des fichiers de données doit être maintenu. Cet inventaire des fichiers de données doit clairement identifier pour chacun des fichiers:

- les «bobines» sur lesquelles ces fichiers sont conservés;
- la date de création;

• l'identification du programme qui a créé le fichier;
• la période de rétention;
• la date d'expiration;
• le numéro de génération;
• l'identification des fichiers de transaction qui ont mis à jour le fichier et une indication sur le niveau de classification de sécurité.

Cet inventaire de tous les fichiers de programmes doit également indiquer pour chacun des fichiers de production:

• la «bobine» où le programme est conservé;
• la date de création;
• les dates de modification;
• le numéro du formulaire de demande de modification pour chacune des modifications;
• le numéro du formulaire de contrôle du classement pour le programme original, ou le système, et une indication sur le niveau de classification de la sécurité.

10. *Développer des procédures pour prévenir le déplacement non autorisé des rubans, disques et documentation hors du service informatique*

Des procédures très sévères doivent être implantées afin de prévenir le déplacement des rubans, disques et documentation hors du service informatique. De telles procédures nécessiteront la fouille des sacs, des valises, des serviettes, fouilles qui pourront être effectuées par la réceptionniste ou l'agent de sécurité. Des formulaires spéciaux d'autorisation permettant la sortie de rubans, de disques et de la documentation à l'extérieur du service informatique doivent être signés par le bibliothécaire et autorisés par un membre responsable de la direction du service informatique.

11. *Exiger l'application d'étiquettes d'identification externes sur les rubans et les disques*

Tous les rubans et les disques doivent être clairement identifiés par une étiquette collée identifiant la «bobine». Les fichiers de rubans doivent être identifiés et avoir des étiquettes contenant les informations suivantes:

• le numéro d'identification du ruban;
• le nom de fichier;
• la date de création;
• la période de rétention;
• la date d'expiration;
• le numéro de «bobine»;
• le numéro et la densité des pistes;
• les dates de nettoyage.

Il peut également être préférable d'identifier le travail qui a créé le fichier et le travail pour lequel le fichier est un fichier d'entrée.

12. *Exiger l'utilisation de l'étiquetage interne*

Des étiquettes internes, dans le format du ruban ou d'enregistrement d'identification du disque et d'entête de fichier doivent être exigées pour tous les volumes et tous les fichiers de données, sans tenir compte que ces fichiers soient conservés sur rubans magnétiques ou disques. L'entête doit contenir:

- l'identification du fichier;
- la date de création;
- la période de rétention;
- les calculs d'enregistrements;
- les totaux de contrôle et d'autres informations de contrôle.

De plus, le logiciel d'exploitation doit être conçu de manière à pouvoir émettre des messages à la console de l'ordinateur lors du montage des rubans et des disques. Ce logiciel doit également vérifier les étiquettes d'identification des rubans et des disques afin que seuls les rubans appropriés ou les disques soient montés avant de permettre le traitement des données.

Tous les programmes de production devraient être en mesure de vérifier les étiquettes internes avant et après le traitement, et de mettre à jour les totaux de contrôle appropriés, après le traitement.

13. *Effectuer des vérifications régulières et à l'improviste de la bibliothèque de support d'information*

La direction du service informatique doit régulièrement et parfois à l'improviste, comparer le contenu de la bibliothèque avec sa liste d'inventaire. Dans l'éventualité qu'un article est trouvé en trop dans la bibliothèque et qu'il n'est pas mentionné dans la liste, il est essentiel d'instituer immédiatement une enquête. Si des rubans supplémentaires sont découverts, une liste partielle de son contenu doit être préparée. L'étiquette interne doit être comparée avec l'étiquette externe et avec la liste d'inventaire. Les formats d'enregistrement et les champs doivent être également examinés afin de déterminer s'ils vont de pair avec les formats d'enregistrement et les champs du ruban tels qu'enregistrés sur la liste d'inventaire.

Ces étapes doivent fournir des indications permettant de connaître si ces rubans supplémentaires contiennent un second ensemble de fichiers particuliers. Il est aussi essentiel de connaître quand et comment ces rubans en trop ont été utilisés. Les enregistrements de la console doivent être également examinés, afin de déterminer si ce ruban a été utilisé comme fichier d'entrée ou de sortie pour des programmes particuliers.

Si certains articles inscrits dans la liste d'inventaire ne sont pas trouvés dans la bibliothèque, les enregistrements de la bibliothèque doivent être soigneusement examinés pour découvrir quand et à qui cet article fut prêté? Si un article tarde à revenir, la raison de ce délai doit être exigée. Si les enregistrements de la bibiothèque indiquent qu'un article n'a pas été prêté, la dernière personne à laquelle l'article fut prêté doit être identifiée et une enquête doit immédiatement commencer. Encore là, il sera nécessaire d'examiner attentivement les enregistrements de la console pour déterminer quand les rubans ou les disques furent utilisés. Bien que ce travail d'enquête exige beaucoup de temps et d'énergie, il est essentiel pour l'assurance d'une protection adéquate à ces ressources et la prévention et la détection de tentatives de fraude.

14. *Effectuer des essais réguliers pour vérifier la précision des étiquettes externes*

Utilisant la technique d'échantillonnage, les étiquettes internes des rubans doivent être régulièrement comparées avec les étiquettes externes, afin de s'assurer qu'elles sont identiques et qu'aucun faux ruban n'a pu être frauduleusement introduit à la place d'un bon ruban.

15. *Maintenir un inventaire constamment à jour de tous les articles conservés dans le local, situé hors de l'édifice*

Un inventaire complet, continuellement mis à jour, des articles conservés dans le local, situé hors de l'édifice, doit être maintenu. Sur une base régulière et à l'improviste, les articles conservés dans ce local doivent être comparés avec la liste d'inventaire. La découverte d'articles supplémentaires ou l'absence de certains d'entre eux pourraient indiquer qu'une manipulation frauduleuse a eu lieu ou est en préparation. Les procédures d'enquête, précédemment décrites, doivent immédiatement prendre effet.

16. *Instituer des procédures pour être assuré qu'une protection adéquate est fournie aux articles conservés dans le local, situé hors de l'édifice*

Les rubans, les disques et la documentation conservés dans le local, situé hors de l'édifice du service informatique sont aussi vulnérables aux manipulations, aux utilisations frauduleuses et aux accès non autorisés que les articles conservés dans la bibliothèque. Des procédures très sévères doivent être instituées afin d'assurer une protection adéquate aux articles conservés dans le local, situé hors de l'édifice. Un examen périodique de la protection de ce lieu doit être effectué. La protection de ces articles lors de leur transport d'un endroit à l'autre, doit être soigneusement étudiée et évaluée.

17. *Conserver les données essentielles de l'entreprise, les fichiers de programmes et la documentation dans des voûtes ou dans des coffres-forts*

Pour les données importantes de l'entreprise et les fichiers de programme, des mesures de sécurité supplémentaires doivent être utilisées. Ces fichiers et leur documentation doivent être entreposés dans des voûtes ou des coffres-forts situés dans la bibliothèque. Ces voûtes ou ces coffres-forts doivent évidemment être gardés constamment verrouillés.

18. *Effectuer des inspections régulières et à l'improviste afin d'examiner le contenu des fichiers*

Sur une base régulière et parfois à l'improviste, le contenu des fichiers de données et des programmes doit être soigneusement examiné afin de s'assurer que ces fichiers sont complets, précis et qu'ils ne contiennent pas des entrées illicites ou non autorisées. Les usagers doivent avoir la responsabilité de vérifier l'exactitude et l'intégrité de leurs fichiers de données. Le service informatique, pour sa part, doit avoir la responsabilité d'effectuer la vérification des fichiers de programmes.

19. *Instituer des procédures pour s'assurer qu'une protection adéquate est appliquée aux données et aux fichiers de programmes lorsqu'ils sont transmis à un bureau de service ou à une autre entreprise pour le traitement*

Plusieurs entreprises assurent, dans leur environnement, une protection adéquate à leurs données et à leurs programmes mais, cependant, lorsqu'ils envoient leurs fichiers à un service bureau pour être traités ou être reproduits sur micro-films, ils ne prennent aucune mesure de sécurité pour s'assurer que le bureau de service fournira une protection adéquate pour protéger le caractère confidentiel et l'exactitude de leurs données.

20. *Démagnétiser, ou d'une certaine façon oblitérer, les informations confidentielles conservées sur rubans ou sur disques avant qu'ils soient envoyés à l'extérieurs pour recertification et pour nettoyage*

Lorsque les rubans ou les disques sont envoyés à l'extérieur pour le nettoyage ou la recertification, le contenu des fichiers conservés sur rubans ou sur disques, est très vulnérable parce qu'il est exposé à un très grand nombre de personnes. Afin de protéger le caractère confidentiel de ces fichiers, des rubans et des disques, on doit les démagnétiser ou les oblitérer de manière à ce que leur contenu soit caché[4].

21. *Démagnétiser, ou d'une certaine façon oblitérer, les rubans ou les disques de manœuvre lorsqu'ils ont été utilisés lors du traitement d'informations confidentielles*

Étendre les contrôles aux rubans de manœuvre. Ne pas oublier que de l'information confidentielle peut être disponible à des personnes non autorisées lorsque les rubans et les disques de manœuvre sont utilisés durant le traitement de données confidentielles.

22. *Documenter les procédures de la bibliothèque de support d'information et les tâches du bibliothécaire*

Afin de s'assurer que les bibliothécaires connaissent leurs responsabilités et les procédures qu'ils ont à respecter, les responsabilités et les procédures doivent être documentées précisément. Cette documentation permettra à la direction du service informatique de soutenir les procédures parce que les bibliothécaires et la direction connaissent les procédures requises et leurs responsabilités. Cette documentation facilitera grandement la formation des bibliothécaires. Cette documentation doit inclure les procédures suivantes.

- procédure pour la gestion des rubans et des disques incluant l'enregistrement et l'étiquetage;
- la préparation de procédures pour le traitement des productions;
- les procédures d'enregistrement;
- l'enregistrement, l'entretien et l'examen des inventaires;
- les procédures d'entretien des rubans et des disques;
- les procédures concernant les articles conservés dans le local situé hors de l'édifice, incluant l'identification des articles qui doivent être envoyés à l'extérieur;
- les procédures d'envoi et de réception;
- les procédures concernant les informations confidentielles conservées sur rubans ou disques;

- les procédures de sécurité;
- les autres informations utiles.

23. *Utiliser des logiciels permettant la gestion des rubans et des disques*

Utiliser un logiciel permettant la gestion des rubans et des disques. Actuellement, il existe sur le marché plusieurs logiciels permettant la gestion des rubans et des disques. Ces logiciels offrent habituellement des informations concernant l'inventaire et l'entretien des rubans et des disques. De plus, ils fournissent différents rapports tels que l'inventaire des fichiers, l'inventaire des rubans et des disques de manœuvre, des informations concernant les périodes d'expiration et de rétention des filières, des informations sur les préparatifs concernant les travaux, le statut des rubans, etc.

5. L'APPROCHE SYSTÉMIQUE POUR ASSURER UNE PROTECTION EFFICACE AUX DONNÉES ET AUX PROGRAMMES

L'approche la plus commune utilisée pour assurer la sécurité aux systèmes, aux fichiers et aux programmes est représentée à la figure 9.2. Naturellement, compte tenu de la complexité du problème et surtout de la nécessité d'une vision macroscopique de ce problème lié à la protection des données, il demeure essentiel de se référer aux autres composantes décrites dans ce rapport, afin d'atteindre le niveau de protection désiré pour la sécurité des données, des systèmes et des programmes.

5.1 La protection du milieu physique

Cette approche couvre la protection des données par la prévention et la limitation d'accès aux personnes non autorisées. Elle représente le premier niveau de protection et concerne les mesures de protection physique mentionnés au chapitre 7 et brièvement revu dans cette section. Elle représente la composante de base de tout programme de protection des systèmes informatisés.

5.2 L'authenticité et l'identification

Ces techniques sont conçues pour décourager l'accès non autorisé, en utilisant des informations connues uniquement des personnes autorisées. Les techniques connues les plus fréquentes sont l'utilisation des mots de passe et de la cryptographie. Pour

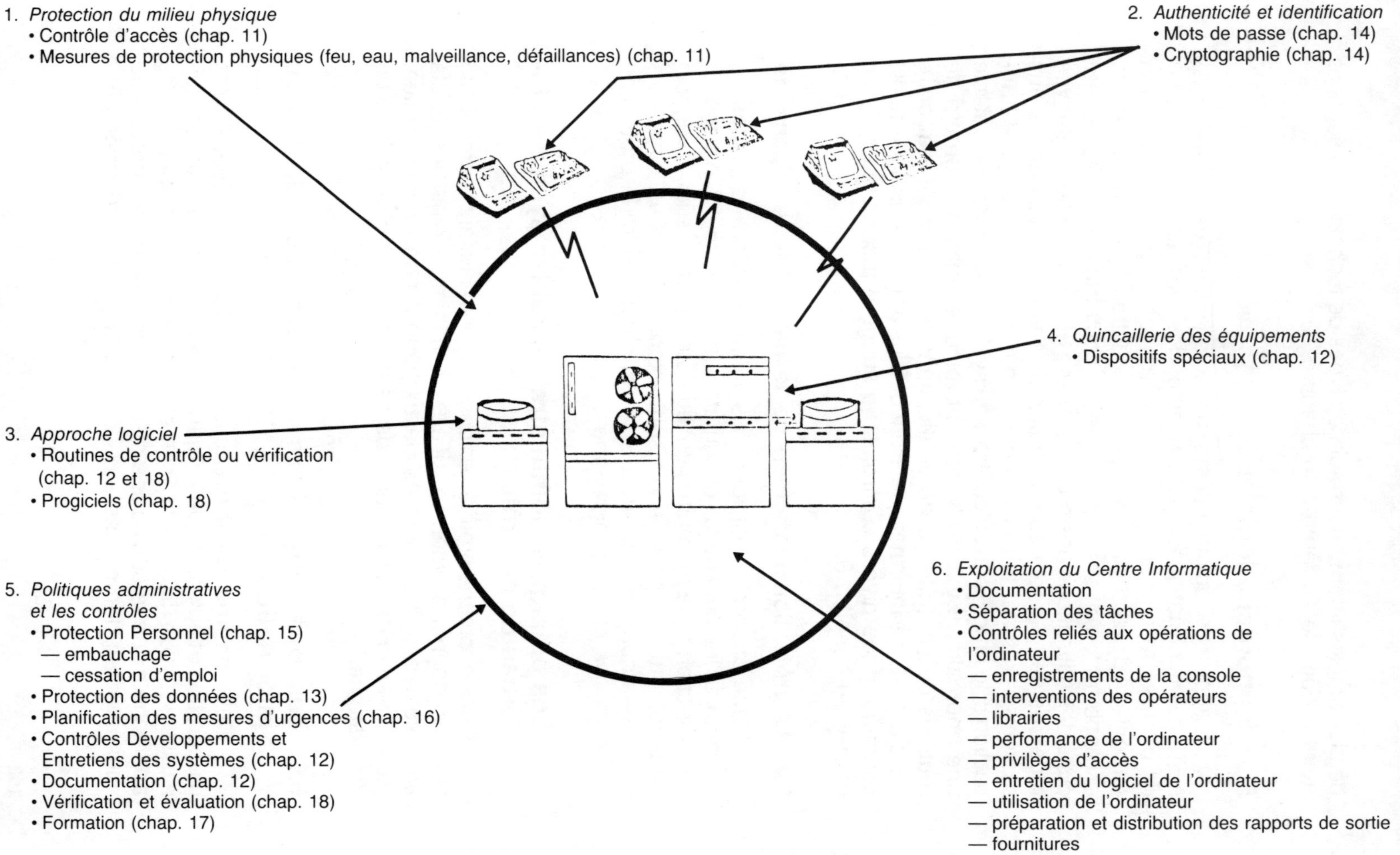

FIGURE 9.2. L'approche systémique pour protéger les données et les programmes.

de plus amples informations sur ces types de technique, je suggère aux lecteurs de se référer au chapitre 10.

5.3 L'approche logiciel

L'approche logiciel fait appel aux logiciels d'exploitation des systèmes informatiques. Par exemple, des routines de vérification de contrôle telles que: prendre automatiquement un échantillon du contenu d'un fichier, le comparer aux autres fichiers de référence et rapporter les diverses anomalies découvertes; enregistrer chacune des utilisations des mots de passe et rapporter les tentatives répétées des personnes non autorisées voulant avoir accès aux systèmes; refuser le traitement d'une commande ou d'une transaction si le processus de contrôle du système informatique détecte une anomalie. Il y a pratiquement aucune limite au nombre de routines de contrôle ou de vérifications que l'on peut introduire dans le système informatique. Pour de plus amples renseignements concernant les divers contrôles, je suggère aux lecteurs de se référer au chapitre 8.

5.4 La protection des fichiers par le matériel des équipements

Cette approche est fondée sur l'introduction de dispositifs spéciaux à l'intérieur de la configuration de l'ordinateur. Un dispositif de protection de la mémoire peut être utilisé. Encore ici, je renvoie le lecteur au chapitre 9, où sont exposés d'autres dispositifs physiques qui peuvent être utilisés afin d'accroître la protection des données et des programmes.

5.5 Les politiques administratives et les systèmes internes de contrôle

Cette approche protège les données en réduisant la probabilité que les données soient falsifiées et minimise ainsi les effets adverses résultant d'erreurs de traitement non intentionnelles, par l'utilisation des procédures de développement et d'exploitation du système.

5.6 Les opérations liées à l'exploitation du centre informatique

Cette approche fait essentiellement appel aux procédures d'opération et aux pratiques organisationnelles et opérationnelles à utiliser afin de diriger efficacement le centre de traitement. Cette approche exige le suivi d'une discipline très rigide qui permet de minimiser les dommages aux fichiers, la perte de données importantes et les erreurs non intentionnelles. Des procédures de contrôle et d'autorisation claires et précises contribuent à réduire les risques qui peuvent affecter les données. Pour de plus amples informations sur ces contrôles, se référer au chapitre 8.

NOTES

1. Javier Kuong, «Data Classification Guidelines», *Computer Security. Auditing and Controls. Text and Readings,* Welles Hills, M.A., Management Advisory Publications, 1973, p. 61.
2. Traduit et adapté de Leonard Krauss et Aileen MacGahan: «Library Controls», *Computer Fraud and Countermeasures,* Englewood Cliffs, N.J., Prentice Hall 1979, pp. 146-156.
3. G.R.C., «La sécurité des opérations», *Bulletin Sécurité de l'information*, vol. 6, n° 2, décembre 1981, p. 1.
4. G.R.C., «La protection et la diffusion des données», *Bulletin Sécurité de l'information, vol. 8, n° 2, août 1983, p. 2.*

CHAPITRE **10**

La protection des systèmes de communication

Introduction

Dans les chapitres précédents, nous avons vu que la technologie de l'ordinateur permettait d'emmagasiner et de traiter à une vitesse impressionnante un gros volume d'informations. Toutefois, elle remplit également une troisième fonction fort importante qui est celle de *distribuer* ces informations. Pour la gestion des entreprises, l'information est une ressource organisationnelle essentielle. Cependant, pour que cette information soit utile et pertinente, elle se doit aussi d'être disponible à l'endroit et au moment voulu. Les développements dans le domaine des communications ont répondu à ce besoin en permettant de conquérir des distances et de vaincre l'isolation.

Grâce à cette association de la technologie des ordinateurs et de celle des communications, les entreprises publiques, commerciales et industrielles peuvent maintenant mettre à la disposition de leurs bureaux régionaux, de leurs filiales éloignées du siège social les informations contenues dans leurs banques de données. De plus, ces entreprises peuvent également accéder à un nombre de plus en plus impressionnant de banques de données mises à leur disposition.

Malgré tout, cette utilisation massive des bases de données et de leur multiples possibilités d'accès à l'aide de ces réseaux de communication, pose de sérieux problèmes qui ont fait naître une nouvelle forme de menace: l'accès frauduleux aux données emmagasinées dans les bases de données, à l'aide de la technologie des communications. Ce type de fraude est définit de la façon suivante:

> *Data communications fraud is the* alteration, modification *or* spoofing *of messages which have been intercepted, trapped or altered for personnal gain in an existing on line data communiction system*[1].

Pour comprendre la vulnérabilité et l'importance de la protection des données accessibles, à l'aide des réseaux de communications, on doit reconnaître qu'on fait affaire avec un nombre impressionnant d'utilisateurs qui accèdent à un très gros volume de données à travers un réseau de télécommunications très complexe.

Tenant compte de cette situation, il n'est donc pas surprenant que le taux de menaces, pouvant affecter l'intégrité des informations contenues dans les banques de données, soit si élevé.

Dans ce chapitre, nous décrirons les diverses techniques et les mesures de sécurité préconisées afin de protéger adéquatement les données, tenant compte de cet environnement des télécommunications.

Les lignes de communication, peu importe les moyens qu'on utilise, demeurent très vulnérables et sujettes à différentes menaces telles que l'interception et la pénétration. Malgré qu'il demeure difficile d'assurer une protection physique à ces réseaux de communication, il y a cependant, quelques étapes à franchir afin d'en réduire les risques.

Dans cette section, nous identifierons les menaces les plus fréquentes dans ce domaine et, par la suite, nous aborderons les divers contrôles à notre disposition pour prévenir la pénétration de nos réseaux et des moyens de réduire ce genre d'infractions.

1. IDENTIFICATION DES MENACES ET DES TECHNIQUES COURANTES DE PERPÉTRATION DU CRIME

La probabilité de réussite d'un criminel, de pénétrer à l'intérieur d'un réseau de communications, dépend d'une foule de facteurs, incluant ses connaissances techniques dans le domaine de la technologie des télécommunications et des ordinateurs, ainsi que de la disponibilité d'un équipement sophistiqué permettant l'interception et la pénétration à l'intérieur des réseaux de télécommunication.

Les procédés les plus fréquemment rencontrés sont[2]:

- l'imposture;
- l'écoute électronique;
- la personnification («piggybacking»);
- l'entre-deux-lignes;
- *le «line grabbing.»*

1.1 L'imposture

Dans cette situation, l'imposteur tentera, dans un premier temps, d'obtenir par différents moyens les renseignements sur l'identification de l'usager sur le processus utilisé pour valider les informations nécessaires. Par la suite, l'individu prétendra être un usager autorisé et tentera d'avoir accès aux informations de l'ordinateur.

1.2 L'écoute électronique

Dans cette situation, l'imposteur tentera tout simplement d'intercepter les informations transmises sans, par contre, en modifier le contenu.

1.3 La personnification («piggybacking»)

Dans cette situation, l'imposteur introduit dans le réseau de télécommunications un terminal illégal entre l'ordinateur et l'usager. De cette façon, il intercepte les données d'entrée envoyées par l'usager, les modifie ou les remplace complètement et les retransmet à l'ordinateur. Dans certains cas, il transmet à l'usager un message erroné indiquant que le système n'est pas disponible.

1.4 L'entre-deux-lignes

Dans cette situation, l'imposteur introduit un terminal illégal dans le réseau de télécommunications. Il pénètre dans le système dès qu'un usager autorisé entre en communication, mais demeure inactif, jusqu'au moment où celui-ci n'effectue aucune opération. Lorsque l'usager est inactif, l'imposteur en profite pour pénétrer à l'intérieur du système et perpétrer son crime.

1.5 Le *«line grabbing»*

Dans cette situation, l'imposteur introduit un terminal illégal sur la ligne de communication. Il fait de l'écoute électronique jusqu'au moment où l'usager autorisé indique à son terminal les instructions de sortie de communication. À ce moment, l'imposteur intercepte les instructions, simule et transmet à l'usager un message fictif lui indiquant qu'il est sorti de communication. Cependant l'imposteur utilise la ligne de communication de l'usager à des fins criminelles.

2. LES MESURES ET LES CONTRÔLES RECOMMANDÉS

Les contrôles et les mesures recommandés pour pallier à ces menaces sont:

- la sécurité physique;

- la technologie de la cryptographie;
- la vérification de l'authenticité;
- la numérotation par série des transactions et l'estampillage du temps;
- l'interruption automatique du terminal;
- la surveillance de l'écoute électronique et des anomalies sur les lignes de communications;
- l'utilisation de procédures de rappels;
- l'utilisation de procédures d'identification, de vérification et d'authenticité de l'usager;

2.1 La sécurité physique

2.1.1 La protection physique du site

Certaines mesures doivent être adoptées pour assurer une sécurité adéquate aux installations informatiques et aux nombreux sites où se trouvent les différents terminaux.

Tel que spécifié au chapitre 7, la pièce où sont installées les lignes de communication demeure l'endroit le plus vulnérable et représente pour l'imposteur le meileur point pour installer l'équipement nécessaire pour l'écoute électronique. Il demeure donc important de protéger adéquatement ce local et d'en restreindre l'accès.

2.1.2 La protection physique du terminal

Le terminal est l'organe d'accès à l'ordinateur, situé à distance, et auquel il est relié par une ligne de transmission des données. Il existe actuellement plusieurs types de terminaux mais tous permettent l'entrée et la réception de données d'un ordinateur situé à l'extérieur. Compte tenu de leurs fonctions, ces appareils sont souvent utilisés pour perpétrer des fraudes. Il demeure donc très important d'assurer une sécurité physique à ces équipements. Dans cette section, nous examinerons les moyens physiques permettant la protection physique du terminal.

2.1.2.1 *Les contrôles d'accès à ces terminaux*

Tous les terminaux, peu importe leur type, ont un point en commun; ils doivent tous être protégés contre le sabotage et l'utilisation frauduleuse. Essentiellement, l'accès à ces terminaux ne doit être ouvert qu'aux personnes autorisées à utiliser ces terminaux. De plus, il est de loin préférable que ces terminaux soient installés dans des locaux verrouillés, dont seules les personnes autorisées possèdent la clé.

2.1.2.2 *Les dispositifs de contrôle des terminaux*[3]

Il existe actuellement plusieurs dispositifs de contrôle déjà installés à l'intérieur de ces appareils ou qui peuvent tout simplement être rajoutés afin d'accroître la protection.

- Le terminal peut être *doté d'une serrure* dont la clé sera remise à ceux qui seront autorisés à utiliser le terminal. Cependant, il y a deux inconvénients à ce dispositif. Premièrement, cette clé peut être perdue, volée ou tout simplement reproduite; et deuxièmement la serrure peut être forcée.
- Le terminal peut également être *pourvu d'un lecteur de cartes magnétiques* qui limite l'utilisation de l'appareil aux personnes autorisées possédant la carte d'identification.
- Le clavier d'un terminal peut également être *verrouillé par l'ordinateur central*, lorsque celui-ci appréhende qu'une personne non autorisée tente d'avoir accès aux systèmes ou lorsqu'un utilisateur autorisé désire obtenir des privilèges qui ne lui sont pas accordés, tels que l'accès à des informations confidentielles.
- Ce terminal peut également *posséder ses propres moyens d'identification* lui permettant d'être reconnu par l'ordinateur principal. Les dispositifs utilisés sont particulièrement importants si le terminal n'est pas situé dans un endroit sûr ou lorsqu'il est utilisé pour obtenir des données et/ou des programmes nécessitant une sécurité maximale. L'inconvénient de ce type de terminal est que lorsqu'on a des problèmes d'ordre technique avec celui-ci, il ne peut pas être remplacé, dans un délai relativement court, par un autre type de terminal.
- Le terminal peut également être pourvu d'une option permettant à l'usager *d'empêcher l'affichage ou l'impression des informations* qui ont été placées dans l'appareil. Cette option peut être automatique ou manuelle et est très importante lors de l'étape d'identification de l'utilisateur.
- Le terminal peut également être doté d'une technologie permettant la cryptographie de l'information. Ce procédé permet le codage de l'information et demeure particulièrement important aux endroits où l'accès à des informations confidentielles se réalise. Nous verrons plus en détail cette technologie dans la section suivante de ce chapitre.

2.2 La cryptographie

La cryptographie[4] est une technologie permettant de modifier les données transmises sur le réseau de télécommunications de façon à les rendre incompréhensibles durant la transmission. Cette transformation peut s'effectuer par la transposition de caractères sur les données ou sur les messages, par la substitution des caractères par d'autres, ou par la manipulation des caractères des données ou des messages à l'aide d'un procédé mathématique et logique. La technologie de cryptographie fournit une protection adéquate aux mots de passe et aux données qui sont transmises.

2.3 La vérification de l'authenticité

La technique utilisée permet d'authentifier chacun des messages et d'indiquer à l'usager et au système informatique que ses messages n'ont pas été interceptés ou introduits à l'aide d'un terminal non autorisé. La procédé utilisé consiste à insérer un code à chacun des messages envoyés et reçus au système informatique.

Parfois, le code utilisé peut être un numéro de message séquentiel ou peut être généré par l'utilisation d'un algorithme produit à partir des caractères du message précédent.

2.4 Le numérotage des transactions et l'estampillage en série

Cette technique consiste à faire assigner par l'ordinateur un numéro d'identification séquentiel unique à chacune des transactions provenant des terminaux. Par la suite, à mesure qu'elles se présentent, les transactions numérotées sont enregistrées sur un ruban ou sur un disque employé comme journal ou registre des transactions.

Ce registre a plusieurs fonctions. Il est fréquemment utilisé afin de rétablir le système d'exploitation après une panne. Il permet également de retracer la dernière transaction traitée avant l'interruption. De plus, ce registre est fréquemment utilisé lors de l'analyse des erreurs du système ou d'événements qui semblent suspects et représente une source importante d'informations pour la vérification.

2.5 L'interruption automatique du lien avec le terminal

Cette technique consiste à interrompre automatiquement après une période d'inactivité la communication avec un terminal. Ce dispositif est très important, car il permet de prévenir l'utilisation frauduleuse des terminaux par les imposteurs qui profitent fréquemment de la négligence de certains utilisateurs qui ont oublié d'interrompre la communication avec l'ordinateur et qui offrent ainsi un accès à ces individus.

2.6 La surveillance et la détection de l'écoute électronique et des anomalies

Périodiquement, il est recommandable de faire vérifier, par des spécialistes de la télécommunication, les locaux où sont situés les circuits et les lignes elles-mêmes, pour détecter la présence de toute anomalie.

2.7 L'utilisation de procédures de rappel

Ce procédé permet au système informatique de vérifier si effectivement l'usager est bien celui qu'il prétend être et de s'assurer qu'il utilise un terminal autorisé, dans un endroit précis et identifié.

Lorsque l'usager entre en communication avec le système en s'identifiant et en s'authentifiant, l'ordinateur cherche à établir l'identification du terminal et sa localisation. Il interrompt alors subitement la communication avec l'usager et rappelle immédiatement le terminal précédemment identifié. Il en résulte que le lien établi entre l'ordinateur et celui de l'usager demeure l'unique lien effectif pour la durée de la session de travail.

Ce procédé peut également être utilisé d'une autre façon. Par exemple, un usager peut entrer en communication avec le système informatique et celui-ci peut à son tour le rappeler par l'utilisation d'une autre ligne, sans toutefois l'interrompre afin de vérifier qui est l'utilisateur qui tente d'accéder au système. Cette technique peu orthodoxe n'est utilisée que dans un environnement où l'on manipule des données qui nécessitent un degré de protection élevé.

2.8 Identification et certification de l'utilisateur

Dans cet environnement de télétransmission, le système d'ordinateur doit précisément identifier chacun de ses utilisateurs. La reconnaissance de l'identité de l'utilisateur s'effectue en deux opérations subséquentes faisant appel aux notions suivantes:

Identification

Cette opération consiste pour l'utilisateur à s'identifier auprès du système d'ordinateur.

Certification

Cette opération consiste pour l'utilisateur à prouver auprès du système d'ordinateur qu'il est bien celui qu'il prétend être.

Généralement, l'utilisateur s'identifie au système d'ordinateur en entrant son numéro de compte ou en insérant une carte spéciale contenant le numéro de compte dans un lecteur. Pour identifier de façon sûre l'utilisateur, ce processus est insuffisant. Le système d'ordinateur se doit également de vérifier l'authenticité des informations fournies.

2.8.1 Les techniques de vérification de l'authenticité des usagers

Il y a trois façons générales de vérifier l'authenticité de l'individu qui désire accéder au système d'ordinateur:

- l'utilisation de mots connus seulement de l'usager, tels que son numéro d'employé, un mot de passe ou un code secret;
- l'utilisation d'un objet appartenant à l'usager, tel qu'une clé, une carte d'identification ou un insigne;
- l'utilisation d'une caractéristique physique propre à l'usager, telle que ses empreintes digitales, son timbre de voix ou sa signature.

2.8.1.1 *L'emploi de mots connus uniquement de l'usager*

A. *L'utilisation d'un mot de passe permanent*

La méthode la plus utilisée pour identifier un utilisateur est le mot de passe[5]. Cependant, le danger d'utiliser cette méthode est que le mot de passe, après une certaine période, peut être connu des personnes qui ne sont pas autorisées à avoir accès au système d'ordinateur. Afin de minimiser les risques propres à l'utilisation des mots de passe[6], nous recommandons les points suivants:

- L'usager doit être sensibilisé à l'importance de conserver secret son mot de passe et à agir de façon à respecter cet aspect confidentiel.
- Le mot de passe choisi doit être court afin d'être mémorisé.
- Le mot de passe ne doit pas être un mot facilement identifiable, tel qu'un nom de personnes, une date de naissance, une ville, etc.
- Le mot de passe ne doit pas s'afficher ou s'imprimer sur le terminal lorsqu'on le rentre dans le système.
- Le mot de passe ne doit jamais être imprimé sur des rapports.
- Le mot de passe doit être changé périodiquement.

B. *L'utilisation restrictive des mots de passe*

Cette méthode permet de limiter l'usage du mot de passe par l'introduction d'un compteur ou d'une date. Par exemple, un mot de passe peut automatiquement être rejeté après avoir été utilisé 17 fois ou après le dixième jour du mois suivant alors qu'un nouveau mot de passe entre en vigueur.

C. *L'utilisation de la méthode séquentielle question-réponse*

Cette méthode n'utilise pas de mots de passe ou de codes. Le principe fait appel à une série de questions personnelles dont les réponses ne sont normalement connues que des personnes autorisées.

Un des désavantages de cette méthode est qu'elle alourdit considérablement le processus d'identification de l'utilisateur et qu'elle devient ultérieurement harassante pour l'utilisateur qui doit l'employer fréquemment. Par contre, le principal avantage de cette méthode est qu'il demeure difficile pour une personne non autorisée, de pouvoir répondre correctement à l'ensemble des questions posées par le système.

2.8.1.2 *L'emploi d'un objet possédé par l'usager*

Cette méthode consiste à remettre aux utilisateurs autorisés une carte d'identification, un insigne ou tout autre objet permettant ainsi aux personnes de s'identifier, ou de prouver leur identité.

L'utilisation de cette carte d'identité ou de cet insigne est recommandée lorsque plusieurs utilisateurs partagent le même terminal. Chaque utilisateur doit posséder sa propre carte ou son propre insigne et doit l'insérer dans la station de lecture du terminal.

Certains de ces terminaux peuvent être programmés de façon à n'autoriser que les usagers inscrits sur une liste interne emmagasinée dans l'appareil. Cette liste peut être en tout temps modifiée par une personne autorisée.

L'emploi de clés est recommandé seulement lorsque l'utilisateur se sert de l'appareil pour une période de temps fixe. Par contre, tel que cela a été mentionné antérieurement, l'utilisation de clés et de serrures comporte plusieurs désavantages et ne représente pas nécessairement une protection adéquate.

2.8.1.3 *L'emploi d'un trait caractéristique de l'usager*

Cette méthode est différente des deux précédentes, car elle consiste plutôt à authentifier l'identité de l'utilisateur par les caractéristiques qui lui sont propres. Les principales caractéristiques utilisées sont:

- les empreintes digitales, la forme des mains, la longueur des doigts, le contour de l'extrémité des doigts;

• l'analyse de la signature;
• l'identification de la voix.

Malgré tout, l'utilisation de cette méthode comporte également plusieurs désavantages, tel que:

• la possibilité d'imiter ou de copier une de ces caractéristiques;
• la possibilité qu'un des traits caractéristiques d'une personne soit tout simplement modifié à cause de différents facteurs impondérables (ex. la voix ou la signature d'une personne peuvent être affectées par différents problèmes, tels que la santé, l'émotion, le stress ou même une blessure).

NOTES

1. «Copying with Electronic Fraud and Computer Abuse», *Data Systems,* mars 1983, p. 71.
2. Gosselin, «Crime et ordinateurs», *Vidéo ordinateurs*, vol. 1, n° 6 Montréal, p. 18.
3. J. David Sykes, «Terminal Features for Security», *Practical Approaches to Network Security; Computer Security Manual*, Massachusetts, 1980, pp. 4-75.
4. W. Donald Davies, «A Cryptographic Key Management Scheme for Implementing the Data Encryption Standard», *The Security of Data in Networks,* New York, Computer Society Press, 1980, pp. 94-113.
5. G.R.C., «Les mots de passe», *Bulletin Sécurité de l'informatique*, vol. 3, n° 1, Ottawa, mars 1978, pp. 1-3.
6. Alan Berman, «Password Protection», *Canadian Datasystems*, novembre 1984.

CHAPITRE **11**

La protection au niveau du personnel

Introduction

Au cours des chapitres précédents, nous avons longuement mesuré les trois types de menaces qui pouvaient affecter la sécurité des ressources informatiques:

- les actes de la nature;
- les incidents fortuits;
- les actions posées par les êtres humains.

Ces dernières années, ce dernier type de menaces s'est de beaucoup accru. Cette recrudescence du nombre de délits causés par des êtres humains est due à un certain nombre de facteurs que nous énumérerons ultérieurement.

En premier lieu, tel que cela a été stipulé, les lois actuelles ne sont pas adéquates, comparativement au gain obtenu par ces crimes, et les amendes sont, de plus, ridicules.

En deuxième lieu, la majorité des auteurs de ces délits ne sont pas conscients de la gravité de leur crime et ne ressentent aucun sentiment de culpabilité.

En troisième lieu, compte tenu de l'aspect lucratif de ces délits et de la difficulté de pouvoir identifier avec certitude les auteurs de ces crimes, nous assistons présentement à l'apparition d'un nouveau type de criminels. Ce sont, en général, des employés qui occupent habituellement un poste de confiance. Cela leurs confèrent des privilèges d'accès aux ressources de la compagnie, incluant l'accès au système informatique. David Plato, expert dans le domaine de la sécurité, donna une description sommaire de ce type d'individu:

> *What is an embezzler? Somebody who steals from a position of trust. He does not come in with a gun. He does not take the risks. He knows his employer. He knows that his employer trusts him. An he steals. He knows he is not taking a great risk. Some of the largest embezzlements do not end up with the perpetrator in jail*[1].

En dernier lieu, à cause des conséquences d'une mauvaise publicité provoquée par la poursuite d'un employé soupçonné d'avoir commis un crime informatique, les entreprises préfèrent généralement congédier ces employés que de les poursuivre en justice.

Compte tenu de tous ces éléments, la protection au niveau du personnel représente une composante très importante de notre programme de protection des ressources informatiques. Ce sous-programme de protection au niveau du personnel a pour objectif de minimiser les risques de pertes qui pourraient être causés par les employés d'une entreprise.

1. LES TRAITS PRÉDOMINANTS DU PERSONNEL INFORMATIQUE

L'essor incroyable de l'informatique, au cours des vingt dernières années, a suscité une demande considérable de spécialistes pour concevoir, développer, programmer et faire fonctionner les systèmes informatiques. Comme dans les autres sphères d'activités, il est normal de prévoir que les individus qui se spécialisent dans ce domaine ne sont pas tous qualifiés et n'ont pas tous la motivation et la loyauté souhaitées.

D'importantes caractéristiques sont prédominantes chez ces individus[2]. Habituellement, ce sont des personnes brillantes qui se lancent dans ce domaine d'activité par goût du défi et sont attirées par l'aspect mythique entourant la technologie des ordinateurs. Souvent, leur sens de la loyauté est plutôt orienté vers leur profession plutôt que l'organisation où ils travaillent.

Un des traits caractéristique de ces spécialistes des ordinateurs, c'est leur désintéressement aux affaires administratives et aux procédures de contrôle de l'entreprise. Ils croient qu'elles représentent des contraintes face à leurs désirs et à leurs objectifs personnels concernant leur participation à des défis d'ordre technique utilisant les équipements les plus modernes, sans égard pour les coûts engendrés, les budgets, les politiques de gestion, les contrôles des systèmes, aussi bien que des règles de gestion instituées à l'intérieur de l'entreprise.

Cette forte demande de spécialistes dans le domaine de l'informatique a également provoqué une mobilité importante de ces gens qui, compte tenu de la demande, n'ont pas à se préoccuper de la sécurité d'emploi. Actuellement, il y a stabilisation, car il fut un temps où on enregistrait un roulement moyen de 15 à 20% de ce personnel.

Cette description n'avait pas comme objectif d'inciter les gestionnaires à tenter de modifier ces caractéristiques, mais plutôt à les sensibiliser à cet environnement particulier et à l'importance de prendre les mesures nécessaires pour en minimiser les conséquences négatives. En d'autres mots, bien qu'il soit impossible de protéger les ressources informatiques contre tous les effets négatifs générés par le personnel informatique, les objectifs de ce sous-programme se doivent, par contre, de minimiser les risques de sabotage ou les autres menaces pouvant affecter la protection des ressources informatiques, et de prévenir des conséquences désastreuses.

2. LA STRUCTURE DE CE SOUS-PROGRAMME

Les principaux éléments de ce sous-programme de protection du personnel sont:

- la prévision et la prévention;
- les méthodes de résolution de problème;
- la sensibilisation du personnel.

Compte tenu des circonstances, il existe une infinité de possibilités que le personnel d'une entreprise commette des actes illégaux ou détruise la propriété. La direction doit être sensibilisée à cette situation. Des recherches effectuées, dans ce domaine, par le Stanford Research Institute démontre qu'aucune entreprise n'est à l'abri des divers dangers provoqués par ses employés.

Un employé insatisfait, un employé ayant des problèmes personnels, un autre ayant un problème d'alcool ou de drogue, peut trouver la motivation nécessaire pour voler ou détruire les différentes ressources de l'entreprise.

L'approche que l'on doit adopter pour rencontrer les objectifs de ce sous-programme consiste à structurer minutieusement un plan qui permettra de venir à bout des menaces avant qu'elles ne se produisent, ou dans l'éventualité qu'elles se produisent. Un tel sous-programme doit nécessairement comporter des politiques concernant le recrutement, la sélection et l'embauche des employés. Cela pour le développement de procédures efficaces pour prévenir les conséquences d'actes malveillants, pouvant être posés par un employé congédié; pour la préparation et la diffusion de sessions d'information pour sensibiliser tous les employés à l'importance d'assurer une protection maximale à l'ensemble des ressources informatiques. Compte tenu de l'importance capitale de ce dernier élément, nous en reparlerons plus en détails au chapitre 14.

2.1 Les mesures de prévention et les procédures préconisées pour minimiser les problèmes du secteur «personnel»

Voici les mesures de prévention préconisées.

2.1.1 Le développement d'une méthode de sélection adéquate[3]

La mise sur pied d'une méthode de sélection et de détermination des qualifications pour le personnel informatique est essentielle. Bien qu'il soit impossible d'être précis à 100%, il demeure cependant important que le processus de prévention commence par une sélection appropriée du personnel.

2.1.2 La vérification du cautionnement

La vérification du cautionnement d'un individu comporte divers niveaux d'enquête, allant de la vérification des expériences de travail de la personne jusqu'à l'examen de sa vie personnelle.

2.1.3 La limitation d'accès aux secteurs stratégiques

La restriction d'accès des différents secteurs clés, des enregistrements, des applications sensibles et à leur documentation, des codes, des mots de passe et des combinaisons des voûtes.

2.1.4 L'implantation de procédures rigides d'autorisation et de surveillance

Certaines opérations de base, consistant à réduire les occasions de manipulations des données, doivent être obligatoirement renforcées. Par exemple, il doit être strictement interdit aux employés de travailler seuls dans les locaux. On doit développer et implanter des procédures exigeant une autorisation et permettant la vérification des accès des employés hors des heures normales d'opération du service informatique.

2.1.5 La séparation des tâches

Des contrôles organisationnels et fonctionnels doivent être élaborés afin de permettre la séparation des responsabilités fonctionnelles. Par exemple, les opérateurs ne doivent pas être autorisés à modifier les programmes. Le groupe chargé des opérations ne doit pas avoir la responsabilité d'administrer le contrôle des données et du traitement des rapports. La charte des responsabilités à l'intérieur de la structure organisationnelle doit être soigneusement définie et mise en pratique. Ces responsabilités doivent être adéquatement partagées afin de réduire les chances d'affecter les données du système informatique.

2.1.6 La rotation des tâches

La rotation des tâches doit être mise en pratique afin de réduire les risques d'association et de complicité entre les employés. L'entraînement d'employés de soutien (cela peut être accompli par l'alternance des tâches) représente un processus très avantageux.

2.1.7 La diffusion des responsabilités du groupe de contrôle

Non seulement est-il nécessaire que le rôle et les tâches du personnel faisant partie du groupe de contrôle des données et de la qualité soient clairement décrites et également connues, mais il demeure essentiel d'expliquer leurs responsabilités face aux autres secteurs, à l'intérieur de la section informatique. Par exemple, les programmeurs ayant besoin du temps-machine pour effectuer des tests aux modifications apportées à des programmes, devront porter sur l'échéancier ce travail, par l'entremise du secteur responsable du contrôle des données, et expliquer la nature des travaux qui seront exécutés. De plus, les modifications demandées par les utilisateurs doivent être acheminées à ce groupe de contrôle avant d'être remises aux analystes ou aux programmeurs.

2.1.8 La vérification du cautionnement des employés des firmes externes

Bien que cette tâche soit très délicate et très complexe, il demeure indispensable de vérifier le cautionnement des personnes qui ne font pas partie du personnel de l'entreprise mais qui, par contrat, doivent effectuer différents travaux liés au développement et à l'exploitation des ordinateurs. Ce sont généralement les employés des firmes effectuant le développement ou l'entretien de logiciels d'application ou d'exploitation, l'entretien des équipements informatiques, l'entretien des équipements de soutien (climatisation, système d'alarme, communication); les employés de la firme effectuant la livraison et les personnes qui assurent la sécurité et l'entretien du site.

2.1.9 L'évaluation périodique des employés de l'entreprise

L'analyse périodique du travail effectué par l'employé représente une excellente possibilité pour le gestionnaire d'inclure à l'intérieur de cette évaluation, une enquête de vérification de comportement. Cette enquête porte sur les modifications de comportement concernant le mode de vie de l'employé. Cette enquête peut également comporter la vérification du crédit et des ressources financières. Elle est spécialement recommandée au niveau des personnes occupant, à l'intérieur du secteur informatique, des fonctions stratégiques leur permettant l'accès aux données et aux applications importantes de l'entreprise.

2.1.10 La mise en place d'un processus de sécurité pour protéger des travaux exécutés par les employés temporaires

Un autre aspect important de la sécurité du personnel est l'emploi occasionnel de personnel temporaire pour effectuer les travaux d'analyse et de programmation. Concernant l'emploi de ces personnes, des règles de gestion strictes doivent précisément décrire les formalités qui doivent être remplies par ces personnes. Par exemple, il est parfois nécessaire d'inclure dans les contrats des règles spécifiant que l'ensemble des travaux effectués par les employés temporaires doit demeurer confidentiel et que toute violation de ces règles entraînera automatiquement des poursuites judiciaires contre la firme extérieure et contre l'employé occasionnel.

2.1.11 L'institution d'une politique claire et précise concernant la cessation d'emploi

Il est un fait qu'un jour ou l'autre les employés clés de l'entreprise quitteront leur emploi pour différentes raisons. Cependant, dès la connaissance d'une telle situation, il est important d'instituer des procédures claires et précises concernant les mesures immédiates à prendre.

Une des premières mesures à prendre est de retirer immédiatement à l'employé ses privilèges d'accès. De plus, bien que cette mesure soit très difficile à appliquer, cette personne doit être mise immédiatement sous la responsabilité d'un autre employé dont la tâche consistera à contrôler les travaux effectués par l'employé qui quittera. Lors d'une telle situation, on recommande de lui assigner immédiatement un successeur qui aura cette responsabilité. Des événements graves font parfois appel à des mesures drastiques. Dans certaines occasions, un employé congédié devra quitter le jour même. Cependant, pour chacune des situations, c'est une question de jugement et d'évaluation.

2.2 Le développement et la présentation de sessions d'information offertes aux employés

Compte tenu de l'importance d'être sensibilisé à la nécessité de protéger adéquatement les ressources informatiques, des sessions d'information doivent être régulièrement présentées aux employés. Ces sessions d'information permettent principalement:

- de faire connaître et d'expliquer les procédures en application;
- d'expliquer les procédures en cas d'urgence;
- de sensibiliser les employés à la nécessité de cette protection;
- d'encourager le personnel à rapporter toute situation qui leur semble anormale;
- d'expliquer les peines encourues lorsqu'on commet un délit.

Nous étudierons ces considérations plus en détail au chapitre 13.

NOTES

1. David Plato, *Crimes against Business, A management prospective*, Washington, D.C., Department of Commerce, mai 1976.
2. Javier Kuong, «Some Prevailing Threats of EDP Personnel», *Computer Security. Auditing and Controls. Texts and Readings*, Welles Hills, MA., Management Advisory Publication, 1973, pp. 134-135.
3. H. Dick Brandon, «Employees; Hiring Practices», *Computer Security Handbook*, MacMillan Publishing, 1973, pp. 2.184-2.191.

CHAPITRE **12**

La planification des mesures d'urgence

Introduction

Auparavant, les gestionnaires avaient l'habitude de considérer la planification des mesures d'urgence comme nécessaire mais peu pressante. Ils se disaient «rien de sérieux ne va nous arriver; il y a des projets plus importants à développer compte tenu des investissements nécessaires». Cependant, le recours croissant à l'ordinateur dans tous les domaines d'activité a rendu plus pressant le besoin de planifier ces mesures d'urgence dans le domaine de l'informatique. Certains passages de ce chapitre sont tirés du document *Plan d'urgence du Bureau central de l'informatique*, publié par le ministère des Communications du Québec.

Sensibilisé à cette situation, à l'automne de l'année 1980, M. André Pérès, professeur agrégé au Service des sciences comptables de l'école des Hautes Études commerciales de Montréal, mettait sur pied un projet de recherche traitant des plans de recouvrement en situation d'urgence[1]. Le projet de M. Pérès poursuivait l'objectif suivant: mieux connaître les habitudes des organismes québécois en matière de planification en situations d'urgence et répondre à les interrogations:

- Le retour au traitement manuel peut-il, à lui seul, assurer la continuité de la production des informations effectuée en temps normal par les centres informatiques?
- Quelles sont les solutions retenues par les organismes pour assurer la continuité des opérations de leur centre informatique et à qui est confiée la responsabilité de la planification de ces solutions?

Voici les points saillants des résultats obtenus à partir de cette recherche quant au plan de recouvrement en situation d'urgence.

Plus de 243 organismes ont participé à cette recherche.

- En situation d'urgence, les organismes pourraient difficilement envisager uniquement un retour au traitement manuel pour assurer la continuité des opérations de leur centre informatique. Il ressort en effet de cette étude que 80% des applications importantes identifiées par l'ensemble des répondeurs ne pourraient être maintenues manuellement au-delà d'une période de 30 jours ouvrables.

- 91% des répondeurs entreposent des éléments dans un local situé à l'extérieur de leur centre informatique.
- 74% des répondeurs utilisent au moins une autre solution que le retour au traitement manuel pour assurer, en cas de désastre, la continuité des opérations de leur centre informatique. La forme de solution la plus répandue (63% des cas) est celle de l'entente réciproque conclue avec un ou plusieurs autres organismes.
- Les pannes prolongées de courant ne semblent pas inquiéter les organismes qui ont répondu. 21% seulement des répondants sont dotés d'appareils pour pallier à de telles éventualités.
- Dans la majorité des cas, les directeurs des centres informatiques assurent seuls la responsabilité de la planification des plans de recouvrement.
- 40% des répondants ont contracté une police d'assurance couvrant les pertes que pourrait occasionner une interruption des activités de leur centre informatique.
- 45% des organismes qui ont au moins une solution pour assurer, en cas de désastre, la continuité des opérations de leur centre informatique procèdent à la vérification de cette solution soit par un examen des procédures, soit par la simulation d'un désastre.

1. DÉFINITION GÉNÉRALE

Dans plusieurs cas, les entreprises qui participent à la gestion des ressources informatiques confondent *plans d'urgence* et *plans de secours*. Les plans de secours et de reprise conçus pour la plupart des systèmes posent comme hypothèse de départ que le problème éprouvé empêchera le système de fonctionner pendant une période de temps relativement courte.

Les plans d'urgence, quant à eux, doivent mettre l'accent sur les problèmes ou incidents susceptibles de nuire aux opérations normales pendant une assez longue période de temps. Ce plan d'urgence est la description intégrale des activités à mettre en œuvre, des ressources à mobiliser et des procédures à suivre avant, pendant et après qu'une atteinte à la protection des systèmes informatisés se soit produite et que cette atteinte rende pleinement ou partiellement inopérante la capacité de traitement du service informatique.

2. OBJECTIF DE LA PLANIFICATION DES MESURES D'URGENCE

La raison d'être des plans d'urgence informatiques est d'assurer la continuité des activités informatiques quelle que soit l'atteinte à la sécurité des opérations[2]. Plus spécifiquement, cet objectif comporte l'ordonnancement des éléments suivants:

- être en mesure de réagir promptement lorsqu'une atteinte se produit;
- être en mesure d'organiser la relève provisoire des travaux critiques;
- être en mesure, par la suite, de rétablir les activités intégrales du centre informatique.

3. CARACTÉRISTIQUES ESSENTIELLES DES PLANS D'URGENCE

Les caractéristiques essentielles des plans d'urgence sont les conditions sans lesquelles les réussites dans leur élaboration et leur implantation ne peuvent être assurées. Ces conditions[3] supposent que:

- la planification est définie selon les besoins spécifiques de l'organisme;
- qu'elle doit être articulée en vue de prévoir la destruction partielle ou totale des ressources matérielles informatiques;
- qu'une définition précise des responsabilités des intervenants soit établie;
- que l'implication de la haute direction soit nécessaire;
- que la définition des travaux critiques doit être effectuée par les usagers;
- que le statut critique des applications doit être établi en fonction de la durée de l'arrêt des opérations;
- qu'un échéancier doit être préparé en vue du rétablissement graduel et intégral des opérations;
- que cette planification doit être *documentée, éprouvée* et *tenue à jour*;
- que la relève doit être planifiée en tenant compte des sites et du traitement.

4. LES MESURES OPÉRATIONNELLES D'URGENCE

Les mesures opérationnelles d'urgence à instaurer lors de cette étape initiale ont pour but de:

- circonscrire les dégâts;

- assurer l'évacuation du personnel;
- dispenser les soins d'urgence;
- informer les responsables;
- faire appel aux services publics de secours;
- mettre sur pied un arrêt ordonné des opérations;
- rassembler l'équipe de gestion d'urgence;
- assurer la protection des lieux évacués;
- procéder à l'évaluation des dommages.

5. LA RELÈVE DES TRAVAUX CRITIQUES

Les travaux critiques sont les travaux essentiels à la continuité des opérations des usagers. La non-exécution de ces travaux peut entraîner des conséquences graves: pertes financières importantes, détérioration de l'image de marque, etc.

Cette étape implique l'intervention de l'équipe de contrôle de l'urgence et des équipes spécialisées (par fonction) dans l'organisation[4] des activités de relève des applications critiques, telles que:

- le transport au site de relève;
- l'accès à l'entreposage extérieur et retrait des fichiers des programmes et de la documentation;
- l'aménagement dans les locaux de relève et de rechange;
- l'organisation des communications (téléphone, courrier, télétraitement);
- l'essai des logiciels d'exploitation;
- l'essai des logiciels d'application;
- les approvisionnements en fournitures (cartes, imprimés, etc.);
- la mise en marche des opérations.

6. LE RÉTABLISSEMENT DU TRAITEMENT INTÉGRAL

Selon l'évaluation des dommages, l'équipe de contrôle de l'urgence peut décider du retour au site d'origine ou encore de l'organisation du rétablissement dans un site de rechange (lequel peut être différent du site de relève des travaux critiques).

La phase de rétablissement comprend:

- la réparation des dommages au site d'origine ou sa reconstitution;
- l'aménagement du site de rechange;
- l'acquisition de nouveau matériel et équipement (aussi la récupération du matériel non endommagé);
- le transfert des ressources au site de rechange;

- la restauration progressive du traitement intégral;
- la gestion du rétablissement (coordination des activités).

7. MÉTHODOLOGIE PROPOSÉE

La méthodologie proposée dans l'élaboration de cette planification des mesures d'urgence est similaire à celle utilisée dans le cadre du développement et l'exploitation d'un programme de protection des systèmes informatisés.

Toutefois, l'optique sous laquelle les choses doivent être envisagées diffère par le fait qu'un mode de survie opérationnelle doit être établi.

De plus, l'examen des besoins devra en même temps être fondé sur l'évaluation des sites et du traitement. C'est l'un des aspects prépondérants à cerner dans l'élaboration des plans d'urgence. Ces derniers doivent être pensés dans le dessein de simplifier les activités informatiques pour permettre à toute organisation de fonctionner en mode de survie.

L'élaboration de cette planification des mesures d'urgence comprend les trois phases suivantes:

- l'étude préliminaire;
- l'analyse fonctionnelle et organique;
- l'implantation et la post-implantation.

7.1. Phase I: L'étude préliminaire

Cette étude est axée sur l'identification des besoins et des solutions, sur la recherche des solutions externes, c'est-à-dire celles qui sont reliées à des sites extérieurs et à de nouveaux équipements.

Voici les composantes de cette étude préliminaire.

7.1.1 L'examen de la vulnérabilité des opérations

L'évaluation de l'exposition aux risques et de la vulnérabilité qui en découle a été décrite antérieurement à la section 1 du chapitre 7.

7.1.2 Les hypothèses de planification

Pour obtenir les meilleurs résultats dans l'établissement des plans d'urgence, il faut penser en fonction:

- d'un désastre qui entraînerait des dommages considérables dans l'aménagement informatique et, par la suite, la paralysie totale et prolongée des opérations;
- d'un lieu extérieur d'entreposage des fichiers, des programmes, de la documentation, lequel n'aurait pas été touché par le sinistre;
- de la disponibilité de la plus grande partie du personnel composant les équipes d'urgence;
- de la possibilité d'effectuer un regroupement des ressources dans un autre site d'origine;
- de la capacité d'assurer un soutien adéquat de la part des usagers et des autres services.

7.1.3 L'identification des travaux critiques

Lors de l'analyse des risques, les usagers ont confirmé par écrit le statut critique de chacune de leurs applications. À la limite, toutes les applications atteignent le statut critique au fur et à mesure du prolongement de l'arrêt. L'évaluation des pertes a été effectuée durant cette analyse, en tenant compte de la durée d'interruption des activités.

7.1.4 La recherche et l'évaluation des solutions de rechange

Diverses solutions de rechange peuvent être envisagées pour faire face à une paralysie éventuelle de la fonction informatique. Ce sont entre autres:

- des ententes avec des bureaux de service;
- des ententes avec une organisation spécialisée dans les services d'urgence;
- des ententes d'assistance mutuelle avec d'autres centres;
- la coparticipation dans l'organisation d'un service de dépannage;
- la mise sur pied d'un site prévu pour recevoir le matériel informatique de relève et sur lequel des équipements de soutien sont déjà installés;
- le traitement réparti entre plusieurs sites relevant de la même organisation;
- l'aménagement d'un site de rechange nouveau ou déjà existant.

7.1.5 L'identification des ressources et des fonctions critiques

L'identification des ressources touchent:

- les fichiers, les programmes, la documentation, les formulaires, etc.;
- le matériel informatique;
- l'équipement de soutien;
- les sites d'entreposage, de relève et de rechange.

L'examen des fonctions critiques se rattache:

- aux modes d'entreposage à l'extérieur du site, des fichiers, programmes, documentation et formulaires;
- aux fonctions essentielles à la continuité opérationnelle en mode de survie.

Le chapitre 7 explique en détail le processus d'identification des ressources.

7.1.6. La conception des plans d'urgence[5]

La conception générale des plans d'urgence implique:

- la formulation des objectifs opérationnels en cas d'interruption;
- la définition des priorités dans les activités;
- l'organisation à mettre en place ainsi que la description générale des responsabilités attribuées à chacune des composantes organisationnelles du plan.

7.1.7 Les coûts

Une évaluation des coûts de développement et de l'implantation des plans d'urgence (y compris les coûts de l'analyse préalable) se révèle nécessaire.

7.2 Phase II: L'analyse fonctionnelle et organique

Cette analyse comprend essentiellement:

7.2.1 La définition détaillée des ressources critiques

La définition détaillée des ressources critiques touche l'identification des fichiers, des programmes, des logiciels, des médias d'entrée et sortie, les formulaires et autres fournitures, la documentation, le matériel ordinateur, les sites, le personnel et les autres ressources des usagers.

7.2.2 La description détaillée des fonctions, des activités et des tâches reliées à cette planification des mesures d'urgence

Les activités essentielles à l'exercice de la fonction informatique en mode de survie doivent être l'objet d'objectifs précis et être définies de façon détaillée. L'articulation de la description de chacune des activités incluses dans cette section reflète les deux étapes de leur accomplissement:

- d'abord lors de l'élaboration des plans;
- ensuite, au cours de l'exécution des plans.

Les éléments descriptifs de la deuxième étape, celle de l'exécution ou de l'application des plans, déterminent l'accomplissement de la première étape, celle du développement des plans. C'est la gestion de l'urgence (ou le contrôle de l'urgence).

7.2.3 L'attribution des responsabilités aux intervenants[6]

Diverses modalités d'articulation des activités, d'organisation structurelle, de fonctionnement peuvent être envisagées dans l'élaboration et l'implantation des mesures d'urgence. Le choix peut dépendre des particularités de l'organisme (structuration interne, facteurs historiques, normes de fonctionnement, degré de pénétration informatique, etc.). La formation de groupes de travail où sont représentées la plupart des fonctions identifiées précédemment ou encore la constitution d'équipes (une par fonction) sont deux solutions qui peuvent être retenues.

7.2.4 La recherche et l'évaluation des procédures de rechange

Le fonctionnement en mode de survie dépend en partie de la simplification obtenue au moyen d'une analyse comparée des possibilités. Il est important de repenser le mode de fonctionnement en d'autres termes que le mode normal d'opération.

7.2.5 Les activités des usagers

L'élaboration détaillée des fonctions, des activités, des tâches des usagers doit être effectuée. Quelques-unes de ces responsabilités ont été énumérées dans les chapitres précédents. Toutefois, il n'est pas superflu d'énumérer les activités spécifiques qui sont du ressort des usagers dans le développement de cette planification d'urgence :

- L'élaboration de leurs propres plans d'urgence, car, eux aussi, peuvent être touchés par une catastrophe et, dans certains cas (localisation dans le même édifice, etc.), ce pourrait être celle qui entrave aussi le déroulement des activités informatiques.
- La définition des travaux critiques.
- La définition des fichiers critiques ou tout au moins l'informatique critique qui y est maintenue.
- Le raccordement aux procédures d'urgence : le mode provisoire de transmission des intrants et de réception des extrants, le mode de retenue des systèmes qui ne sont pas critiques ou non traités dans la phase initiale de relève, le mode d'accumulation des transactions créées depuis la dernière mise à jour.

- La définition d'une méthodologie pour reconstituer les fichiers perdus lors d'une catastrophe ou encore les transactions accumulées depuis la dernière mise à jour qui peuvent aussi avoir été perdues.
- La préparation de la documentation de leurs propres systèmes.
- La participation aux activités de certaines équipes : applications, saisies, contrôles, opérations, etc.

7.2.6 Le manuel des mesures d'urgence

Le manuel des mesures d'urgence contient les procédures détaillées au cours de l'analyse fonctionnelle et organique. Le manuel doit être modulaire (par fonction) dans sa présentation, afin de permettre une distribution de ses composantes basée sur les rôles respectifs assumés par les destinataires dans l'exécution des plans d'urgence.

Finalement, il est essentiel que les plans d'urgence soient documentés et maintenus à jour pour tenir compte de l'évolution de l'environnement : nouveaux systèmes, adaptations de systèmes, nouveau matériel ou expansion du matériel existant, mutation du personnel, réorganisation de l'entreprise, etc.

L'analyse fonctionnelle et organique est à la fois orientée vers les activités des usagers et le processus informatique proprement dit.

7.3 Phase III : L'implantation et la post-implantation

Les activités entreprises durant la phase d'implantation de cette planification d'urgence, et par la suite, ont pour but d'obtenir un fonctionnement efficace et contrôlé. Les ajustements nécessaires seront faits suite à l'évolution de l'environnement. Des efforts devront être fournis pour niveler la capacité des plans à maintenir la disponibilité des ressources et des fonctions critiques.

Ces fonctions ont trait à :

- l'entraînement ou la formation du personnel ;
- l'évaluation et la vérification des plans ;
- l'entretien des plans d'urgence ;
- l'expansion de ces plans d'urgence ;
- la normalisation.

8. LES DIFFICULTÉS ET LES CONTRAINTES

Deux ordres de difficultés ou de contraintes sont liés à cette planification des mesures d'urgence :

• celles qui se rattachent à l'élaboration des plans;
• celles qui touchent à son entretien.

Dans le premier cas, on retrouve des difficultés techniques:

• La préparation des programmes spéciaux en vue des opérations de relève peuvent entraîner des augmentations substantielles dans les charges de travail existantes.
• L'établissement de nombreux points de contact à travers toute l'organisation peut se révéler difficile en raison du manque de disponibilité des responsables. Plus difficile encore peut être l'obtention de leur collaboration en termes d'implication personnelle et d'affectation des ressources. Dans ce dessein, des ressources essentielles à la conduite de leurs opérations doivent être libérées partiellement. Les responsables n'y trouvent pas un bénéfice immédiat et n'obtiennent que très peu de retombées intéressantes. C'est pourquoi l'appui constant de la haute direction est essentiel à la conduite de l'opération.

En ce qui a trait à l'entretien de cette planification des mesures d'urgence, il peut être très difficile de conserver l'élan de départ et de maintenir sur une base continue les contacts et le suivi à la grandeur de l'organisation. Les participants n'ont guère tendance à considérer les activités reliées aux plans d'urgence comme des activités prioritaires.

L'élaboration et l'entretien de cette planification constituent une nécessité. Ils sont une composante de ce qu'il en coûte pour maintenir une organisation en opération quoiqu'il arrive.

NOTES

1. André Pérès, *Systèmes informatiques. Étude sur les plans de recouvrement en situation d'urgence.* Rapport de recherche n° 81-15, juillet 1981.
2. G.R.C., *Planification des mesures d'urgence. Bulletin de sécurité de l'informatique*, vol. 8, n° 1, mai 1983, pp. 1-3.
3. Ben Harrison, «Plan for the Worst», *Infosystems*, juin 1982, pp. 52-60.
4. David Freedman, «Are you Ready for a Disaster», *Inforsystems*, octobre 1983, pp. 106-112.
5. Marcel Garneau, *La sécurité matérielle informatique; les plans d'urgence.* Manuel d'informatique.
6. Jack P. Curry, «Disaster planning team. Planning for Disaster Recovery», *Infosystems*, mars 1978.

MODULE 4

L'IMPLANTATION ET L'EXPLOITATION DU PROGRAMME

CHAPITRE **13**

L'implantation du programme

Introduction

L'implantation d'un programme de protection des ressources informatiques entraînera sans doute des changements d'importance dans la majorité des entreprises. Il peut s'ensuivre une modification des frontières établies de longue date entre les personnes; une personne prenant en charge des fonctions relevant jusque-là d'une autre personne. Des méthodes nouvelles remplacent les modes d'exécution des travaux pratiqués depuis de nombreuses années. Enfin, la nature même de divers travaux peut s'en trouver modifiée, souvent suite à la mise en application de normes et de procédures de contrôle visant à assurer l'efficacité des ressources informatiques.

Un programme de protection des ressources informatiques est évidemment un puissant agent de changement et, comme tel, il est souvent l'objet de méfiance et suscite une opposition active de la part de ceux qui doivent en respecter les règles. Il importe de reconnaître que cette opposition peut prendre de nombreuses formes. Le fait que la coopération soit exigée par les cadres supérieurs ou promise par les intervenants ne signifie pas qu'elle sera accordée librement. L'opposition peut s'exprimer de multiples manières fort subtiles.

C'est une erreur de penser que le personnel coopérera nécessairement au développement et à l'implantation d'un tel programme, même si celui-ci a été recommandé par la haute direction. La coopération sera probablement moins facile à obtenir dans une grande entreprise où il faut compter avec les intrigues et où existent des rivalités et des blocs politiques puissants.

Comme nous venons de le voir, les principaux problèmes que nous devons prévoir rencontrer lors de l'implantation de ce programme sont surtout concentrés au niveau des facteurs humains, tels que de convaincre la direction que ce programme est nécessaire et de garder le programme en opération en dépit de la résistance au changement qui sera rencontrée et parfois de l'inertie de l'organisation.

La direction n'est sans doute pas prête à accepter le programme sans que nous lui en démontrions l'importance. Ce programme de protection implique des coûts que devra absorber la direction et aucune organisation n'est intéressée à accroître ses coûts d'opération sans avoir de bonnes raisons de le faire. De plus, tel que cela a été dit antérieurement, ce programme exige de nombreux changements tant du point de vue structure que des méthodes de travail utilisées et, comme nous pouvons l'imaginer, nous devons prévoir beaucoup d'opposition lors de son implantation.

Tenant compte de ces considérations, avec une bonne préparation, il est cependant possible de développer des stratégies qui surpasseront ces oppositions. Dans ce chapitre, nous examinerons:

- les origines de la résistance;
- les stratégies préconisées pour vendre le programme à la haute direction;
- les stratégies préconisées pour vendre le programme au personnel.

1. LES ORIGINES DE LA RÉSISTANCE[1]

Généralement, les origines de ces résistances sont:

- l'ignorance des risques;
- les coûts;
- les politiques.

1.1 L'ignorance des risques

L'ignorance des risques de la part de la haute direction est sans doute, et de loin, la barrière la plus sérieuse contre l'implantation d'un programme de protection des ressources informatiques dans les entreprises. Lorsque ces difficultés sont surmontées, les autres obstacles tomberont d'eux-mêmes.

Selon l'expérience des spécialistes dans ce domaine, la haute direction deviendra sensibilisée à l'importance d'un tel programme lorsqu'elle comprendra l'enjeu et les raisons pour lesquelles les risques liés aux ordinateurs sont tellement significatifs. Le niveau d'intérêt diminue sensiblement quand nous descendons dans la structure de l'organisation, même si on est sensibilisé aux menaces et aux conséquences encourues. Nous ne voulons pas prétendre que tous les superviseurs des échelons inférieurs de l'organisation réagissent de cette façon, mais c'est ce qui arrive règle générale. Une situation importante de complaisance et d'ignorance des risques est rencontrée lorsque la haute direction témoigne une grande confiance à son personnel des niveaux inférieurs de supervision et, du même coup, croit qu'ils ont en main tous les outils nécessaires pour résister aux diverses menaces. Lorsque l'on rencontre une telle situation, il est urgent de sensibiliser la direction au fait que des risques importants subsisteront aussi longtemps que l'on n'aura pas pris les mesures de protection adéquates pour les minimiser.

Pour gérer son entreprise, la haute direction doit adopter une attitude globale, c'est-à-dire passer par-dessus les petits détails. Parfois, la haute direction se sent trop occupée pour se tracasser de problèmes tels que les dangers informatiques. Le moment le plus propice pour cette prise de conscience de la haute direction, est relaté dans l'anecdote suivante[1] : le président d'une grande institution financière lut un jour, dans une revue financière, un article concernant un cas de fraude informatique dont les conséquences furent malheureusement désastreuses. Après la lecture de cet article, le président donna immédiatement instruction à son superviseur de s'assurer qu'une telle catastrophe ne se produise pas dans son entreprise. Pour sa part, ce superviseur, peu sensibilisé, fit un effort mitigé qui eut comme conséquence que rien ne fut réellement entrepris. De son côté, le président n'entreprit jamais un suivi de sa demande. Ce qu'il faut retenir de cette anecdote, c'est qu'il faut agir immédiatement quand les gens sont sensibilisés et, par la suite, en assurer le suivi.

Un autre problème rencontré, avec la direction et avec la majorité des gestionnaires des structures inférieures de l'entreprise, est l'ignorance de l'environnement informatique. Ce manque de connaissances fait en sorte qu'il demeure difficile pour ces personnes de pouvoir imaginer l'ampleur des risques courus. Pour contourner ce problème, il demeure important de pouvoir expliquer clairement les pertes auxquelles on s'expose, mais en évitant les termes trop techniques qui feront en sorte que les personnes impliquées ne saisiront pas toute l'ampleur du problème. Il est essentiel de décrire précisément les menaces auxquelles ils sont exposés, afin de les sensibiliser.

1.2 Les coûts

La résistance de la haute direction concernant les coûts que peut représenter l'implantation d'un tel programme dans l'entreprise est très compréhensible. Naturellement, ce programme requiert des déboursés qui ne semblent pas, à première vue, très rentables. Le gestionnaire a comme première impression que son investissement ne lui rapportera rien de tangible. Tel que cela a été mentionné antérieurement, tant et aussi longtemps que la direction n'aura pas été sensibilisée à l'importance des risques courus, aux conséquences catastrophiques pour la survie de l'entreprise, celle-ci demeurera réfractaire à l'idée de dépenser de l'argent pour prévenir ces menaces.

Un moyen efficace pour convaincre les individus de l'importance de consacrer des budgets pour un tel programme, est d'utiliser les résultats de l'analyse des risques, développée au chapitre 6 de ce volume. Elle sensibilise les gestionnaires à l'importance des coûts des ressources informatiques et aux conséquences désastreuses pouvant parfois mener à la perte de ces ressources. Afin de démontrer la véracité des faits, on suggère fortement de rapporter des cas vécus qui démontrent clairement les conséquences catastrophiques des crimes informatiques. Cette tactique draconienne que nos confrères anglophones appellent *scare tactics* demeure très souvent la seule avenue possible permettant de convaincre la haute direction de l'importance d'investir dans l'implantation d'un programme de protection des ressources informatiques.

1.3 Les politiques

Tel que cela a été mentionné antérieurement au début de ce chapitre, nous pouvons être assurés de rencontrer, au cours de cette implantation, de l'opposition à l'échelon inférieur de l'entreprise. Une des raisons de cette opposition vient du fait que certaines personnes craignent de perdre le contrôle de leurs opérations. Une autre raison s'explique du fait que certains individus s'imaginent que les modifications exigées sont dues à de l'insatisfaction de la part de la haute direction et, par conséquent, ils interpréteront souvent ces modifications comme des critiques personnelles de leur mode de gestion.

Aussi longtemps que ce type de résistance sera présent dans l'entreprise, il est sûr qu'un certain nombre de problèmes surgiront. Par contre, il est un fait dont nous pouvons être assuré, c'est qu'ils tenteront, par tous les moyens à leur disposition de déprécier le programme. Une autre tactique utilisée par les personnes opposées à ce programme, consiste à émettre une contre-proposition qui tente à démontrer que leur proposition est de loin la plus efficace, et du même coup, beaucoup moins chère que celle préconisée par le programme de protection des ressources informatiques. Certaines personnes tenteront de démontrer que les individus responsables du programme de protection ne connaissent pas réellement les problèmes du service et qu'ils ont surestimé ou sous-estimé les risques.

La meilleure façon de résoudre ce type de résistance est d'être soigneusement préparé et de tâter le pouls auprès du personnel pour déterminer où pourraient exister des résistances.

2. LES STRATÉGIES PRÉCONISÉES POUR VENDRE LE PROGRAMME AUX CADRES SUPÉRIEURS DE L'ENTREPRISE[2]

Sans le support de la haute direction, il n'y a aucune possibilité d'introduire un programme de protection des ressources informatiques efficace et efficient. Avant tout, il faut la convaincre et une fois qu'on aura son support, il sera beaucoup plus facile de vendre le programme aux autres niveaux de l'organisation. La meilleure tactique à utiliser dépend de la philosophie de la direction et de son attitude face aux différents risques encourus. Pour convaincre efficacement, nous recommandons tout particulièrement quatre types de stratégies. Vous pouvez utiliser celle que vous croyez la meilleure pour votre entreprise:

- l'analyse des risques;
- l'approche des exposés de faits vécus;
- la collaboration d'un conseiller externe;
- le support positif.

2.1 L'analyse des risques

Sans regard à la stratégie utilisée pour vendre le programme, l'analyse des risques est essentielle. La section 1 du chapitre 6 de cet ouvrage donne en détail les renseignements concernant cette analyse. On ne peut ignorer cette étape si l'on désire développer et implanter ce programme.

Cette analyse des risques a pour conséquence d'offrir une meilleure crédibilité aux recommandations émises. Si vous indiquez à la direction qu'elle est sujette à des pertes de 150 000 dollars, elle sera sans doute sensibilisée. De plus, si vous lui dites qu'un investissement de 20 000 dollars pourrait prévenir cette perte, plusieurs croiront que ce programme représente une aubaine.

Pour plusieurs gestionnaires, cette analyse des risques peut être suffisante pour vendre le programme en entier. Pour ces personnes, le fait de leur présenter simplement les coûts et les bénéfices escomptés suffisent pour obtenir les fonds nécessaires, ainsi que leur support adéquat. Cependant, plus souvent qu'autrement, la direction sera plus difficile à convaincre; elle demandera de prouver la véracité des résultats de l'analyse. Dans une telle situation, vous devrez être prêt à utiliser une autre stratégie.

2.2 L'exposé de faits vécus

Pour plusieurs, la présentation de faits vécus peut sensiblement motiver les gestionnaires à agir immédiatement. Tel que cela a été spécifié antérieurement lorsque nous citions le cas d'un cadre supérieur qui avait lu dans une revue spécialisée le récit d'une entreprise qui fut malencontreusement victime d'un désastre, il exigea que son entreprise prenne immédiatement des mesures pour minimiser les risques d'un désastre analogue. L'utilisation de cette approche crée cependant un problème de taille; vous devrez être prêt à proposer votre programme au moment même où la direction sera pleinement sensibilisée. Attendre des jours, des semaines et même des mois après cette présentation, n'assure pas que la direction gardera le même enthousiasme.

L'utilisation de cette approche sera avantageusement plus bénéfique si elle est présentée en même temps que le programme de protection, accompagné des coûts et des bénéfices encourus. De fait, il y a quelques tactiques préconisées pour sélectionner les bonnes évocations d'événement pour les exposés.

- l'industrie impliquée;
- le choix de l'application;
- le montant de la perte;
- la technologie.

2.2.1 L'industrie impliquée

Relater des faits dans un domaine analogue à celui de l'entreprise impliquée, aura assurément beaucoup d'impact auprès de la haute direction. Par exemple, si l'entreprise en question est une compagnie de fournitures de pièces pour automobiles, possédant un système informatisé de comptes à recevoir et que, lors de votre exposé, vous montrez des commis de banque en train de détourner de grosses sommes d'argent du système informatique, ce ne sera sûrement pas très convainquant pour les gestionnaires. Ils concluront que seules les institutions financières peuvent rencontrer ce type de problème.

2.2.2 Le choix de l'application

L'application relatée dans le fait a une importance très significative sur l'impact qu'elle aura pour convaincre la direction. Par exemple, un fait impliquant une fraude au niveau des comptes à recevoir d'un commerce au détail aura sûrement moins d'impact sur la direction d'une entreprise spécialisée dans le domaine de la construction, qui elle, n'a que très peu de comptes à recevoir.

2.2.3 Le montant de la perte

Le montant de la perte est une considération très importante dans le choix des faits qui seront exposés à la direction. Deux facteurs sont à considérer en ce qui concerne le montant des pertes dans les faits choisis. Premièrement, lorsque c'est possible, le montant de la perte dans les faits choisis devrait être similaire à ce que l'entreprise pourrait perdre dans une situation semblable. Par exemple, si le fait évoqué concerne une entreprise d'un volume plus élevé et d'une perte beaucoup plus importante que celle prévue par votre entreprise, la direction pourrait croire que vous exagérez les risques courus. Par contre, si le montant de la perte est très inférieur à ce que votre entreprise pourrait prévoir, vous pouvez faire sentir à la direction qu'elle est dans une position relative de sécurité. Si vous projetez que votre entreprise pourrait perdre jusqu'à deux millions de dollars et que le fait le plus impressionnant que vous relatez implique des coûts approximatifs de 25 000 dollars la direction s'imaginera les choses suivantes: admettre que ces événements puissent se produire ne signifie pas nécessairement qu'elles se produiront ici, et dans l'éventualité qu'elles se produisent, elles se s'élèveraient sans doute pas à deux millions de dollars.

2.2.4 La technologie

Dans de larges limites, la direction sera mal renseignée sur les différences existant entre la technologie des faits que vous relatez et celle utilisée dans le système informatique de votre entreprise. Si vous présentez un cas impliquant un système en temps réel et que le système de traitement de l'entreprise est désuet, la direction se demandera comment des personnes utilisant des techniques démodées peuvent représenter des menaces. D'une part, si vous présentez des faits concernant des opérateurs de perforatrices qui manipulèrent les données et, d'autre part, si la direction sait très bien qu'elle n'utilise que des écrans cathodiques, il y a de bonnes chances qu'elle soit quelque peu confuse.

2.3 La collaboration d'un conseiller expert

Un problème que vous devrez peut-être affronter est un manque de crédibilité concernant votre évaluation des risques. La direction pourra simplement penser que vous êtes un alarmiste. Peut-être qu'une personne opposée au programme pourra avoir une bonne oreille auprès de la haute direction et sera tentée d'utiliser cette influence pour instaurer un climat de scepticisme face à votre programme. Dans cette situation, il sera peut-être nécessaire d'obtenir le support d'un conseiller de l'extérieur, spécialiste dans ce domaine pour apporter plus de poids à vos recommandations.

La façon de procéder consiste à solliciter l'appui d'un conseiller dans ce domaine, dont la réputation est reconnue, et lui demander de produire une évaluation, un rapport concernant les risques courus et obtenir ses recommandations pour pallier à ces risques. Même si vous n'anticipez aucun problème de crédibilité durant cette présentation, vous devriez néanmoins être prêts à indiquer que vous vous proposiez ensuite de faire appel à un consultant pour étudier le problème. Si vous utilisez cette stratégie, vous devrez indiquer dans votre exposé les fonctions de ce consultant, afin de pouvoir vérifier ses honoraires et déterminer les bénéfices que l'on peut en retirer. De plus, il faut être capable d'indiquer pourquoi ce consultant est digne de confiance, discret et spécialiste dans ce domaine. Avant cet exposé, si vous prévoyez des problèmes au niveau de la crédibilité de vos recommandations, la meilleure stratégie consiste à faire appel à un consultant. Lorsque les résultats de cette étude seront complétés, vous serez alors prêts à préparer votre exposé. Lors de cette présentation, exposez l'ensemble du programme mais laissez à l'expert le soin de présenter les risques et les bénéfices potentiels.

Il existe de nombreuses façons de sélectionner un consultant dans ce domaine. Évidemment, la compétence et la réputation de la firme et du consultant sont essentielles. Pour certaines entreprises, être conseillé par des consultants d'une firme de vérification externe sera très convaincant, tandis que pour d'autres, ils seront plus impressionnés par des consultants ayant une expérience dans leur type d'entreprise. Certains préféreront quelqu'un qui a découvert des cas de fraudes dans des entreprises compétitives. Des professeurs d'universités ou des chercheurs dans le domaine peuvent également être les types d'individus convaincants pour la direction mais, dans certains cas, ils peuvent être tout-à-fait inadéquats, selon le goût et les préjugés de la direction. Personne ne peut exactement déterminer la meilleure stratégie à adopter sans bien connaître la direction de l'entreprise. En général, les antécédents et l'expérience de la firme de consultants devraient être impressionnants. Vous devez également prévoir rémunérer les services de ces personnes qualifiées et vous devez tenir compte de leurs recommandations.

2.4 L'identification et la présentation des problèmes actuels rencontrés dans l'organisation

Tout support positif, que vous présentez concernant des exemples de fraudes informatiques ou même de fraudes informatiques possibles, sera très utile pour convaincre la direction d'endosser votre programme. Jusqu'où aller pour obtenir des exemples dépend de ce que vous connaissez concernant les cas actuels dans votre entreprise et du niveau de difficulté à convaincre la direction. Si vous connaissez déjà des exemples, vous devriez absolument les présenter dans votre exposé. Si vous n'avez pas de telles évidences et si vous croyez que ce sera nécessaire, vous pouvez essayer d'en trouver. Si votre entreprise utilise l'ordinateur de façon intensive, il y a de très bonnes chances que vous puissiez trouver de bons exemples. Par contre, si votre entreprise semble superficiellement bien contrôlée, il sera nécessaire d'aller chercher plus profondément pour trouver des exemples convaincants. Pour cette raison, un jugement adéquat est requis concernant la décision à prendre pour déterminer si on utilisera ou pas des exemples pris à l'intérieur de l'entreprise pour la présentation.

Si vous décidez d'utiliser ce support factuel, il y a plusieurs types d'évidence que vous pouvez trouver. Voici, par ordre d'importance, ces types d'évidence:

- des cas présents de fraudes informatiques;
- des cas antérieurs de fraudes informatiques;
- des situations courantes dans lesquelles des disparités existent et dans lesquelles une fraude est possible, mais non prouvée;
- vols de service;
- divulgations non autorisées de données confidentielles;
- sabotage ou mauvaises intentions.

3. LES STRATÉGIES PRÉCONISÉES POUR VENDRE LE PROGRAMME À L'ENSEMBLE DU PERSONNEL DE L'ORGANISATION

Dans les chapitres précédents, nous avons constaté que l'entreprise qui désire protéger ses ressources informatiques doit se doter d'un programme de protection des ressources informatiques. L'implantation d'un tel programme comporte de nombreux changements, tant du côté organisationnel que fonctionnel, au niveau de l'entreprise et de son personnel.

Lors des changements qui auront des répercussions sur le travail de l'individu, il est nécessaire d'étudier toutes les implications. L'un des aspects à considérer est sans doute le personnel. On ne peut en effet manipuler des individus comme on pourrait le faire avec des concepts théoriques et techniques. L'employé doit comprendre pourquoi le programme de protection des ressources informatiques est nécessaire. Le programme de protection le mieux développé sera voué à l'échec, si les personnes à qui il s'adresse ne le comprennent pas et ne s'y intéressent pas. L'aspect le plus important qui sera discuté ultérieurement dans ce chapitre démontrera l'importance d'un système de communication aux employés lors de la mise en application d'un tel programme.

3.1 L'introduction des changements dans l'entreprise

Le changement dans l'organisation[3] peut être introduit selon différentes méthodes. Certaines d'entre elles mettent en relief le contenu de ce qui doit être changé alors que d'autres insistent sur la façon dont le changement doit être fait.

En ce qui concerne la première méthode, Harold Leavitt a distingué trois approches pour effectuer un changement dans l'organisation.

3.1.1 L'approche structurelle

Elle consiste à introduire le changement en déterminant de nouvelles conduites à suivre, de nouvelles façons d'agir, prescrites par un ensemble de règlements nouveaux.

3.1.2 L'approche humaine

Insiste sur le changement des attitudes, la motivation, le comportement, l'habileté des individus. Cela se réalise au moyen de différentes techniques telles que: programmes de formation, recyclage...

3.1.3 L'approche technologique

Celle-ci vise à augmenter la vitesse du travail de différentes façons: un nouveau «layout», de nouvelles méthodes de travail, de nouveaux standards.

3.2 La meilleure stratégie: la communication

L'efficacité des responsables de l'implantation d'un programme de protection des ressources informatiques dépend de leur habileté à écouter les personnes qui auront un rôle à jouer dans ce programme et de leur habileté à communiquer avec eux. La communication[4] semble compliquer la réciprocité entre deux parties; en fait, elle consiste en un échange de faits, de points de vue et d'idées conduisant à une unité d'intérêts, de buts, d'efforts accomplis par un groupe d'individus travaillant dans le même sens.

3.2.1 La motivation

Le phénomène de la motivation[5] comporte un élément indispensable en termes d'acceptation ou en termes de *résistance* à un tel programme. Cet élément indispensable, c'est la communication, car elle peut être un facteur important dans la motivation des employés, dans leur coopération avec les responsables du programme. La communication aidera à accroître la satisfaction des employés aussi bien qu'à diminuer la résistance. Une bonne communication avec les employés peut contribuer à développer chez eux un sentiment de responsabilité vis-à-vis le programme, tel que l'acceptation de la tâche assignée, des procédures de contrôle et de vérification des normes et des standards, etc. La motivation est un phénomène intéressé qui amène l'individu à vouloir agir. La communication n'est qu'un élément dans la motivation du personnel, mais son importance est assez grande si nous désirons atteindre nos objectifs en ce qui concerne ce programme.

Il ne faut pas croire cependant que ces contraintes soient insurmontables. Des obstacles peuvent être contournés selon que la direction invite les individus à la participation, par exemple, ou encore selon la façon dont elle fait usage de ses moyens de communication; mais surtout l'attention qu'elle porte au suivi des messages transmis.

3.2.2 La communication avec les employés

3.2.2.1 *Les objectifs à court terme et à long terme*

La première étape que nous allons considérer consiste en la mise sur pied d'objectifs spécifiques. Quels buts désirons-nous atteindre? Quels sont les problèmes à résoudre, etc.? Quels efforts à court terme vont impliquer la concentration sur ces buts spécifiques et sur ces problèmes à résoudre pour tenter d'obtenir la compréhension de l'employé devant ces faits nouveaux. Quelle sera sa coopération dans l'élaboration du changement pour assurer, pendant cette transition et pendant la période d'apprentissage qui suivra, la bonne marche de l'entreprise. Donc, en premier lieu, cela consiste en la description de la situation actuelle : condition de l'environnement, le contexte économique, politique, etc. Ensuite vient la description de la situation en élaborant les contraintes ou les problèmes qui apparaissent entre la situation initiale et la situation désirée.

D'autre part, les objectifs à long terme visent à obtenir la compréhension de l'employé dans les décisions de la direction, car l'introduction d'un changement implique que l'employé soit forcé de changer ses vues, c'est-à-dire qu'il doit comprendre le pourquoi de ce changement d'orientation de l'entreprise. Cela est indispensable pour qu'il puisse modifier ses aspirations, ses attentes vis-à-vis son travail; et cela est vrai pour chacun d'entre eux.

3.2.2.2 *La communication vers le haut*

Une caractéristique essentielle pour obtenir une communication efficace avec les employés est que la direction de l'entreprise puisse leur offrir la chance de communiquer avec les niveaux élevés de l'organisation. Ceux-ci apportent alors une réponse aux messages qu'ils reçoivent. Je crois que la direction a d'ailleurs avantage à favoriser ce «retour», puisque cette communication vers le haut lui fournit l'information nécessaire à la prise de décision, tout en permettant aux employés de participer à la vie de l'entreprise. Cela permet aussi d'éliminer les pressions et les frustrations de certaines situations de travail. Pour permettre la communication de bas en haut, il faut évidemment que la communication en sens inverse soit favorable.

Dans ce contexte, nous suggérons la création d'un groupe de travail formé d'employés qui, périodiquement, rencontrent les responsables du programme de protection et les membres de la direction afin de discuter des différents problèmes reliés à l'application de ce programme. Tel que cela a été spécifié, cette communication permet aux employés d'émettre leurs opinions, leurs suggestions et permet, d'autre part aux responsables du programme et à la direction, d'expliquer leur position sur différents points du programme de protection, leurs politiques, leurs nouveaux développements. Connaître la position des employés sur le sujet et surtout réaliser des éléments nouveaux d'améliorer l'efficacité et l'efficience d'un tel programme.

3.2.3 Moyens de communication

Selon la nature du contenu de ce que nous désirons communiquer, selon l'importance du message à faire passer, selon les gens, selon le niveau que nous voulons atteindre, toutes ces variables doivent être prises en considération dans le choix du média à utiliser.

Ainsi, pour une information d'une certaine importance et qui s'adresse à tous les membres de l'organisation, les chefs de sections ou les superviseurs ont besoin d'être informés le plus rapidement possible des développements dans l'entreprise. Ils pourront donc aussitôt transmettre cette information aux employés, avant que ceux-ci partent des rumeurs dont l'ampleur croît toujours trop rapidement au fur et à mesure qu'elles se répandent.

La sélection du moyen de communication approprié, pour informer adéquatement les employés de l'entreprise, demande à être faite soigneusement. Il ne faut surtout pas oublier que la meilleure littérature au monde n'a aucune valeur si elle n'est pas comprise. Il existe différentes méthodes pour informer les employés et les autres intervenants en ce qui concerne le programme de protection des ressources informatiques. Naturellement, certaines méthodes peuvent s'intégrer plus facilement dans une entreprise que dans une autre, mais il faut cependant sélectionner le meilleur lien de communication qui permette d'atteindre efficacement toutes les personnes impliquées dans ce programme.

Un comité, spécialement créé pour cette tâche, peut représenter une aide appréciable en proposant des sessions d'information, en rédigeant des bulletins d'information, des articles dans la publication de l'entreprise, en mettant à la disposition des employés un manuel d'information cernant les objectifs de ce programme de protection des ressources informatiques, ainsi que le rôle que chacun est appelé à jouer dans ce programme. Il demeure important que les employés restent constamment sensibilisés à ce programme, par la diffusion périodique de ces manuels, de sessions d'information et même, lorsque c'est possible, de vidéos. Évidemment, cette documentation doit être mise à jour afin de ne pas diminuer l'intérêt des employés et des membres de ce comité.

Comme nous venons de le décrire, un tel comité à un rôle très important à jouer, pour stimuler constamment les employés à participer et à respecter ce programme. L'effort déployé, au début, pour sensibiliser les personnes rapportera très tôt des fruits à la direction. L'expérience nous confirme cette affirmation. Nous ne croyons pas qu'il soit essentiel d'imposer un tel programme aux membres de l'organisation de toute entreprise; nous croyons qu'informer et sensibiliser les personnes durant la période d'implantation de ce programme, générera tout seul une participation active des employés.

Tout nouvel employé devrait être immédiatement sensibilisé à l'existence d'un tel programme. Le plus tôt l'individu sera informé de ce programme, le plus tôt il en comprendra l'importance et son intérêt croîtra.

3.3 Comment planifier l'implantation de ce programme

La première étape consiste en la mise sur pied d'objectifs spécifiques. Dans la planification[6] du contenu d'un programme de communication efficace, l'élaboration des objectifs, des buts à atteindre est un élément indispensable. Donc, il faut déterminer, par exemple, les buts à long terme? Comment les employés pourront contribuer à la réalisation des objectifs? Ainsi de suite. Une fois les objectifs clairement définis, l'étape suivante consiste à considérer quelles sont les conditions qui pourraient affecter l'atteinte de ces buts. Si nous revenons encore une fois à notre programme de protection des ressources informatiques, nous voyons que si les employés ne comprennent ce qu'est la protection des ressources informatiques, pourquoi elle est nécessaire et quel effet cela peut avoir sur leur fonction à long terme, il y a de fortes chances que ceux-ci s'opposent à cette innovation et résistent au programme. Donc, dans la communication, il faut considérer ces conditions, c'est-à-dire tenir compte des attitudes, des expériences et surtout des attentes de ceux à qui l'on s'adresse.

Une fois ces deux étapes franchies, il s'agit alors de passer à l'action et de tracer notre plan de communication détaillé pour atteindre l'objectif fixé. Par exemple, le choix d'un moyen de communication compte tenu des avantages et des désavantages de chacun d'eux, en fonction de l'évaluation qualitative ou quantitative du message à passer, au lieu d'utiliser une méthode fondée sur l'intuition. Les auteurs consultés ont affirmé que cette étape du choix d'un média devrait être la dernière considération dans le processus de planification d'un programme de communication plutôt que la première, car, pour obtenir une communication efficace, il paraît logique, vu les avantages et les désavantages de chacun des médias possibles et disponibles, qu'un de ceux-ci soit fonction du message à communiquer et non pas l'inverse.

La dernière étape se situe après que la communication ait eu lieu et consiste en l'évaluation de celle-ci. C'est ce que j'ai appelé précédemment le «retour». Cette étape est indispensable. Selon la réponse que nous aurons, il est possible d'évaluer jusqu'à quel point le message a été bien compris et, par conséquent, apporter les correctifs voulus par la suite.

3.3.1 Informer les personnes concernées

Il existe certaines procédures dans la planification d'un programme de communication qui peuvent contribuer à réduire la résistance au changement; donc pouvant jouer, sur la motivation des employés. Par conséquent, lorsqu'il devient évident qu'un changement majeur doit être apporté, les employés devraient être renseignés au plus tôt sur les problèmes de l'entreprise. Pourquoi un changement doit être apporté et, d'emblée, considérer les solutions qui seront envisagées. Ainsi, lorsqu'on annonce aux employés qu'un changement a été décidé, il est important d'expliquer la nature de ce changement, son pourquoi, les résultats escomptés et son impact sur les employés. Il est bon également d'expliquer les mesures prévues pour minimiser les effets négatifs.

À ce point, le processus d'introduction du changement est déjà présent et il faut donc anticiper un peu d'insatisfaction. En préparant les employés à ce qui s'en vient tout en essayant d'obtenir leur collaboration, naîtra la discussion des problèmes anticipés. À ce moment, il est bon de faire connaître les raisons du changement, par exemple: accession rapide à l'information, protection des données etc. Puis, il faut passer à l'aspect technique et expliquer l'effet du changement sur les employés, quelles opérations seront modifiées, quelles tâches seront affectées. Il faut souligner les avantages qu'ils peuvent retirer de ce changement et décrire les étapes à suivre pour s'adapter à la nouvelle situation (re-localisation, perfectionnement, recyclage).

C'est à ce niveau que s'effectue le phénomène de résistance ou d'acceptation; la direction a élaboré un programme de changement planifié que nous avons tenté de décrire. Mais le seul juge dans tout ceci est l'employé lui-même, c'est lui qui va apporter la réponse (en termes d'acceptation ou de résistance), le processus de communication efficace étant, pour lui, un instrument de jugement, de motivation.

NOTES

1. Leonard Krauss et Aileen MacGahan, *Origins of Resistance.* Successfully Implementing your Approach. Computer Fraud and Countermeasures, Englewood Cliffs, N.J., Prentice Hall, 1979, pp. 410-416.
2. Michael H. Agrenoff, «Communication with Top Management. Achieving Security Awareness; Tips and Techniques», Computer Security Journal, vol. 11, n° 1, printemps 1983, Computer Security Institute, Massachusetts, pp. 10-12.
3. Pierre Routier, «Changement, résistance et progrès», *Commerce*, décembre 1975, pp. 16-20.
4. Jean-Pierre Hogue, «La communication», *L'Homme et l'organisation*, Montréal, Beauchemin, 1976, chap. 5, pp. 39-42.
5. Talbot Smith, *Communicate to Motivate. Effective Management Communication*, Mitchell Press Limited, 1973, pp. 81-91.
6. Warren G. Bennis, *Change Strategies. The Planning of Change,* New York, Holt, Rinehart and Winston, 1975, pp. 317-328.

MODULE 5

SURVEILLANCE DU PROGRAMME

CHAPITRE **14**

La vérification et l'évaluation périodique du programme

Introduction

Le but principal de cette phase de vérification et d'évaluation est de comparer périodiquement les résultats actuels de ce programme de protection des ressources prévues lors du développement du projet. Le chapitre 14 étudie les raisons pour lesquelles il demeure nécessaire d'exercer une surveillance minutieuse sur ce programme, explique pourquoi il est essentiel de procéder à cette fin à des vérifications périodiques et décrit les modalités de telles vérifications tout en exposant la façon d'aborder la vérification. Les méthodes proposées doivent permettre à la direction de s'assurer que ce programme de protection des ressources informatiques apportera une contribution optimale à l'organisation.

Ce chapitre étudie également le rôle que doit jouer le groupe responsable de la vérification de l'efficacité du programme.

1. LA NÉCESSITÉ D'EXERCER UNE VÉRIFICATION ET UNE ÉVALUATION CONSTANTE DU PROGRAMME

Dans de nombreux projets d'envergure, on a vu plusieurs faillir à la tâche pour les raisons suivantes[1]:

- les coûts et le temps nécessaires à l'exécution dépassaient de beaucoup les estimations initiales;
- les objectifs n'étaient pas réalistes et, par conséquent, impossibles à atteindre;
- les systèmes semblaient bien fonctionner mais, du point de vue pratique, manquaient de souplesse et répondaient difficilement aux besoins réels de l'organisation;

- on ne tirait pas avantage de toutes les possibilités offertes par les ressources;
- les méthodes, les procédures et les normes ne donnaient pas les résultats escomptés, compte tenu des efforts et des déboursés fournis.

Cette vérification a pour objet de fournir à la haute direction une vue globale du programme de protection des ressources informatiques, et de lui permettre de dépister toute lacune qui pourrait perturber le rendement (opérations qui n'assurent pas un degré satisfaisant de fiabilité ou d'efficacité).

2. LES COMPOSANTES DE LA VÉRIFICATION ET DE L'ÉVALUATION DU PROGRAMME

Dans cette section, nous verrons les éléments de cette étape de vérification[2], ainsi que les principales techniques que le groupe responsable de la vérification doit utiliser lors de l'évaluation du programme.

La vérification comporte les éléments suivants:

- formation et planification;
- examen des composantes du programme et des contrôles;
- évaluation du programme;
- recherche des améliorations possibles;
- présentation des recommandations.

2.1 Formation et planification

Pour que cette étape soit efficace, il faut qu'elle soit planifiée par un groupe de vérificateurs ayant de solides connaissances en informatique. Ce groupe doit être en mesure non seulement de repérer les défauts et les faiblesses que peuvent comporter chacune des composantes de ce programme de protection des ressources informatiques, mais aussi de faire les recommandations nécessaires pour corriger les défauts et améliorer l'efficacité. Comme nous l'avons décrit dans le premier chapitre, dans un domaine où la technologie et la conception des systèmes évoluent si rapidement et font l'objet de tant d'innovations, le groupe responsable de la vérification et de l'évaluation du programme doit être capable d'apprécier et d'évaluer les situations qui parfois ne connaissent pas de précédent.

C'est à partir du mandat reçu, que les membres de ce groupe établissent normalement la portée et l'ampleur de leur vérification. Lors de la planification de leur travail, ils déterminent jusqu'où doit aller leur examen des différentes composantes et ils perçoivent la façon d'aborder l'évaluation du programme. Ils doivent également tenir compte des résultats de toute vérification indépendante faite récemment à l'égard des fonctions informatiques et juger de l'utilité de ces résultats aux fins qui les intéressent.

2.2 Examen des composantes du programme et des contrôles

Guidé par la définition de leur mandat et par les conclusions des vérifications indépendantes menées récemment, le groupe responsable de la vérification du programme[4] doit procéder à l'examen de chacune des composantes du programme pour pouvoir évaluer, en connaissance de cause, les contrôles en vigueur.

Il doit colliger des renseignements à l'égard des contrôles que l'on retrouve à l'intérieur de chacune des composantes suivantes du programme:

- la protection du milieu physique;
- la protection du développement et de l'exploitation des systèmes informatiques;
- la protection des données et des programmes;
- la protection des télécommunications;
- la protection du personnel;
- la planification des mesures d'urgence.

Compte tenu de ce que nous avons vu dans les chapitres précédents, concernant la protection à apporter à chacune des composantes de ce programme, nous examinerons, dans les sections suivantes, les contrôles stratégiques et les mesures que le groupe de vérification devra analyser plus spécifiquement afin d'évaluer la performance du programme.

2.2.1 La protection du milieu physique

L'examen des mesures de protection du milieu physique par le groupe de vérification se concentrera sur les procédures de contrôle d'accès des employés, des visiteurs et des intrus. Dans le cas des employés, il doit y avoir plusieurs niveaux de protection du contrôle d'accès, tels que de limiter certains accès seulement aux personnes autorisées. Par exemple, les programmeurs ne doivent pas être autorisés à pénétrer à l'intérieur du secteur des opérations informatiques et ne doivent pas avoir accès aux terminaux des usagers. Les opérateurs du centre informatique ne doivent pas avoir accès à la salle des bibliothèques du système. Les visiteurs doivent être, en tout temps, accompagnés de personnes responsables. Les contrôles concernant les privilèges d'accès offerts au personnel d'entretien, aux employés de firmes extérieures exécutant différents travaux et aux consultants de l'extérieur doivent être rigoureusement examinés. Le groupe de vérification doit, afin de prévenir et de détecter les menaces, examiner et évaluer l'ensemble des mesures de protection suivantes:

- le nombre d'agents de sécurité en devoir, leurs méthodes de travail et leur efficacité;
- l'efficacité des équipements de surveillance tels que: caméras, alarmes, etc.;
- les procédures d'enregistrement et de contrôle des visiteurs en opération;
- l'utilisation et la construction des coffres-forts et des voûtes, de la salle d'ordinateur, du site extérieur, compte tenu du degré de protection nécessaire dans les circonstances, etc.

2.2.2 La protection du développement, de l'entretien et de l'exploitation de systèmes informatiques

Tel que cela a été dit antérieurement, la période propice pour le groupe de vérification de recommander des modifications et l'ajout de contrôles supplémentaires dans les systèmes informatisés, c'est la phase de développement de ces systèmes. Lorsque le système a été conçu, développé, programmé et testé, il est beaucoup moins coûteux et beaucoup plus facile d'y ajouter des contrôles supplémentaires que d'attendre que ce système soit en opération. De plus, les contrôles ajoutés, après la mise en opération du système, se révèlent très souvent moins efficaces.

Dans le processus de développement d'un système, un certain nombre d'étapes est nécessaire. Le processus commence par la définition du problème, l'analyse des besoins, la conception, la programmation, l'implantation et la post-évaluation du système. Ces activités représentent un ensemble d'étapes définies de manière à permettre un développement efficace des systèmes.

L'implication du groupe de vérification se manifeste dès le début du cycle de développement du système mais son intervention devient essentielle dès l'analyse fonctionnelle, et ce, jusqu'à l'étape de la post-évaluation du projet. Il demeure essentiel que le groupe de vérification ou un de ses membres ne fassent pas partie de l'équipe responsable du développement et de la mise en opération du projet. Son objectivité et son indépendance face au projet ne doit faire aucun doute, afin de ne pas menacer la crédibilité de ses responsabilités.

2.2.2.1 *La conception des systèmes*

Afin d'évaluer l'exactitude de la conception du système du point de vue du programme de protection, le groupe de vérification aura besoin de connaître les responsabilités des usagers en ce qui concerne l'intégrité des données (ex.: les procédures d'autorisation, les procédures ayant trait à la correction des erreurs). L'exactitude, en ce qui concerne la conception en terme des possibilités du système d'imposer certain contrôle sur les activités des usagers, sera une considération importante. Le groupe voudra comprendre comment, dans le cas d'un système en temps réel, les utilisateurs sont identifiés et quelles sont les fonctions qu'ils sont autorisés à utiliser. En regard des éléments de données, le groupe doit vérifier et déterminer si les contrôles requis, en ce qui concerne les accès et les modifications des données, sont présents lors de la conception du système. Le groupe doit également évaluer si, en terme de précision, le système informatique offre les possibilités de détecter les accès non autorisés et les changements apportés. Par exemple, le groupe voudra savoir si des mesures ont été prises afin d'enregistrer toutes les transactions, sous forme de registre ou de journal, de manière à ce qu'une série d'événements puisse être reconstituée, au besoin, pour faciliter une enquête. Il doit, entre autre, examiner profondément les procédures de contrôle d'entrées contenues dans l'étape de conception du système, incluant les procédures d'autorisation en application. Il doit également considérer l'exactitude de tous les bilans de lots, de la validation des entrées et des spécifications d'édition.

La vérification et l'évaluation de l'étape de conception du système doivent être exécutées de manière à ce que le groupe de vérification puisse faire des recommandations sur les mesures et les besoins pour des éléments tels que: les tables de validation codées, la vérification des chiffres, l'étendue des tests, la validité des tests pour les combinaisons invalides et les données manquantes, les techniques de cryptographie pour la conception des systèmes en temps réel et ainsi de suite.

Un intérêt tout particulier doit être apporté aux rapports d'exception produits par le système lorsque les données sont inexactes ou invalides, et quand le système informatique détecte des altérations ou des tentatives non autorisées d'accès aux fichiers de données. En examinant ces éléments, le groupe de vérification voudra considérer si le reportage est efficace du point de vue de ceux qui devront répondre et prendre action, si les rapports sont dans un format d'alerte sur le terminal de l'usager ou sur l'appareil de sortie de l'officier de sécurité.

Pour tous ces moyens de reportage, le groupe de vérification fera des recommandations qui intensifieront les possibilités pour ces mesures de contrôle de répondre au but visé. Par exemple, le groupe de vérification peut recommander qu'un certain type d'historique soit maintenu sur les tentatives d'altérations et qu'un certain format de rapport d'exception soit implanté, considérant le nombre de tentatives invalides ainsi que l'historique des tentatives précédentes. Ici, l'objectif serait de présenter l'information sur la protection et sur les contrôles de manière à ce qu'on puisse espérer que chacun examine soigneusement et agisse lorsque c'est nécessaire.

En contrepartie, si quelqu'un doit chercher, à travers une longue pile d'imprimés d'ordinateurs, une poignée d'exceptions, le vérificateur expérimenté reconnaîtra que ce processus n'aidera certainement pas à fournir les contrôles anticipés (à cause de l'incapacité de l'humain ou de la diminution de l'intérêt face à une situation pratiquement impossible).

Le groupe de vérification doit également examiner la conception du système, afin de constater si l'on utilise réellement, à son maximum, les diverses possibilités de l'ordinateur en fait de fonctions de sécurité et de contrôle, qui autrement seraient imposées aux utilisateurs ou au personnel d'opération des systèmes. De ce type d'évaluation, viennent les recommandations des vérificateurs. Elles tentent d'éviter la dépendance de l'interaction et de la performance humaine en autant qu'elle peut être raisonnablement effectuée. Ici encore, le vérificateur compétent apportera son expérience et sa compréhension dans le sens que les contrôles de base des gens sont ceux les plus susceptibles d'échouer, d'être détériorés, soumis à des compromis ou finir par être inefficaces, simplement parce que les gens n'ont pas été informés adéquatement ou ne savent pas ce qu'on attend d'eux.

Finalement, lorsqu'il est temps pour le programmeur d'exécuter son travail, le groupe de vérification doit examiner auparavant les spécifications qui ont été développées pour la programmation. Il existe, en effet, toujours un risque que la conception du système ne soit pas correctement interprétée, selon le respect des normes et des standards établis. Afin de minimiser les risques que les spécifications de conception ne soient pas appliquées telles qu'elles ont été prescrites, le groupe de vérification doit s'assurer que les spécifications remises aux programmeurs, suivent les standards établis, soient compréhensibles et qu'on puisse éventuellement s'y référer, s'il y a des ambiguïtés à savoir si un programme a été développé tel que prescrit dans la conception du système.

2.2.2.2 *Vérification et évaluation de la programmation*

Afin de prévenir les erreurs de logique qui pourraient être éventuellement utilisées pour couvrir une fraude par l'introduction de codes étrangers ou par la conservation de vides au niveau de la logique, dans le dessein de pouvoir ultérieurement entrer un code frauduleux, le vérificateur doit s'impliquer dans la supervision des travaux des programmeurs et dans les dispositions prises pour examiner la logique des programmes. L'examen de la logique doit typiquement être effectué par un programmeur senior plutôt que par celui qui a entrepris la programmation du programme en question. En effectuant l'examen de la logique, l'examinateur étudiera également la codification du programme afin de vérifier si le créateur du programme a suivi les spécifications d'origine et d'étudier si la logique employée est correcte. En vérifiant les processus, l'examinateur sera capable de détecter les problèmes et les pratiques douteuses à l'intérieur de la codification des programmes. Le travail de l'examinateur sera simplifié dans une organisation informatique qui utilise la conception et la programmation structurées, parce que les programmes sont modulaires et ainsi plus faciles à analyser.

Si le vérificateur désire être pleinement satisfait de l'examen de la logique des programmes, il peut effectuer lui-même, au hasard, des vérifications de la logique du programme. Cependant, dans les organisations informatiques où on n'exécute pas de tels examens, le groupe de vérification doit recommander qu'on instaure cette procédure mais pourrait, entre-temps, effectuer ce travail pour, du moins, les programmes les plus importants.

Plusieurs services d'informatique ont des standards de programmation en ce qui concerne la codification, les formats des données, les noms d'instruction, l'utilisation de logique préprogrammée commune à plusieurs programmes, les interdictions concernant l'utilisation de certaines options dans les langages de programmation, les commentaires à inclure à l'intérieur des programmes pour expliquer le traitement et les étapes logiques, les formulaires et les formats pour la préparation de la documentation des programmes, et plus encore.

Règle générale, un des avantages évidents de l'utilisation de ces standards est de permettre à un programmeur qualifié de suivre, avec une facilité relative, ce qui a été fait par un autre programmeur. Cette pratique est très profitable, lors d'une enquête dans un cas de fraude, lorsqu'on tente de comprendre les processus de traitement utilisés et de déterminer si un programme a été falsifié. Certains standards peuvent directement contribuer aux objectifs de contrôle des fraudes tandis que d'autres introduisent une uniformité qui rend les anomalies, souvent introduites dans les cas de fraude, difficiles à dissimuler. De plus, tel que cela a été mentionné au chapitre 8, une documentation adéquate de la programmation peut grandement minimiser la continuelle dépendance du programmeur qui a créé le programme ou d'une autre personne qui est la seule à comprendre les particularités du programme. Cette dernière situation peut grandement augmenter les occasions de fraude, du fait que seule une personne est capable d'examiner le travail de ce programmeur sans grand effort ou étude.

Si l'organisation n'a pas ce type de standards, le vérificateur doit recommander que de tels standards soient développés ou acquis de sources extérieures. Si, par contre, ces standards existent, le rôle du vérificateur lors de l'étape de développement du système sera de voir à ce qu'ils soient mis en application. Pour les systèmes qui renferment un très grand nombre de programmes, le vérificateur exécute ce travail sur une base d'échantillonnage. Cependant, pour les programmes stratégiques, vulnérables aux manipulations, le vérificateur doit s'assurer qu'ils ont été créés en conformité avec les standards établis.

Dans l'ordre, afin de tester un programme, un ensemble de données de tests devrait être fourni au programmeur ou il devrait lui-même le créer. Le groupe de vérification se doit d'examiner, en profondeur, la procédure de test. Premièrement, le vérificateur voudra constater que le programmeur utilise bien un ensemble adéquat de données de test; ce qui signifie que ces données doivent permettre de tester toutes les caractéristiques pour lesquelles le programme a été conçu, incluant les conditions d'erreurs. Un générateur de données de test peut se révéler très intéressant, car il élimine la nécessité de produire laborieusement, manuellement, un ensemble adéquat de données de test. En spécifiant au générateur de données de test les paramètres requis, il générera un volume imposant de données de test qui offriront l'assurance que l'ensemble de la logique du programme a été adéquatement testée.

Le groupe de vérification devra nécessairement s'assurer que le programmeur n'utilise pas des données confidentielles, telles que les données de la paye et qu'il n'utilise pas la version de production réelle du fichier de données qui peut être malencontreusement altérée ou manipulée. La version originale ne doit jamais être utilisée.

Le groupe de vérification doit s'assurer que, sur la base de l'évidence des résultats des tests qui lui sont présentés par le programmeur, un nombre adéquat de tests a été effectué sur les programmes particuliers. C'est également une excellente idée, pour le vérificateur, d'observer attentivement certains de ces tests. L'étape finale, avant de rendre le système opérationnel, consiste à effectuer le test du système et/ou le test parallèle. Lors de cette étape de test, le système entier est en opération et peut utiliser, soit un ensemble de données de test ou un ensemble de données réelles extraites du système actuel qui sera éventuellement remplacé par le nouveau. Cette catégorie de tests est tout particulièrement importante parce qu'elle démontre la «praticabilité» du système entier, tandis que le test d'un programme individuel démontrera uniquement la «praticabilité» d'un seul programme. Le fait que tous les programmes fonctionnent sur une base unitaire de test ne signifie pas nécessairement qu'ils fonctionneront ensemble lorsqu'ils seront intégrés à l'intérieur du système. En conséquence, le rôle du groupe de vérification, lors de cette étape de test, est important puisque c'est la dernière occasion offerte de détecter et de corriger les erreurs et les fautes avant qu'elles n'occasionnent des dommages réels.

Le groupe de vérification doit se demander si un ensemble adéquat de données de test a été créé, ou dans le cas d'opérations parallèles, analyser si l'échantillon utilisé est représentatif et suffisamment volumineux. Il voudra également avoir la certitude que les usagers ont été impliqués lors de la vérification des résultats produits par le système. La vérification de l'usager doit être attestée par une procédure exigeant la signature de celui-ci, mais le vérificateur doit également s'assurer que cette signature d'acceptation n'est pas une simple routine ou n'est exécutée par l'usager que pour la forme.

À cette étape de test, le vérificateur peut désirer mettre en application un logiciel de vérification aux fichiers de l'ordinateur qui ont été utilisés et générés par le nouveau système. Cette opération est une vérification additionnelle des résultats de test et, du même coup, fournit au vérificateur une excellente occasion de vérifier l'efficacité de son logiciel de vérification lorsque le système deviendra opérationnel.

Lors de la conception du système, le groupe de vérification peut exiger que certaines spécifications soient introduites pour faciliter le travail de vérification.

Lorsque le système est regroupé, en prévision des tests parallèles, les manuels d'utilisation des usagers doivent être préparés et une formation doit être offerte aux usagers. Le groupe de vérification doit examiner ces manuels d'utilisation et évaluer s'ils répondent adéquatement aux besoins des usagers et s'ils incluent des instructions efficaces qui mettent de l'emphase sur les responsabilités concernant les contrôles d'entrées et de sorties. Cela afin de prévenir et de détecter les fraudes. La formation offerte aux usagers doit également les sensibiliser à la responsabilité qu'ils ont de communiquer au groupe de vérification toute anormalie et toute irrégularité qui peuvent permettre de déceler une manipulation ou une altération du système.

Dès que le système deviendra opérationnel, le groupe de vérification devra être aux aguets pour tout déceler ce qui concerne les «bugs» de programme et les erreurs commises par l'usager, exigeant une réparation immédiate du système. Les analystes et les programmeurs ont la malencontreuse habitude de vouloir effectuer les réparations sur place, abandonnant les procédures de contrôle des changements en opération. Les éléments de contrôle qui sont affectés, en altérant les procédures précédemment établies, doivent être également surveillés.

Quand les procédures de contrôle sont ignorées, lorsqu'il est urgent d'effectuer une modification dans les plus brefs délais, un programmeur, un usager ou un opérateur d'ordinateur pourrait exploiter à mauvais escient cette situation d'urgence pour perpétrer une fraude. Dans une telle situation, le vérificateur voudra généralement éviter que cette condition devienne une occasion; il doit donc augmenter sa surveillance, étudier les actions prises et vérifier minutieusement toute condition suspecte. Malgré tout, il faut admettre qu'il existe certaines situations d'urgence où il est parfois nécessaire de sacrifier les contrôles préventifs.

Par contre, si ces urgences deviennent fréquentes au lieu d'être exceptionnelles, le groupe de vérification doit faire des recommandations pour faire disparaître ce type de problèmes. Des contrôles adéquats et une bonne vérification sont presque impraticables, sinon impossibles, dans un environnement où les crises et le chaos semblent les procédés normaux d'opération.

2.2.2.3 *Vérification et évaluation des standards de documentation*

Tel que cela a été spécifié dans le chapitre 8 de ce volume, il y a un certain nombre de catégories de documentation nécessaire, telles que:

- Les spécifications résultant des activités de l'analyse des systèmes.
- La documentation de l'analyse fonctionnelle et organique contenant la conception du système et le flot d'informations.

- La documentation de programmes, décrivant la logique, la codification des programmes, laquelle est utilisée lors de problème au niveau des programmes et lors des activités d'entretien du programme.
- La documentation des opérations décrivant les procédures et les étapes lors de la mise en opération du système. Celles-ci décrivent quelles actions doivent être entreprises, selon des conditions d'erreur ou les conditions d'exception. Cette documentation fournit les instructions pour la préparation des données, donne les informations concernant la distribution des sorties, spécifie les précautions à prendre concernant la sécurité, etc.
- Les instructions aux usagers qui peuvent inclure les directives concernant la collecte et la préparation des données, l'utilisation des listes de bilan et d'édition, les procédures d'opération des équipements et le calendrier et les instructions de soumission des travaux.

Le principal intérêt du groupe de vérification, en ce qui concerne la documentation, est de voir à ce que celle-ci soit préparée suivant des standards adéquats et qu'elle soit suffisamment descriptive pour ne pas susciter d'interprétation. Également, l'évaluation de la vérification doit voir à ce que la documentation soit suffisamment claire, afin d'éviter des erreurs d'incompréhension et pour décrire quelle action entreprendre quand des erreurs et des cas d'exception surviennent. Les contrôles d'accès à la documentation doivent également être évalués.

Dans l'éventualité d'une enquête concernant un cas de fraude, le groupe de vérification doit examiner la documentation afin de déterminer si celle-ci est utile. Dans la négative, il doit indiquer pourquoi elle ne l'est pas.

Le groupe de vérification doit examiner l'utilisation des terminaux interactifs de développement de programmes afin de s'assurer que les programmes de production sont protégés de toute manipulation non autorisée à partir de ce moyen. Additionnellement, le groupe doit vérifier les activités des programmeurs de systèmes et voir à ce que les modifications au système d'opération, au moniteur de communication, aux modules d'accès aux données, aux programmes utilisés soient adéquatement supervisés du point de vue protection et contrôle.

2.2.2.4 *Les procédures de contrôle des modifications apportées aux applications et au logiciel du système informatique*

Le groupe de vérification doit voir à ce que les nouveaux programmes ou les modifications aux programmes existants soient spécifiquement autorisés sur un formulaire conçu à cet effet et d'aucune autre façon. Il doit également vérifier si les procédures de modification exigent que toute modification exécutée soit adéquatement testée, que les résultats soient soigneusement examinés. Somme toute, le vérificateur a à examiner si les procédures de contrôle des modifications sont adéquates et rigoureusement appliquées. Le groupe vérification doit également vérifier si les bibliothèques des programmes de production sont adéquatement protégées, de telle façon que l'addition de tout nouveau programme de production ou de programme révisé de production puisse être seulement accompli, sous des conditions spécifiques de contrôle.

Dans les procédures de vérification, il doit y avoir un examen de l'utilisation des terminaux de développement des programmes de production pour déterminer s'ils sont adéquatement protégés contre les manipulations non autorisées. De plus, le groupe de vérification doit examiner l'ensemble des tâches effectuées par les analystes, les programmeurs pour s'assurer que les opérations de développement et d'exploitation sont exécutées par des personnes différentes. Le groupe doit vérifier si les modifications apportées au système d'exploitation de l'ordinateur, au moniteur de communication, aux modules d'accès aux données et aux programmes utilitaires sont adéquatement supervisées, du point de vue des contrôles en opération et de la protection à assurer.

2.2.2.5 *Les procédures de contrôle dues à l'opération du système informatique*

Le groupe de vérification doit vérifier si l'enregistrement approprié d'opérations est maintenu et il doit examiner pour détecter les exécutions ou les réexécutions de travaux suspects. Le groupe doit également vérifier si des procédures concernant le calendrier des travaux existent et si elles sont adéquates et rigoureusement appliquées. De plus, il doit examiner s'il existe des délais non justifiés entre le début et la fin d'un travail, en ce qui concerne l'utilisation excessive ou douteuse du système ou du test des programmes, pour prévenir la soumission et l'exécution de programmes non autorisés.

Dans le cadre du travail des opérateurs, le groupe de vérification doit examiner les instructions ou les procédures d'opérations pour déterminer si les opérateurs ont accès à de l'information adéquate.

2.2.3 La protection des données

Concernant la protection des données, le groupe de vérification doit examiner attentivement les procédures de la bibliothèques des fichiers des données et des programmes ainsi que leur manipulation dès la phase d'entrée jusqu'à la phase de sortie.

2.2.3.1 *Les procédures de la bibliothèque des fichiers des données et des programmes*

Certains types de manipulation ou d'altération accomplis frauduleusement utilisent les rubans et les disques pour effectuer des mises à jour non autorisées des fichiers-maîtres. Le groupe de vérification doit voir à ce que les contrôles physiques décrits antérieurement soient adéquatement suivis. Il doit également évaluer la pertinence des procédures de contrôle de la bibliothèque.

Par exemple, le vérificateur doit examiner si les procédures de la bibliothèque ont été établies et si elles sont en vigueur pour tous les changements d'opération. Il doit également vérifier s'il existe une liste d'inventaire de tous les rubans et disques entreposés dans la bibliothèque, le numéro de série, le nom et le numéro de l'application, les dates de création et d'expiration et le nom du fichier de données. Cette liste, entre autres, doit être utilisée pour mener des vérifications physiques périodiques du contenu de la bibliothèque. Toute variante observée peut être l'indication d'une utilisation frauduleuse des données et dans une telle situation une enquête doit immédiatement être instituée afin d'éclaircir la situation.

Le bibliothécaire, responsable des données, doit conserver un enregistrement des fichiers de données fournies et reçues et suivre de près tous les retards en ce qui concerne le retour de ces fichiers de données. Le groupe de vérification doit effectuer des vérifications pour savoir si tous les fichiers de données sont conservées dans la bibliothèque de données, incluant également les rubans de test des programmeurs.

Lorsque les rubans et les disques magnétiques sont envoyés à l'extérieur pour être reconditionnés ou s'ils sont mis au rancart, le groupe doit examiner si les différentes procédures sont scrupuleusement suivies pour effacer ces fichiers, de façon à ce qu'aucun étranger ne puisse éventuellement imprimer les informations contenues sur ces fichiers.

2.2.3.2 *Les procédures de contrôle concernant les phases d'entrées et de sorties des données*

A. *Les contrôles d'entrées*

Le groupe de vérification recueillera toutes les informations dont il a besoin pour chacune des étapes, à partir du point où ces données originent, où elles sont enregistrées, formatées, codifiées et finalement entrées dans le système. Le groupe analysera les contrôles associés à chacune de ces étapes.

De plus, le groupe examinera les responsabilités rattachées à chacune des tâches du personnel usager, responsable de la préparation et du traitement des données d'entrée. Il devra déterminer si ces personnes comprennent leurs responsabilités et si les instructions écrites qui leur ont été fournies sont adéquates. Il devra également examiner si la séparation des tâches est adéquatement exécutée en s'assurant que la personne qui fournit les données soit une autre que celle qui les autorise, les examine et qui effectue les fonctions d'annulation fondées sur les sorties d'ordinateur. Aussi le vérificateur devra vérifier si la rotation des tâches est mise en pratique et si la politique du personnel concernant le remplacement des personnes est adéquate et rigoureusement suivie.

Des procédures de contrôle doivent vérifier l'état complet du traitement, l'exactitude des entrées et de la correction des erreurs. Le groupe de vérification doit voir à ce que les contrôles internes et administratifs, relatifs au traitement des données, rencontrent les standards adéquats et si elles sont rigoureusement suivies.

Le groupe de vérification doit soigneusement s'assurer de l'existence d'une piste permettant la vérification à travers tout le traitement des donnés effectué par l'usager. L'utilisation de formulaires prénumérotés et précodés, d'une numérotation séquentielle des transactions et d'autres types de procédures mensuelles, peuvent être nécessaires sinon désirables dans une situation où une enquête de fraude puisse être nécessaire pour retracer la séquence des événements entourant une manipulation de données.

Durant une routine de vérification, les contrôles d'accès à ces formulaires de données d'entrée importantes, ainsi qu'aux documents d'origine qui représentent les bases de ces données d'entrée, et les rapports de sorties contenant de l'information importante, doivent être relevés par le groupe de vérification.

B. *Les contrôles de sortie*

Dans un premier temps, le groupe de vérification doit connaître les sorties produites par le système et leur utilité éventuelle. Après avoir pris connaissance de ces renseignements, le groupe sera en mesure de déterminer si les sorties sont formatées, codifiées, triées, sommarisées, extraites, de manière à répondre d'une façon efficace aux attentes. Un rapport d'exception, conçu de manière à faire porter l'attention, de l'usager, sur les irrégularités ou les erreurs possibles, mais dont le format est trop volumineux pour pouvoir l'utiliser d'une manière pratique, doit être indiqué et commenté par le vérificateur. Cela afin d'indiquer qu'il ne répond pas adéquatement aux besoins de contrôle nécessaires.

L'information rapportée peut être utilisée pour les corrections d'erreurs et le groupe de vérification doit en évaluer le niveau de détection et le processus de reportage. Il sera alors conforme aux principes de contrôle. Le groupe doit également examiner les indications sur les totaux d'exécution des sorties, les rapports de bilan et les différences.

Les sorties, contenant ou affichant de l'information importante, doivent être contrôlées strictement sur une base «nécessaire à savoir» et l'accès aux éléments de données, aux enregistrements d'ordinateur et aux rapports de cette nature doivent être sous des contrôles appropriés. Durant l'examen de l'application, les contrôles en vigueur doivent être vérifiés par le groupe de vérificateurs.

Les procédures et la politique de gestion des enregistrements doivent voir à ce que les documents d'entrée, les rapports de sortie et les autres sources d'enregistrement soient adéquatement protégés et ordonnés, de manière à faciliter ultérieurement leur utilisation lors d'une enquête dans le cas d'irrégularité ou de fraude.

C. *L'entrée délibérée de transactions invalides ou non autorisées*

Pour plusieurs raisons, telles que prouver un point, le groupe de vérification peut désirer exécuter certains tests de contrôle de comptage. Cette opération consiste à l'entrée de données erronées, invalides ou non autorisées par le vérificateur qui analysera les actions entreprises par l'usager lors d'une telle situation. Selon l'application à vérifier, le vérificateur peut soumettre le type de transactions qui pourrait être utile lors de la perpétration de fraude.

Par exemple, dans un système de comptes à recevoir, le vérificateur pourrait introduire le compte d'un client bidon; exécuter par la suite une importante transaction de crédit non autorisée sur ce compte et observer quelles seraient les actions prises, par l'usager, ou, à partir du système de comptes à payer, il pourrait tenter d'obtenir une facture en duplicata à travers le système pour vérifier s'il serait payé deux fois. Dans le domaine banquaire, des assurances, de la santé et dans d'autres systèmes, il existe plusieurs possibilités permettant de tester les contrôles.

Règle générale, ce type de test doit être limité. Lorsqu'il est utilisé, le vérificateur doit voir à ne pas interrompre le système informatique et à ne pas surexploiter ses privilèges de vérificateur pour démontrer les faiblesses du système. Si le vérificateur surexploite cette méthode et ridiculise les faiblesses découvertes, il peut détruire, en quelques minutes, la crédibilité du travail de vérification pour des années à venir.

2.2.4 La vérification de la protection des télécommunications

Le groupe de vérification étudiera les méthodes d'identification utilisées sur les terminaux, soit par l'utilisation de mots de passe, de codes de sécurité, de pièces d'identification, par l'examen des caractéristiques physiques (la géométrie de la main, la voix, les empreintes digitales), par l'emploi du processus d'interrogation questions-réponses, ou par un mélange de ces moyens. Le groupe doit s'assurer que l'implantation de ces méthodes de protection soit telle que le niveau de sécurité désiré soit atteint. Par exemple, si on utilise la méthode des mots de passe, elle doit être gérée de manière à ce que son contrôle soit très rigoureux et que sa protection soit assurée par ceux qui l'utilisent.

De plus, le groupe doit examiner si les terminaux utilisés pour les travaux importants sont situés dans des endroits sûrs et réservés seulement aux gens autorisés à utiliser de tels appareils. Aussi toute tentative d'utilisation non autorisée doit être enregistrée et le vérificateur se doit d'analyser sérieusement ces enregistrements. Le groupe de vérification doit également voir à ce qu'on tienne un registre ou un journal ayant trait à l'usage des terminaux et déterminer si ce type d'enregistrements peut être utile, dans une éventuelle enquête concernant la perpétration de fraude, à travers le système de télécommunications. De plus, il doit examiner si les techniques de cryptographie seraient préférables pour la protection des télécommunications. Par contre, dans le cas où ces techniques seraient déjà implantées, il doit vérifier si elles sont utilisées d'une manière sûre. Par exemple, le vérificateur devra examiner les procédures de gestion, en ce qui concerne les clés d'encryptions et la signification de distribution. De même, pour les mots de passe, le vérificateur devra soigneusement voir à ce que des contrôles administratifs adéquats soient en opération.

La vérification de la protection des télécommunications s'articule donc au niveau des éléments suivants:

2.2.4.1 *Identification*

Les moyens par lesquels les usagers et le système s'identifient à un autre (ex.: par le moyen d'un numéro d'employé).

2.2.4.2 *Authentification*

Les moyens par lesquels l'identification est validée. L'usager est celui qu'il dit être (ex.: par le moyen d'un mot de passe).

2.2.4.3 *Autorisation*

Les moyens par lesquels les usagers sont habilités à accéder et à utiliser seulement les données et les fonctions pour lesquelles ils ont obtenu une autorisation (ex.: la mise à jour des taux de la paye).

2.2.4.4 *Surveillance*

Les moyens par lesquels le système détecte et enregistre les accès et les utilisations du système, tout spécialement les tentatives d'accès non autorisées et l'utilisation illicite des fonctions (ex.: une tentative de s'immiscer à travers les enregistrements du système de paye).

2.2.4.5 *Administration et entretien*

Le rôle et les responsabilités du superviseur et du gestionnaire des banques de données, du réseau de communication, de la fonction d'autorisation, de la fonction de surveillance et des activités de programmation de système du logiciel.

2.2.5 La vérification des politiques et des pratiques liées à la protection du personnel

Le but de cet examen des politiques et des pratiques liées à la protection du personnel est d'évaluer leur efficience et leur efficacité en vue de protéger l'entreprise contre l'embauche d'une personne qui pourrait représenter un risque pour elle. Le groupe de vérification examinera la structure organisationnelle et les relations de travail entre les personnes afin d'évaluer si elles sont consistantes avec l'ensemble des procédures de contrôle.

Le processus d'épuration avant l'embauchage et la vérification de l'expérience et des références de la personne doivent être soigneusement étudiés par le groupe de vérification afin d'éviter à l'entreprise l'embauche d'un individu indésirable.

En regard de l'organisation et des fonctions, le groupe de vérification examinera si les responsabilités conférées aux tâches sont efficacement séparées. Par exemple, il vérifiera si les programmeurs n'exécutent pas des fonctions qui devraient normalement être sous la surveillance des personnes responsables de l'exploitation.

Le groupe vérifiera également les procédures utilisées lors du départ d'un employé. Par exemple, on étudiera les procédures en opération afin de recouvrer les objets tels que la carte d'identité, les clés et ainsi de suite. Dans le cas de renvoi, le groupe devra examiner, en profondeur, les procédures utilisées pour assurer une protection efficace à l'ensemble des opérations informatiques.

2.2.6 L'évaluation et la vérification des mesures d'urgence

Les tâches reliées à l'évaluation et à la vérification des plans d'urgence ont pour but d'assurer la capacité opérationnelle des mesures d'urgence dans un environnement en constante évolution.

Dans cette optique, le groupe de vérification doit examiner si le matériel de relève fonctionne adéquatement avec les logiciels couramment utilisés. Il doit également s'assurer de la disponibilité des versions opérationnelles les plus récentes des programmes de production des travaux critiques. Le groupe de vérification doit éprouver le traitement des applications critiques, la capacité de restauration du traitement intégral et les méthodes d'entreposage extérieures des fichiers, des programmes, des formulaires, et de la documentation (y compris les copies des plans d'urgence). Il doit s'assurer qu'un comité d'urgence a été créé et que chacun de ses membres connaît bien ses responsabilités. Il doit examiner l'ordonnancement des activités de relève afin de s'assurer que le centre informatique pourra continuer ses opérations dans une période relativement courte. Le groupe doit vérifier si l'entraînement ou la formation du personnel est efficiente et efficace. De plus, il doit examiner si la normalisation des procédures de relève et de rétablissement a été instaurée et si elle est claire et précise.

Finalement le groupe de vérification doit périodiquement éprouver les composantes des plans d'urgence, y compris ceux des usagers afin de déterminer si les mesures envisagées sont adéquates.

2.3 L'évaluation du programme

Le groupe de vérification doit évaluer périodiquement l'efficacité et l'efficience des procédures et des normes de contrôle contenues à l'intérieur de chacune des composantes du programme. Le schéma suivant indique les différents niveaux de procédures de contrôle avec lesquelles une entreprise peut opérer:

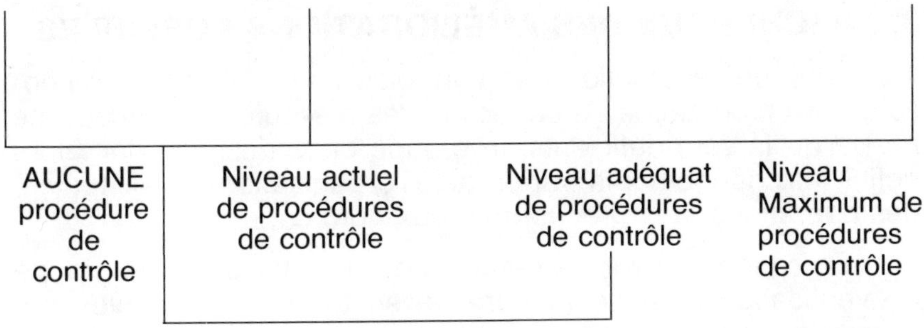

Évidemment, si une entreprise n'implantait aucune procédure de contrôle, un état d'entropie se développerait et l'entreprise ne pourrait pas longtemps survivre. Cette vérification des procédures de contrôle est essentielle parce qu'elle fournit un «retour» à la haute direction pour qu'elle puisse apporter des correctifs adéquats afin de garder l'organisation dans un état d'équilibre.

D'un autre côté, si l'entreprise implantait chacun des contrôles possibles, elle fonctionnerait à un niveau maximal de procédures de contrôle, tel que cela a été démontré dans le schéma précédent. À ce niveau, l'organisation ne pourrait longtemps survivre à cause des contrôles trop excessifs qui ne feraient que créer des obstacles inutiles.

Pour déterminer si le programme est efficace ou inefficace, le groupe de vérification doit grouper tous les renseignements colligés au cours de ses vérifications, de façon à obtenir une vue systémique du programme et mener à bonne fin les diverses étapes de son mandat. Les renseignements à intégrer de cette façon comprennent les résultats de l'examen des contrôles relatifs à la:

- protection du milieu physique;
- protection du développement, de l'entretien et de l'exploitation des systèmes informatiques;
- protection des données et des programmes;
- protection des télécommunications;
- protection du personnel;
- planification des mesures d'urgence.

L'étude des renseignements recueillis doit permettre au groupe de vérification de repérer les cas où les techniques de contrôle n'atteignent pas l'efficacité requise, soit parce qu'elles ne sont tout simplement pas mises en application ou qu'elles le sont de façon inadéquate.

3. RECHERCHE DES AMÉLIORATIONS POSSIBLES

Lorsque l'évaluation des contrôles des différentes composantes du programme de protection des ressources informatiques révèle qu'ils sont déficients, le groupe de vérification doit alors définir les changements à apporter à l'organisation des systèmes, des opérations, aux procédures, aux normes, etc.

En se fondant sur les résultats de son évaluation, le groupe de vérification sera en mesure de se former une opinion sur l'efficacité et l'efficience du programme de protection des ressources informatiques.

4. PRÉSENTATION DES RECOMMANDATIONS[1]

Une fois que le groupe de vérification s'est formé une opinion sur le programme de protection des ressources informatiques, il est en mesure de présenter ses recommandations à la haute direction. Il doit alors énumérer toutes les lacunes qu'il a identifiées à travers chacune des composantes, décrire les conséquences possibles de ces lacunes et formuler les mesures à prendre pour les corriger.

NOTES

1. Tiré et adapté du volume groupe d'étude sur les normes de contrôle interne et de vérification dans un cadre informatique. *Composantes de la vérification de gestion. Normes de vérification dans un cadre informatique* Institut canadien des comptables agréés, Toronto 1976.
2. Leonard Krauss et MacGahan, *EDP Internal Audit Functions and Techniques. Computer Fraud and Countermeasures*, Englewood Cliffs, N.J., Prentice Hall, 1979, pp. 222-245.

CONCLUSION

Au cours des années, l'informatique a complètement révolutionné notre société et a même envahi notre vie. De nombreux ouvrages ont été écrits sur les bienfaits de cette technologie mais très peu a été dit sur les divers dangers menaçant notre société par l'intrusion massive de cette technologie et sur les moyens à prendre pour se protéger adéquatement contre ce péril.

Aujourd'hui, notre société commence à découvrir les méfaits de cette prolifération des ordinateurs. Elle réalise les dangers courus et ne peut que réagir face à la concrétisation de ces dangers. Les gouvernements admettent leur inertie à ne pas avoir adopter des lois adéquates pour réglementer l'utilisation des données emmagasinées dans ces systèmes et protéger les ressources informatiques.

Actuellement, nombreux sont les gestionnaires qui déclarent être sensibilisés à ce problème, mais dans la réalité, il en est autrement; leurs faits et gestes démontrent que très peu a été fait et on n'a qu'à examiner les budgets accordés dans le cadre de la protection des ressources informatiques, pour découvrir que très peu a été prévu pour ce domaine.

Cet ouvrage se proposait de sensibiliser toutes les personnes impliquées de près ou de loin par l'utilisation des ordinateurs, à agir immédiatement au lieu de réagir face aux dangers qui surviendront en leur soumettant un modèle qui leur permettra de développer et d'exploiter un programme de protection des ressources informatiques. Cela afin de minimiser les probabilités de réalisation des dangers menaçant cet environnement.

Appendice A

Vulnérabilité de la micro-informatique

Introduction

Tel que cela a été décrit dans le premier chapitre de cet ouvrage, nous avons assisté dans la dernière décennie à une évolution très importante de la technologie des ordinateurs. De fait, dès 1970, des développements très importants dans la miniaturisation des ordinateurs furent réalisés qui ont permis une percée fracassante des micro-ordinateurs sur le marché. Outre sa miniaturisation, l'avance technologique engendrée par la venue des micro-ordinateurs aura permis une plus grande accessibilité à l'automation. Antérieurement, compte tenu de son coût et de ses frais d'exploitation, cette technologie n'était accessible qu'aux grandes entreprises. Aujourd'hui, en raison de son prix relativement abordable, cette technologie est accessible à la petite et à la moyenne entreprise désireuse d'automatiser leurs opérations afin d'augmenter leur productivité et leur rendement.

Avec l'introduction massive des micro-ordinateurs, nous assistons également à l'automatisation graduelle des fonctions de bureau qui furent jusqu'alors très négligées. Nous entrons présentement dans la nouvelle ère de la bureautique maintenant accessible autant à la grande entreprise qu'à la petite et moyenne entreprise.

Malgré le fait qu'il existe une distinction entre les problèmes de protection des ressources informatiques rencontrés au niveau des grands centres informatiques comparativement aux problèmes de ce type rencontrés chez les propriétaires de micro-ordinateurs, les dangers existent et il est de notre devoir dans ce volume de définir le problème, d'identifier les principales menaces que l'on peut rencontrer et de déterminer les mesures à implanter afin d'assurer une protection adéquate à ce nouvel environnement.

1. LE PROBLÈME

Récemment, de nombreux articles de journaux ont vivement dénoncé le fait que les gros systèmes informatiques étaient particulièrement vulnérables à l'accès à distance par des usagers non autorisés. Cette dénonciation démontre le fait qu'aucun système n'est complètement à l'abri de toute menace et que d'importants dommages peuvent être causés dans une très courte période de temps. La protection des ressources informatiques ne doit pas se limiter uniquement à la sécurité physique de cet environnement et à la simple utilisation de mots de passe. Il en est de même pour assurer une protection efficace à cet environnement de micro-ordinateurs.

Présentement, avec leur petit système d'exploitation et leur support magnétique portatif, ces micro-ordinateurs ne peuvent soutenir les techniques de sécurité actuellement utilisées dans les gros systèmes d'exploitation. Cependant, si on implante aucune forme de protection, il est assuré que de nombreux cas de fraude, de gaspillage et d'abus apparaîtront tôt ou tard et pourraient avoir de lourdes conséquences.

Tout comme dans les grands centres, plusieurs entreprises croient qu'une productivité accrue, ainsi que le niveau de performance offert par la bureautique, a plus d'importance que les risques encourus de ne pas avoir une protection adéquate. Cette attitude se rencontre souvent chez les gestionnaires qui ne sont pas familiarisés avec la technologie des ordinateurs, qui en font l'usage pour la première fois, qui ne sont pas conscients de l'importance des informations traitées et conservées dans les supports informatiques et qui ne réalisent pas les dangers qui peuvent affecter l'ensemble des opérations de leur entreprise.

2. IDENTIFICATION DES DANGERS ET DE LA VULNÉRABILITÉ DE CES SYSTÈMES

Dans cette section, nous identifierons dans un premier temps, les problèmes généraux reliés à l'environnement des micro-ordinateurs. Dans un deuxième temps, nous examinerons différents scénarios qui permettront d'évaluer le niveau de vulnérabilité de chacun des types de systèmes spécialement reliés au domaine de la bureautique.

2.1 Les problèmes reliés à l'utilisation des micro-ordinateurs[1]

Les problèmes reliés aux micro-ordinateurs diffèrent beaucoup de ceux qui concernent les gros ordinateurs puisque les petits systèmes peuvent être portatifs et sont habituellement placés dans des endroits faciles d'accès. Le fait de placer beaucoup de micro-ordinateurs dans des bureaux en espace ouvert augmente la vulnérabilité au vol et au vandalisme des périphériques et des supports de ces systèmes.

Le vol des composants et des supports des micro-ordinateurs constitue un problème croissant, étant donné qu'ils sont attrayants pour les employés qui possèdent des micro-ordinateurs compatibles. En outre, le fait que la plupart de ces éléments soient petits et faciles à cacher les rend vulnérables au vol. Les composants tels que les modules d'extension de la mémoire peuvent être enlevés sans que personne ne s'en rende compte à condition que les commutateurs de configuration soient réglés pour tenir compte de ce qui reste de la capacité de la mémoire. Le seul indice qui révélerait l'absence de cet élément serait le défaut de cet organe d'exécuter une application nécessitant le module d'extension.

Dans de nombreux bureaux, le vandalisme constitue une préoccupation importante qui est souvent attribuable aux problèmes personnels tels que l'insatisfaction de l'employé.

Les dommages dus aux conditions de l'environnement peuvent aussi causer des pertes aux micro-ordinateurs et à leurs accessoires. Bien que plusieurs éléments aient été conçus pour être portatifs et fonctionner dans un environnement général de bureau, ils sont susceptibles de perte de données et de dommages matériels en raison de surchauffe et de variations de courant électrique. Les supports magnétiques, même si les variations de courant ne leur nuisent habituellement pas, peuvent être gravement endommagés ou perdre des données s'ils sont exposés à des températures élevées. On assistera également à une perte de données importante si ces supports sont exposés à un champ magnétique d'intensité suffisante. En fait, l'application d'un simple aimant sur la surface de bon nombre de disques souples peut les rendre inutilisables.

Contrairement aux systèmes plus importants auxquels l'accès est habituellement limité au personnel autorisé, les micro-ordinateurs sont généralement utilisés dans les bureaux en espace ouvert, les laboratoires, les classes et les résidences. L'accès aux programmes de service et aux données du système n'est ordinairement pas contrôlé par des privilèges d'utilisateur étant donné que la plupart des micro-ordinateurs ne prennent pas en charge une structure à paliers multiples au niveau du matériel ou du logiciel. Puisque la mise en mémoire des micro-ordinateurs est limitée, la consignation des activités est des plus rudimentaires, limitant ainsi la portée du matériel de vérification. En fait, une grande partie de la consignation dépend des informations inscrites par l'utilisateur, telles que la date, l'heure ou les détails de la transaction. Malgré toute leur complexité, la plupart des micro-ordinateurs sont traités comme du matériel de bureau général et ne reçoivent aucune attention spéciale au chapitre des contrôles et des modalités opérationnelles.

La plupart des micro-ordinateurs fonctionnent selon le mode autonome, bien que les fonctions de communication soient intégrées à de nombreux périphériques. L'utilisation croissante de ces systèmes se traduira en fin de compte par une augmentation de l'utilisation de ces fonctions de communication. La transition entre le système téléphonique analogique traditionnel aux systèmes numériques signifie que la voix et la transmission des données peuvent partager les mêmes circuits. Par conséquent, les ondes porteuses communes qui offrent la possibilité de transmettre des données numériques facilitent la liaison entre les ordinateurs locaux et éloignés et les installations publiques, faisant ainsi progresser la bureautique. Même si les fonctions de communication ont fourni aux cadres une nouvelle flexibilité en matière de circulation, de manipulation et de disponibilité des données, elles entraînent aussi un problème de contrôle sur l'information et les ressources de la société. À mesure que la facilité d'accès au matériel et à l'information s'améliore, la sécurité de ces éléments est nettement mise en danger.

Même si on a élaboré bon nombre de micro-ordinateurs spécialisés, la flexibilité de l'ordinateur personnel en a fait l'ordinateur le plus populaire et le plus utilisé de nos jours. Comme le terme ordinateur personnel le laisse entendre, il s'agit d'un ordinateur créé pour l'usage personnel et, par conséquent, il n'est pas doté de contrôles et des fonctions de sécurité nécessaires, tels que le contrôle de l'accès et les fonctions de vérification, qui sont importants dans les domaines gouvernementaux et commerciaux.

2.2 Vulnérabilité des systèmes liés à la bureautique[2]

Afin d'évaluer le niveau de vulnérabilité de chacun des types de systèmes automatisés liés à la bureautique, il est avantageux d'examiner séparément chacun des scénarios qui représentent la pire situation que l'on peut retrouver pour chacune des configurations suivantes:

- les systèmes de traitement de textes autonomes;
- les systèmes multipostes reliés à un micro-ordinateur;
- les systèmes répartis reliés à travers un réseau;
- les terminaux intelligents branchés aux éléments principaux des bases de données.

2.2.1 Les systèmes de traitement de textes autonomes

Habituellement, cette configuration représente la première étape du processus d'implantation de la bureautique dans l'entreprise. Dans le pire cas, les problèmes de sécurité rencontrés sont:

- L'absence d'un mécanisme formel d'enregistrement permettant d'identifier qui a fait quoi sur le système. Dans une telle situation, copier peut être aisément exécuter sans crainte d'être détecter.
- Il n'y a aucune protection adéquate pour le système d'exploitation lui-même. Il ne contient aucun système de mots de passe ou de contrôles d'accès. Dans ces conditions, des modifications non autorisées à la programmation peuvent être aisément insérées.
- Un manque de contrôle physique sur les disquettes de traitement de textes signifie qu'il y a pratiquement aucun moyen de reprise exécuté. Les disquettes peuvent être facilement endommagées. Sans moyen de reprise, le recouvrement des données endommagées signifie qu'il faudra entrer à nouveau toutes ces informations.
- Des contrôles physiques inadéquats laissent une porte ouverte aux vols et à violation du caractère confidentiel des informations.
- Personne n'est réellement responsable de la protection des informations emmagasinées. Plusieurs personnes utilisent le système de traitement de textes mais personne n'est réellement responsable de la protection ou de l'intégrité de l'information et personne n'est réellement responsable d'assurer la protection des données au niveau du bureau.

2.2.2 Les systèmes multipostes reliés à un micro-ordinateur

- Les violations du système de mots de passe ne sont pas enregistrées. Par conséquent, des tentatives non autorisées d'entrer en communication avec le système sont répétées jusqu'au moment où on réussisse à le pénétrer.

- Les utilisateurs laissent sans surveillance leur station de travail, souvent dans le milieu d'une opération importante, ou laissent les applications contenues sur leur disquette dans la machine, offrant une excellente occasion à tous ceux qui découvrent cette négligence.
- Si le système permet à l'utilisateur d'écrire des programmes dans un langage de programmation tel que le BASIC, des routines spéciales peuvent alors être créées afin de contourner toutes les mesures de protection implantées dans le système.
- Les vendeurs peuvent fournir un logiciel d'exploitation très utile pour contrôler l'accès aux programmes et aux fichiers mais, habituellement, les utilisateurs n'ont pas l'expérience requise pour les implanter. Par conséquent, ils implantent un système très vulnérable permettant à n'importe qui d'avoir accès à n'importe quoi.

2.2.3 Les systèmes répartis reliés à travers un réseau

- L'information est transmise à travers le réseau sans aucune technique de masquage permettant de capter ainsi frauduleusement les informations transmises.
- L'absence d'un contrôle central des informations contenues dans ces systèmes démontre que personne ne connaît réellement ce qui est actuellement conservé. Un montant significatif de duplication existe et l'extraction des données devient extrêmement lourde. Les utilisateurs peuvent faire des copies de données importantes et les conserver dans leur système.
- L'utilisation des moyens de commutation peut encourager non seulement la personne qui désire effectuer un travail à la maison mais également ceux parmi le nombre impressionnant de propriétaires d'ordinateurs personnels qui aiment démontrer leur savoir-faire en tentant de pénétrer les autres systèmes.
- Le réseau peut croître dans un environnement dont certains systèmes sont hautement protégés tandis que d'autres sont complètement ouverts. Cette situation crée une certaine confusion parmi les usagers et souvent il s'ensuit un relâchement général au niveau des mesures de protection.

2.2.4 Les terminaux intelligents connectés aux éléments principaux des bases de données

Plusieurs applications automatisées sont souvent implantées sur des terminaux intelligents connectés à de vastes bases de données et utilisant des progiciels d'exploitation sophistiqués. Dans de telles situations, les pires scénarios que l'on puisse retrouver sont les suivants:

- Des portions importantes des bases de données peuvent être copiées à l'intérieur du terminal intelligent pour des interrogations locales et des modifications. Une fois cette opération exécutée, l'efficacité des progiciels de sécurité et d'exploitation se retrouve grandement diminuée.
- L'accès physique d'un terminal situé dans un bureau est habituellement plus facile que l'accès à un terminal situé dans le centre informatique.

- L'absence d'une politique de protection claire et précise concernant la communication entre les micro-ordinateurs et les gros ordinateurs augmente considérablement les risques de destruction, de vols, d'erreurs, de modifications et de révélations.

3. LES MESURES PRÉCONISÉES POUR PALLIER AUX VULNÉRABILITÉS ET AUX DANGERS

Après avoir identifié les principales menaces et déterminé la vulnérabilité liée à chacune des configurations faisant l'usage des micro-ordinateurs, voyons maintenant les mesures qui peuvent être instaurées afin de leur assurer une protection efficace :

- assurer une protection physique aux équipements;
- protéger les données contenues sur les supports;
- désigner un responsable pour la protection des données;
- utiliser efficacement les mécanismes de contrôle d'accès;
- assurer une protection adéquate aux communications;
- maintenir une surveillance constante concernant l'utilisation de ces systèmes;
- assurer la sécurité du système des mots de passe;
- produire et maintenir une bonne documentation;
- examiner les mesures requises afin d'assurer l'intégrité des données;
- sensibiliser constamment les usagers à l'importance d'assurer une protection efficace et efficiente à ces petits systèmes.

Chacune des mesures identifiées sera explicitée dans les sous-sections suivantes.

3.1 Assurer une protection physique aux micros-ordinateurs

Les recommandations émises à section 2.1.2 du chapitre 10, concernant la protection physique du terminal, s'appliquent également pour la protection physique des micros-ordinateurs. Je vous suggère donc de vous référer à cette section pour obtenir de plus amples détails.

3.2 Protéger les données contenues sur les supports

Les données emmagasinées sur disquettes ou sur disques rigides doivent être protégées contre tout danger qui peuvent les menacer. Les mesures de protection préconisées afin d'assurer une sécurité aux données conservées sur disquettes ou sur disques rigides sont à quelques différences près similaires aux recommandations émises à la section 5 du chapitre 9 concernant la protection des données et des programmes. Je suggère donc au lecteur de se référer à cette section.

Cependant, concernant les données conservées sur disquettes, elles sont moins vulnérables à des divulgations accidentelles que si elles sont imprimées sur papier. Par contre, les données conservées sur disquette peuvent être considérablement plus vulnérables à des destructions accidentelles. Les données conservées sur ce type de support doivent être protégées contre les modifications et la destruction et par la production de copies supplémentaires de recouvrement. De plus, la production de copies supplémentaires peut être exécutée à des coûts relativement peu élevés compte tenu de la protection qu'elle assure.

Après l'usage, il est fortement recommandé d'entreposer ces disquettes dans un endroit sûr. Il faut absolument éviter de laisser «traîner» ses disquettes de part et d'autre, sans aucune sécurité.

3.3 Désigner un responsable pour la protection des données

Il demeure important que l'on désigne sans délai à l'intérieur de l'entreprise une personne qui aura la responsabilité d'assurer la disponibilité, le caractère confidentiel, l'intégrité et la sécurité de l'ensemble des ressources informatiques de l'entreprise. Ce geste aura pour conséquence de démontrer aux usagers l'importance que l'entreprise accorde à la protection de son environnement informatique.

3.4 Utiliser efficacement les mécanismes de contrôle d'accès

Plusieurs des logiciels d'exploitation de système ont déjà des contrôles de sécurité inclus à l'intérieur de leur système. Il demeure important d'utiliser ces contrôles même si parfois il est nécessaire d'envoyer une personne suivre une formation spéciale dans ce domaine. Même s'il demeure très utile d'acheter des logiciels de traitement de textes, de courrier électronique, d'agendas, de finance, etc. pour augmenter les performances et la produtivité du bureau; il demeure cependant essentiel qu'une personne planifie et gère les contrôles d'accès.

3.5 Assurer une protection adéquate aux communications

Si, dans le cadre de vos opérations, vous devez faire l'usage de la télécommunication, nous vous suggérons l'utilisation de techniques de masquages afin de protéger les informations qui sont transmises sur le réseau de télécommunications. Cette technique demeure actuellement le seul moyen de protéger adéquatement ces informations. Compte tenu que ce processus peut être onéreux et compliquer le processus de télécommunication, il demeure essentiel, dans un premier temps, d'analyser les risques, compte tenu de la valeur de nos informations.

3.6 Maintenir une surveillance constante concernant l'utilisation de ces systèmes

Même si cette opération peut parfois sembler ardue et même coûteuse, il demeure essentiel de développer et d'implanter un ensemble de contrôles adéquats concernant l'enregistrement des travaux exécutés, de l'identification de l'usager, de la période utilisée, des informations traitées etc. Les renseignements enregistrés sont ultérieurement utiles lors des vérifications et seront même essentiels lors des opérations de recouvrement.

3.7 Assurer la sécurité du système des mots de passe

Il demeure important d'instaurer un système des mots de passe afin qu'il soit maintenu et changé régulièrement. Il faut encourager les usagers à modifier périodiquement leur mot de passe et surtout de le garder secret.

3.8 Produire et maintenir une bonne documentation

Si les systèmes sont bien documentés, les faiblesses ayant trait à la sécurité peuvent être rapidement identifiées. Pour de plus amples informations concernant la documentation, je vous suggère de revenir à la sous-section 2.2 du chapitre 8.

3.9 Examiner les mesures requises afin d'assurer l'intégrité des données

Cette mesure est d'une extrême importance. Le logiciel interne de détection, les procédures de correction, l'examen des documents sont des outils essentiels dans ce processus. Cependant, les autres éléments de la protection des systèmes tels que les contrôles d'accès et les politiques administratives doivent tous être utilisés ensemble afin d'assurer l'intégrité des données.

3.10 Sensibiliser constamment les usagers à l'importance d'assurer une protection efficace et efficiente à ces petits systèmes

Tout comme dans les grands centres informatiques, il est essentiel de développer des programmes de formation, des standards de performance et des politiques qui démontreront l'importance accordée à la protection des systèmes. De plus, il est important sinon essentiel de sensibiliser les usagers à l'importance des informations qu'ils manipulent et surtout leur permettre d'identifier les différents dangers menaçant la protection des systèmes. Cette sensibilisation doit demeurer constante afin de ne pas diminuer la participation des usagers.

4. RESPONSABILITÉS DE LA DIRECTION CONCERNANT L'UTILISATION DE LA TECHNOLOGIE DES MICRO-ORDINATEURS

La direction doit considérer la mise au point d'une position de protection appropriée si les données relatives à l'équipement et les ressources de l'entreprise doivent être protégées. Des politiques, des modalités et des contrôles efficaces seront très utiles pour protéger cet environnement.

L'évaluation des dangers demeure l'élément clé à partir duquel on élaborera la position de protection de l'entreprise. Cette étape doit être bien exécutée afin de mettre en application une protection efficace. comme dans les gros systèmes informatiques, il faut reconnaître les atouts, identifier clairement les dangers, établir leur probabilité et choisir des mesures de protection adéquate par rapport à leur coût. À la fin de cette étude, des politiques, des procédures, des normes et des contrôles détaillés devront être élaborés et mis en application.

1. Joseph Ara, «Security Checklist for Small Systems is Simple yet Complete», *Canadian Datasystems*, mai 1979, pp. 42-44.
2. William Bound, «Securing the Automated Office», *Computer Security Journal*, Massachusetts, hiver 1983, vol. 11, n° 2, pp. 97-100.

Appendice B

Position de la législation face à la protection des systèmes informatisés

1. L'IMPACT DES ORDINATEURS SUR LA VIE PRIVÉE

Tel que nous l'avons décrit au début de cet ouvrage, l'ordinateur est devenu accessible, facile d'utilisation, peu coûteux et très polyvalent. On voit l'apparition d'ordinateurs dans les bureaux de médecins, les pharmacies et bien d'autres dispensateurs de biens et services. Il y a des dossiers sur les emprunteurs, les électeurs, les victimes de viol, les témoins d'événements judiciaires, les faillites, etc.[1] Pour quelques dollars, des entreprises se spécialisent dans l'accumulation d'informations sur nos habitudes de vie et des milliers de dossiers personnels sont ainsi tout bonnement enregistrés.

Les banques de données sont de plus en plus informatisées. Elles sont de consultation simple et rapide. Il est possible et très facile de relier plusieurs banques de données afin de multiplier la quantité d'informations sur un individu. Mais, il n'y a pas que les banques et les caisses populaires qui possèdent des renseignements sur nos personnes. Il existe une multitude d'organismes publics, parapublics ou privés qui accumulent des informations de toutes sortes. De l'assurance-chômage jusqu'à nos ordonnances médicales, en passant par nos résultats académiques.

Il y a donc un problème d'éparpillement des données. Actuellement, aucune législation n'oblige un fournisseur d'informations à vous faire savoir qu'il existe un dossier sur votre personne. Pourtant un dossier de crédit qui serait mal fondé peut causer de graves préjudices à un individu. Ce dernier ne saura jamais pourquoi, mais il sera toujours hors du circuit du crédit.

Au Québec, une compagnie privée a mis sur pied un réseau d'informations traitant de la solvabilité et de la docilité des locataires. Cette banque de données est gérée au profit des propriétaires. On prend la peine d'indiquer si vous avez fait appel à la régie du logement dans le passé. Pour certains propriétaires, cette seule information sera suffisante pour refuser un locataire. Cependant, afin de corriger cette situation, le gouvernement du Québec fit sanctionner à la fin de juin 1983, la loi 24 qui interdit aux propriétaires de refuser un locataire pour la simple raison qu'il était fiché dans de telles banques de données.

En faisant la tournée de toutes les banques de données, on peut colliger toute la matière nécessaire à une connaissance précise d'un individu. Il en devient d'autant plus vulnérable. S'il y a développement des banques de données, ce sera sous l'angle des interconnexions. Pour l'industrie, c'est un marché complémentaire. Signalons que les interconnexions de banques de données privées ne sont pas interdites. On obtient comme résultat la vente de listes d'abonnés à une revue ou la vente de dossiers médicaux à des compagnies d'assurances.

Dans le secteur des services sociaux et gouvernementaux en général, on utilise les ordinateurs à toutes les sauces. Le gouvernement fédéral, à lui seul, contrôle plus de 1500 banques de données[2]. Au Québec, le nombre de banques de données utilisées par les services publics est inconnu. L'état a stocké et continue de rassembler sur chaque individu, sur chaque famille, des renseignements de plus en plus précis. Ces renseignements concernent à la fois le passé et le présent de chaque individu, ses activités et son comportement. Nous touchons là le domaine délicat des libertés individuelles. Même s'il est vrai que les ordinateurs ne sont pas la cause de l'accumulation et du regroupement de ces renseignements, la croissance de l'informatique a contribué, par contre, à accentuer et à accélérer cette tendance. L'ordinateur élève à un niveau inégal, les possibilités de croisement des renseignements personnels détenus par les organismes publics. L'adoption de lois sur la protection de la vie privée constitue un moyen de faire obstacle à l'explosion de la collecte du stockage de données.

2. LA POSITION DES DIFFÉRENTS PALLIERS GOUVERNEMENTAUX CONCERNANT LA PROTECTION DES INFORMATIONS CONTENUES DANS LES BANQUES DE DONNÉES

Des pays comme la Suède en 1766, la Finlande en 1951, les États-Unis en 1966, le Danemark et la Norvège en 1970, l'Autriche en 1973, les Pays-Bas en 1977, la France en 1978 ont des lois ou des règlementations d'accès à la documentation publique et de protection des renseignements personnels[3]. Même les pays de tradition parlementaire britannique, où le principe de la souveraineté du Parlement semblait s'opposer à l'ouverture d'une voie de communication directe entre les citoyens et l'administration, ont commencé à agir dans le même sens. En 1978, un projet de loi a été déposé en Australie. En 1979, le Royaume-Uni a publié un livre vert sur la question. Au Canada, la Nouvelle-Écosse a une loi depuis 1977, le Nouveau-Brunswick depuis 1978. Les législateurs de la Colombie-Britannique, du Saskatchewan, de l'Alberta et du Manitoba sont saisis de projets de lois de députés; l'Île-du-Prince-Édouard et Terre-Neuve, de projets de lois gouvernementaux.

2.1 La législation canadienne

C'est en 1977, avec la IVe partie de la loi canadienne sur les droits de la personne, que l'administration fédérale consentit à une première brèche dans sa vieille tradition du secret.

Le gouvernement fédéral a présenté récemment en première lecture un projet de loi sur la protection des renseignements personnels. Il réglemente la constitution de fichiers de données personnelles, leur utilisation, leur sécurité et leur intégrité et attribue à un ministre désigné la responsabilité de l'application des nouvelles normes. Le projet de loi reconduit l'institution d'un commissaire à la protection de la vie privée de la Loi sur les droits de la personne. Ce commissaire n'a qu'un pouvoir d'enquête et de recommandation: la cour fédéral demeure l'organe décisionnel en matière de vie privée.

2.2 La législation québécoise

Au Québec, les différents organismes de notre société ont réclamé des mesures analogues à celles déjà en vigueur dans plusieurs pays, avec les adaptations qu'imposent nos institutions politiques et juridiques. Afin de répondre à ce besoin impérieux, le gouvernement québécois présenta, en 1982, le projet de loi 65 ayant pour objet de permettre l'accès aux documents des organismes publics et d'assurer la protection des renseignements personnels qu'ils détiennent. Dans sa première partie, il établit donc le droit de toute personne à l'accès aux documents des organismes publics. Ce droit connaîtra cependant quelques restrictions à l'égard des renseignements ayant des incidences sur les relations inter-gouvernementales, sur les négociations entre organismes publics, sur l'économie, sur l'administration de la justice et la sécurité publique, sur les décisions administratives ou politiques et sur la vérification.

La deuxième partie de ce projet de loi est consacré à la protection des renseignements personnels détenus par les organismes publics. On y établit que les renseignements nominatifs sont confidentiels mais que la personne qu'ils concernent a le droit d'en recevoir la communication et d'en demander la rectification. Les organismes publics doivent cueillir, conserver et utiliser les renseignements personnels selon les modalités et les critères prévus par la loi. Des transferts de renseignements personnels sont toutefois possibles sans le consentement de la personne concernée. Le projet de loi prévoit également la création d'une commission d'accès à l'information qui a pour fonction principale d'entendre les demandes de révision prises en vertu du projet de loi. Cette commission doit également surveiller l'application de la loi, informer le public, faire des recommandations aux organismes publics, donner des avis et valider la conformité des fichiers.

De plus, le gouvernement québécois entend légiférer pour contrôler l'utilisation des banques privées de données personnelles. L'ancien ministre de la Justice, Marc-André Bédard, confia en janvier 1984 à la Presse canadienne[4], qu'il a décidé de créer un comité d'étude sur ces banques de données personnelles. Au terme de ses travaux, le comité devra recommander au gouvernement ce qu'il privilégie comme loi et préciser ces types de banques privées qu'elle devrait régir.

2.3 La législation française

Informatique et libertés

Tout individu est inscrit sur plus de 500 fichiers, en France. L'utilisation de ces fichiers peut être socialement utile (reconstitution de la carrière d'un salarié en vue de lui verser une retraite) ou dangereuse (regroupement d'informations plus ou moins vérifiées sur un même individu).

Il convient de signaler que lorsque la loi «Informatique et libertés» n'est pas appliquée, la responsabilité des informaticiens et des utilisateurs concernés peut être engagée.

On n'a pas encore une notion bien précise des véritables enjeux culturels de l'informatisation et de l'automatisation, mais, au moment de la mise en place de chaque système informatique, on doit être attentif à ce type de conséquence. Parmi ces enjeux il en apparaît un qui est particulièrement important: l'évolution des libertés en liaison avec les fichiers nominatifs.

Fichiers nominatifs et libertés

Une loi réglemente la mise en œuvre des traitements portant sur les informations nominatives[8], c'est-à-dire:

«Art. 4 — Sont réputées nominatives au sens de la présente loi les informations qui permettent, sous quelque forme que ce soit, directement ou non, l'identification des personnes physiques auxquelles elles s'appliquent, que le traitement soit effectué par une personne physique ou par une personne morale.»

Pourquoi?

Les fichiers nominatifs se multiplient et ils peuvent présenter certains dangers:

a) Certaines informations ne doivent pas être accessibles à tous: par exemple le fichier «reconstitution de carrière des caisses de retraite» ne doit pas être accessible à un employeur pour lui permettre de juger un candidat en cours de recrutement; le fichier «santé» doit être confidentiel.

b) La généralisation d'un identifiant commun permettrait la *connexion rapide de tous ces fichiers* (le n° d'identité est un identifiant commun, mais l'association «nom/prénom/date de naissance», plus discrète, en est un aussi) et donc l'accès plus facile à l'ensemble des fichiers.

c) Mais la connexion rapide des fichiers permettrait aussi le regroupement d'informations éparses et d'origine diverses: on aurait tendance à croire que l'on connaît un individu parce que l'on connaît les informations que les fichiers ont enregistrées à son sujet. C'est faux, car on n'enregistre pas tout sur un fichier, et en général *on sélectionne en priorité les informations négatives:* on enregistre donc un portrait incomplet et «en creux» de celui qui est fiché.

Les principes de la loi

C'est pourquoi la loi prévoit que tous les traitements automatisés d'informations nominatives doivent être déclarés par les entreprises, auprès d'une commission appelée «Commission nationale de l'informatique et des libertés»[9].

Cette déclaration prévoit en particulier «les catégories de personnes qui, à raison de leurs fonctions ou pour les besoins du service, ont directement accès aux informations enregistrées» [...].

La loi prévoit aussi le *droit d'accès* de tout citoyen aux informations le concernant. Par exemple, tout salarié peut avoir accès aux informations le concernant sur le fichier «personnel».

3. LES ASPECTS LÉGAUX LIÉS AUX CRIMES INFORMATIQUES

La réforme entreprise par les différents gouvernements ne doit pas se limiter à la création et à l'implantation de nouvelles lois consistant à protéger les informations contenues dans les diverses banques de données. L'importance croissante des crimes informatiques nécessite également la mise en application de nouvelles lois qui prennent en considération l'impact de la nouvelle technologie informatique. Actuellement, les lois sont vieilles et ambiguës et ne prennent pas en considération les aspects techniques des crimes informatiques. La jurisprudence dans ce domaine est nouvelle et ne facilite pas le travail des procureurs. Le code criminel n'a pas eu le temps de s'adapter à la société informatique qui prend forme actuellement.

À la différence des États-Unis, qui ont adopté une législation conçue pour réprimer avec toute la rigueur de la loi l'accès non autorisé aux ordinateurs, il n'y a pas d'article dans le Code criminel du Canada pouvant offrir une protection équivalente aux systèmes informatiques du pays.

Le Conseil canadien de la documentation juridique avait suggéré que le crime par ordinateur devrait peut-être relever du droit civil plutôt que du droit criminel. Ainsi, de nombreux cas seraient traités par des tribunaux comme des violations de contrat ou des «empiètements» aux termes des lois sur la propriété et les droits civils.

Toutefois, comme les systèmes informatiques deviennent plus répandus et plus complexes et qu'il se produit un nombre croissant de crimes par ordinateur de nature plus grave et à une échelle plus vaste, c'est-à-dire impliquant des gains financiers ou de renseignements plus importants, le droit criminel et les peines correspondantes peuvent encore être adaptés à certains cas.

Pour protéger les systèmes informatiques canadiens qui existent maintenant dans des milieux très divers, des lois plus décisives sont nécessaires pour couvrir un large éventail d'incidents criminels dans l'informatique. L'élaboration d'une protection juridique adéquate doit être le fait d'une attention minutieuse et coopérative de la part de différentes autorités tels les juristes, les fonctionnaires du gouvernement et les employés qui œuvrent dans le domaine de l'informatique.

Afin de remédier à cette situation, le projet de loi c-667[6] fut déposé en Chambre en juin 1982. Ce projet de loi avait pour principal objectif d'amender la loi sur la preuve au Canada et le Code criminel, afin que les lois puissent répondre au problème croissant de la fraude informatique.

Avec ce projet de loi, le gouvernement espère venir à bout des échappatoires juridiques en proposant les trois mesures suivantes:

A. Un amendement à la loi sur la preuve au Canada, de façon à ce que les imprimés informatiques puissent être considérés comme preuve à titre de documents originaux.

B. Un amendement au Code criminel, de façon à ce que le vol de logiciels et de données informatiques soit considéré comme un crime, etc...

C. De nouvelles dispositions à ajouter au Code de façon à ce que l'usage impropre, la modification, la manipulation ou la distribution de logiciel ou de données informatiques et les dommages causés à ce même logiciel soient rendus punissables en vertu de l'article portant sur les méfaits.

En février 1983, ce projet de loi C-667 a fait l'objet d'un débat à la Chambre des Communes, et il a atteint le stage del'approbation du Comité parlementaire où il est encore longuement examiné.

En janvier 1984[7], l'ancien ministre fédéral de la Justice, Mark MacGuigan annonça que dans les 200 modifications proposées au Code pénal, quelques-unes concerneront l'utilisation sans autorisation d'un ordinateur pour en modifier, détruire ou utiliser les données qui sera désormais une infraction criminelle.

Avec le constant perfectionnement et l'expansion de l'informatisation, il sera indispensable de réviser périodiquement les lois existantes, afin de s'assurer qu'elles tiennent compte de la technologie moderne, et qu'elles apportent une protection optimale aux systèmes informatiques canadiens.

1. Guy Nadeau, «L'informatique: un impact à mesurer sur la vie privée des individus», *revue Informatique*.
2. Guy Nadeau, *op. cit.*

3. Gouvernement du Québec, «Rapport de la Commission d'étude sur l'accès du citoyen à l'information gouvernementale et sur la protection des renseignements personnels», *Information et liberté, Québec, 1981, p. 3.*
4. *Pierre Tourangeau, «Législation à venir sur l'utilisation des banques privées de données personnelles», La Presse*, 16 janvier 1984.
5. «Utilisation frauduleuse d'un ordinateur», *Bulletin Sécurité de l'informatique*, vol. 6 nº 2, décembre 1981, pp. 5-6.
6. Perrin Beatty, «Les délits informatiques et l'insuffisance des lois», *Le Communicateur*, 1982.
7. Michel Auger, «Ottawa compte réglementer l'utilisation des ordinateurs», *La presse*, janvier 1984.
8. Loi nº 78-17 du 6 janvier 1978 relative à l'informatique, aux fichiers et aux libertés. (Tous les textes et documents légaux concernant ce problème sont rassemblés dans la brochure nº 1473 du «Journal officiel»).
9. Commission nationale de l'informatique et des libertés, 21, rue Saint-Guillaume, 75007 Paris.

BIBLIOGRAPHIE

Schabec, Timothy. Computer crime, investigation manual. Assets protection. 1978.

Krauss, Léonard — McGahan Aileen. Computer fraud and countermeasures. Prentice-Hall. 1979.

Laplante Laurent. «La société face au crime informatique». Revue Justice. Janvier-février 1982. Pp. 10-18.

Chesneau, J.C. «La sécurité en informatique de gestion.» Revue Informatique et gestion. Janvier 1976. Pp. 34-41.

Schrager Barry. «Outwilling 2 bits thieves and arresting computer crime.» Data communication. Novembre 1982. Pp. 117-131.

Chabanas, Jean-Claude. «Les escrocs de l'informatique.» Le Devoir, 24 janvier 1980.

Computer crime digest. Whashington crime news service and the national center for computer crime data. Septembre 1982.

Freed, R.N. «Computer fraud-a management trap.» Computer security, auditing and controls. Pp. 118-192.

Fenn, T.D. «Personnel security in the public service an overview.» CSIS, forum fall 1979. Pp. 5-7.

I.B.M., Data security and data processing study result, State of Illinois, vol. 3, Part 1. Pp. 11-20.

Whiteside, Thomas, «Computer capers.» Thomas Crowell publishers. 1978. 165 p.

Bequai, August. «Computer crime.» Lexington Books. 1978. Pp. 47-53.

Bertrand, J.E. «L'accès à l'information gouvernementale et son impact sur l'informatique.» Info-Québec. Novembre 1981. Pp. 11-13.

Ministère des communications. «Impact sur l'informatique de la loi sur l'accès à l'information gouvernementale et sur la protection des renseignements personnels.» Bureau central de l'informatique. Novembre 1981. 28 p.

Gouvernement du Québec. «Projet de loi 65. Loi sur l'accès aux documents des organismes publics et sur la protection des renseignements personnels. 1982.

Gouvernement du Québec. «Rapport de la commission d'étude sur l'accès du citoyen à l'information gouvernementale et sur la protection des renseignements personnels.» 1981.

Pérès, André. «Étude sur les plans de recouvrement en situation d'urgences. Considérations méthodologiques.» Rapport de recherche. 15 juillet 1981.

Gendarmerie canadienne du Canada. «La sécurité dans le milieu informatique.» Brochure d'information sur la sécurité, 2e édition. Octobre 1981. 25 pages.

Harrison, Ben. «Plan for the worst.» Infosystems. Juin 1982. Pp. 52-62.

Fisk, A.J. «Security in automated information systems.» Canadian chief police revue. Juillet 1980. Pp. 33-36.

Héroux-Ruel, Francine. «La sécurité en informatique.» Info-Québec. Octobre 1981. Pp. 4-8.

I.B.M. Data security and data processing: study result, State of Illinois. Vol. 3. Part 1.

I.B.M. «Data security and advancing technology.» The consideration of data securiting in a computer environment. Pp. 2-3.

Churchman, C. «Qu'est-ce que l'analyse par les systèmes?» Dunod. 1976. 2e édition. 218 p.

Curvie, Coopers — Lybrand Lted. »De nouvelles stratégies pour une décennie nouvelle.» Séminaire national 1980-1981. L'Association canadienne de l'informatique.

Daley, A. Organizing for security. 1978. 137 p.

Cerullo Micheal — Shelton Fred. «Quantitative evaluation: a new way to measure computer security.» CAMGAZINE. Octobre 1980. Pp. 56-66.

Gendarmerie Royale Canadienne. «Évaluation des dangers informatique, Élaborations de concepts et planification.» Brochures d'informations sur la sécurité. Janvier 1982.

Tisseur, Denis. «Analyse des risques.» Conférence Janvier 1979, Conseiller en sécurité.

Post, Richard — Schachtsiek, David. «How to develop an effective company security program.» Security Program cost. The Darnell Corporation. 1977. Pp. 171-177.

Pérès, André. «Sécurité des systèmes d'informatiques: répartition des responsabilités. Revue Gestion. Avril 1979. Pp. 71-77.

Conseil du trésor du Canada. «Manuel de la politique administrative.» Informatique: Sécurité. Chap. 440, section 8. Décembre 1978.

Revue de la police Nationale. «La sécurité des centres de calcul électronique.» Août 1981. Pp. 40-49.

Foucher Albert. «La protection des biens informationnels.» Informatique et gestion. Novembre 1979. Pp. 12-48.

Gendarmerie Royale du Canada. «La sécurité du milieu physique.» Vol. 4, no. 2. Août 1979. 11 p.

Ministère des communications. «La sécurité matérielle.» La sécurité matérielle au gouvernement du Québec. Bureau central de l'informatique. 23 p.

Joplin, Bruce. «An internal control checklist for EDP.» Management services. July/August 1979.

Ministère des communications. «Les mesures reliés à la gestion des projets de développements.» Bureau central de l'informatique. 27 p.

I.B.M. «Physical security.» The consideration of data security in a computer environment. Pp. 31-32.

Ministère des communications. «Les mesures reliées à la gestion des projets de développements.» Bureau central de l'informatique. 27 p.

Gendarmerie royale du Canada. «Les mots de passe.» Mars 1978. 14 p.

Gendarmerie royale du Canada. «La sécurité des opérations.» Décembre 1981. 14 p.

Gendarmerie royale du Canada. «La sécurité du logiciel.» Part 1. Janvier 1981. 13 p.

Gendarmerie royale du Canada. «La sécurité du logiciel.» Part 2. Août 1981. 12 p.

Peterson, N.D. «A guide to acceptance testing of computer software.» Business and economic dimensions. June 1970. Pp. 367-371.

Porter, W. «Control considerations in systems operations.» Computer security auditing and controls. Pp. 288-291.

Gendarmerie royale du Canada. «La sécurité des communications et de l'électronique.» Octobre 1979. 10 p.

Goode, G.E. «Security for teleprinter and data communications.» Data Processing management association. Pp. 321-325.

Schrager, Barry. Outwitting 2 bit thieves and arresting computer crime.» Data communication. Novembre 1982. Pp. 117-131.

Kingston, Peter. «Does the end justify the cost.» Canadian Data System. Nov. 1980. Pp. 36-41.

Gendarmerie royale du Canada. «Planification des mesures d'urgences.» Mai 1983. 14 p.

Ministère des communications. «Les plans d'urgence.» La sécurité matérielle informatique. Vol. 3. Direction générale de la coordination interministérielle du bureau centrale de l'informatique. 79 p.

Gendarmerie royale du Canada. «La planification d'urgence.» Section des systèmes de sécurité. Division C 40 p.

Harrison, Ben. «Plan for the worst.» Infosystems. Juin 1982. Pp. 52-62.

L'Institut canadien des comptables agréés. «Normes de contrôle interne dans un cadre informatique.» Vol. 1-2.

Daly, Richard. «La vérification informatique.» R.C.M.P. conférence Mars 1983.

I.B.M. «Internal Audit plan.» Janvier 1977. 20 p.

Wilkings, Barry. «Information Security Handbook.» The institute of Internal Auditors Inc. 111 p.

Clowes, Kenneth. «Your client's computer: a silent partner.» CAMAGAZINE. Août 1980. Pp. 53-59.

I.B.M. «Audit procedures.» The consideration of data security in a computer environment. Pp. 20-21.

I.B.M. «Internals audits.» EDP auditing plan. Janvier 1977.

Achevé d'imprimer à Montmagny
par les travailleurs des ateliers Marquis Ltée
en octobre 1985